图书馆读者服务探索

乔泰山　高红莲　刘曙光　著

吉林摄影出版社
·长春·

图书在版编目（CIP）数据

图书馆读者服务探索 / 乔泰山，高红莲，刘曙光著. -- 长春：吉林摄影出版社，2023.6
ISBN 978-7-5498-5878-1

Ⅰ. ①图… Ⅱ. ①乔… ②高… ③刘… Ⅲ. ①图书馆工作 – 读者服务 – 研究 Ⅳ. ①G252

中国国家版本馆 CIP 数据核字(2023)第 134444 号

图书馆读者服务探索
TUSHUGUAN DUZHE FUWU TANSUO

著　者	乔泰山　高红莲　刘曙光
出版人	车　强
责任编辑	罗　晗
封面设计	瑞天书刊
开　本	787mm×1092mm　1/16
字　数	360 千字
印　张	23.2
版　次	2024 年 5 月第 1 版
印　次	2024 年 5 月第 1 次印刷

出　版	吉林摄影出版社
发　行	吉林摄影出版社
地　址	长春市净月高新技术开发区福祉大路 5788 号
	邮编：130118
网　址	www.jlsycbs.net
电　话	总编办：0431-81629821
	发行科：0431-81629829
印　刷	济南文达印务有限公司

ISBN 978-7-5498-5878-1　　　　　定价：78.00 元
版权所有　侵权必究

前　言

图书馆在知识经济时代的重要性日益明显，它所提供的文化服务活动对社会的发展具有积极的推动作用。图书馆事业的发展水平及程度是一个国家、一个城市、一个地区文化、教育、科学发展的重要标志。作为社会文化公共服务体系重要组成部分的图书馆，充分发挥了其文化导向性，维护了社会信息的公平性。图书馆是弘扬传统文化的重要场所，在文化传播与发展中发挥着重要作用。

随着当今信息化以及数字媒体的发展，数字化已经成为图书馆的一个发展方向，被世界各国广泛重视。进入21世纪，图书馆的转型和数字图书馆及智慧图书馆的涌现，使图书馆服务的内涵也在不断地扩大，其服务体系越来越丰富和复杂，在图书馆的工作中发挥越来越重要的作用。图书馆的服务体系就是读者服务方法体系，它是由诸多服务体系构成的多功能、多层次的有机整体。这个体系包括文献外借服务、馆内阅览服务、馆外借阅服务、参考咨询服务、用户教育服务等。各种服务都有其相对独立的功能、效果和适用范围，而作为整个服务方法体系的组成部分，各种方法之间是相互联系、相互补充、相互渗透、紧密结合的。

众所周知，服务是图书馆永恒不变的根本，图书馆的活动都是围绕服务而开展的。本书重点阐述图书馆服务和服务体系这两方面的内容，在某种程度上讲已经包含图书馆的全部工作内容。

本书共十四章内容，由乔泰山、高红莲、刘曙光所著，具体分工如下：乔泰山（榆林市公共文化服务中心）担任第一著者，负责第一章、第二章、第十三章内容的撰写；高红莲（巨野县工人文化宫）担任第二著者，负责第三章至第六章、第十一章、第十四章内容的撰写；刘曙光（巨野县工人文化宫）担任第三著者，负责第七章至第十章及第十二章内容的撰写。此外感谢张晗（中共吉林省委党校）对本书撰写给予的帮助和指导。

在编写过程中参阅了大量国内外同仁的著作和论文等方面的文献，在此对其作者表示衷心的感谢。由于作者的水平和掌握的资料有限，书中难免会存在不少缺点和不足，恳请专家、同行和广大读者提出宝贵意见。

目 录

第一章 图书馆的服务 ... 1
- 第一节 图书馆的服务 ... 1
- 第二节 图书馆服务的特点和内容 ... 11
- 第三节 图书馆服务的原则 ... 17
- 第四节 图书馆服务的发展趋势 ... 24

第二章 公共图书馆读者服务体系 ... 28
- 第一节 公共图书馆读者服务体系 ... 28
- 第二节 公共图书馆读者服务法规制度 ... 46
- 第三节 公共图书馆读者服务规范 ... 57
- 第四节 图书馆工作者与读者 ... 74

第三章 图书馆读者管理体系 ... 87
- 第一节 图书馆读者 ... 87
- 第二节 读者管理的内容 ... 96
- 第三节 读者的权利和义务 ... 104

第四章 图书馆的读者教育 ... 118
- 第一节 读者教育概述 ... 118
- 第二节 读者教育的基本原则与方法 ... 124
- 第三节 读者教育的内容和层次 ... 130
- 第四节 阅读推广服务 ... 134

第五章 图书馆现代资源提供的服务 ... 145
- 第一节 文献传递服务 ... 145
- 第二节 数字应用体验服务 ... 151
- 第三节 图书馆自助服务 ... 160

第四节　图书馆空间服务 170

第六章　数字图书馆的服务 180

　　第一节　数字图书馆服务的特点 180

　　第二节　数字图书馆的定题服务 185

　　第三节　数字图书馆的个性化信息服务 189

　　第四节　数字图书馆用户培训 196

第七章　网络提供服务 201

　　第一节　移动图书馆服务 201

　　第二节　图书馆VPN服务 209

　　第三节　发现系统服务 213

　　第四节　门户网站服务 221

第八章　"互联网+"与图书馆读者服务 229

　　第一节　"互联网+"对图书馆读者服务的影响 229

　　第二节　"互联网+"的背景下图书馆读者服务存在的不足 233

　　第三节　"互联网+"的背景下读者服务的创新 235

　　第四节　读者服务创新的保障体系 244

第九章　"互联网+"与图书馆读者行为 249

　　第一节　"互联网+"对读者行为的影响 249

　　第二节　读者行为分析与读者行为分层 253

　　第三节　满足读者行为需求的措施 260

第十章　"互联网+"与图书馆阅读推广 267

　　第一节　关于阅读推广的一般概述 267

　　第二节　图书馆阅读推广机制的构建 272

第十一章　"互联网+"与图书馆管理 286

　　第一节　"互联网+"对图书馆管理的影响 286

　　第二节　图书馆管理创新的路径 290

第十二章　图书馆社会化读者的服务 305

　　第一节　图书馆社会化服务概述 305

第二节　公共图书馆社会化服务 310
　　第三节　高校图书馆社会化服务 321
第十三章　县级图书馆公共文化服务供给研究 334
　　第一节　图书馆与公共文化服务供给概述 334
　　第二节　县级图书馆在公共文化服务供给中存在的问题 339
　　第三节　县级图书馆提升公共文化服务供给质量的对策 342
第十四章　我国儿童图书馆读者服务研究 347
　　第一节　儿童图书馆与有关服务 347
　　第二节　我国儿童图书馆服务现状分析 352
　　第三节　对我国儿童图书馆读者服务工作的建议 356

参考文献 362

第一章 图书馆的服务

第一节 图书馆的服务

服务一直是图书馆讨论的主题,在某种程度上也是永恒的主题。当阮冈纳赞提出图书馆学五定律和刘国钧论述图书馆学要旨时,他们都是围绕着图书馆的"服务"来展开的,因为服务是图书馆的灵魂、服务是核心、服务是基础、服务是一切工作的出发点的价值观和理念。

一、图书馆服务

(一)图书馆服务的定义

《中国大百科书·图书馆学情报学档案学》中将图书馆服务定义为:"图书馆利用馆藏和设施直接向读者提供文献和情报的一系列活动,有时也称图书馆读者工作。"其外延是:"现代图书馆不仅通过阅览和外借的方法为读者提供印刷型书刊资料,而且还提供缩微复制、参考咨询、编译报道、情报检索、情报服务、定题情报检索以及宣传文献情报知识的专题讲座、展览等服务"。

通过对多位相关学者的研究,总结出图书馆服务具有几个共同的结构因素:一是图书馆的服务对象——以读者为主体的社会各种组织和个人组成了图书馆服务的用户,其中某些个人和单位可能还不一定是图书馆文献信息资源的利用者。二是图书馆资源，也可称为图书馆服务资源，它是图书馆开展服务的基础条件，包括图书馆文献信息资源、人力资源、设施资源以及其他一切可以为社会和个人所利用的资源。三是图书馆服务对象以文献信息为主包括其他各种形式的服务需求。四是为满足社会和用户需要的各种服务手段和方式，它是服务实现的前提条件。

（二）图书馆服务的构成要素

图书馆服务的构成要素通常有四个，这四个要素相互联系、相互作用，从而保证图书馆各项服务工作不断变革、不断发展、不断适应读者日益发展的多元化、多层次的信息需求。

1.服务对象

读者是图书馆服务的对象，是文献信息资源的使用者，通常也被称为文献信息用户。读者是一个非常广泛的社会概念。对图书馆来说，读者通常指通过一定方式获得授权，从而具有利用图书馆各种资源权力的一切社会成员。个人、集体和单位都可以成为图书馆的读者。读者既是图书馆文献信息的利用者，也是图书馆文献的接受者，离开了读者对文献信息的利用，就不会产生读者服务活动。

2.服务的基础资源

基础资源是服务工作不可缺少的物质和人力条件保障。除了馆舍、软硬件、馆员等一般要素外，图书馆其服务的根本基础是图书馆拥有的信息资源，它是开展一切读者服务工作的前提条件。图书馆信息资源的内容丰富而广泛，是图书馆按照自己的读者群体和服务任务，通过长期的建设而形成的巨大知识宝库。图书馆的信息资源具有三个基本特征，一是拥有海量的文献资源，包括传统的印刷型馆藏文献和强大的数据库群；二是拥有的信息资源具有相互支撑、相互关联的科学体系；三是拥有的资源通过各种联盟体系与外界资源构成纵横交错的联合保障体系。

3.服务方法

图书馆服务方法是指为满足读者特定的文献需求所采用的各种文献信息

服务方式和手段所构成的多层次、多功能服务的有机整体。它是读者服务工作得以实现的基本保障，也是图书馆服务的基本手段。图书馆服务方法的形成既是社会分工发展的产物，又是自身演变的结果。各种服务方法相对独立，同时又相互渗透、相互联系，都具有相对独立的功能、效果和适用范围，有其产生和发展的历史背景。

4.组织管理

组织管理是图书馆服务工作顺利进行的有效组织保证。图书馆服务的组织管理是指以先进的服务理念为指导，充分应用现代的科学方法和管理技术，对读者服务活动进行科学计划、组织、指挥、协调、控制的过程。图书馆服务的组织管理既贯穿于整个服务活动过程，同时也贯穿于图书馆工作的全部过程，其实质是有效地运用人力、物力、财力等基本因素，对图书馆服务系统的不断运动、发展和变化进行有目的、有意义的控制，以达到最大限度地满足社会文献信息需求的总体目标。

（三）图书馆服务的分类

1.图书馆文献信息服务

图书馆利用文献信息资源直接向用户提供文献和信息的一系列活动，均属于图书馆文献信息服务。对于大多数图书馆，文献信息服务是服务的最主要内容，如文献外借、阅览、文献检索、数据库访问等，都属于文献信息服务。在很长一个时期里，图书馆丰富、独特且经过科学组织的文献信息资源，保证了图书馆在提供文献信息服务方面具有自己的优势。

2.图书馆非文献信息服务

图书馆非文献信息服务是指那些依赖于图书馆员工及图书馆建筑设备等资源提供的服务，包括由图书馆员对读者提供参考咨询、社会教育，以及利用图书馆建筑设备为读者提供娱乐休闲等。图书馆拥有训练有素、长期从事信息服务的馆员，这些馆员除了为用户提供文献信息外，还能利用自己的知识与技能、对用户提供参考咨询或社会教育服务。图书馆还具有场地，对于公共图书馆，图书馆场地是一个市民的公共空间；对于机构图书馆，图书馆场地是机构所服务对象的共有空间。

二、图书馆服务发展历程

图书馆的服务是变化发展的，服务方式大体经历了以下五种形态，并在整体上呈现阶梯函数，其中的每一个较高层次都源于较低层次，但呈现出优于较低层次的新的特征。

1. 文献实体服务

考古发现，在两河流域的古巴比伦王朝的一座寺庙废墟附近，就有大批泥版文献被集中在一起，成为已知最早的图书馆。直到近代印刷革命和产业革命之前，古代图书馆——无论是西方的尼尼微皇宫图书馆、亚历山大图书馆、欧洲中世纪的寺院图书馆，还是中国商朝时期的"窖"藏甲骨、周代的守藏室、隋唐的书院——在整体上都表现出社会的封闭性，由此便决定了古代图书馆以文献实体服务为特色的服务内容与方式。

2. 书目信息服务

书目的根本特点是在于它组织的不是信息资料本身，而仅仅是关于他们的信息。人们对文献实体分离出来关于文献的信息，并为克服文献与需求者的矛盾以达到统一记录和组织这些文献信息的活动，是一切书目活动历史的和逻辑的出发点，而提供书目信息服务则是书目活动的目的和归宿。

3. 参考咨询服务

参考咨询是指图书馆员对用户利用文献和寻求知识、信息方面提供帮助的活动。它是以协助检索、解答咨询和专题文献报道等方式向读者提供事实、数据和文献检索。参考咨询更加强调图书馆的情报职能，更为注重用户的信息需求，它将书目信息服务提升为不仅为用户提供书目工具，而且还要解决实际问题。一般认为，比较正规的参考咨询服务是19世纪下半叶最早在美国公共图书馆和大专院校图书馆开展起来的。1876年，伍斯特公共图书馆馆长S.格林在向美国图书馆协会第一次大会提交的题为《图书馆员与读者之间的个人关系》一文中提出图书馆对要求获取情报资料的读者应给予个别帮助。此文被视为关于图书馆开展参考咨询服务的最早倡议。1891年，图书馆学文献中出现了"参考工作"这一术语，此后参考咨询服务理论逐渐被图书馆界接受和应用。20世纪初，多数大型图书馆成立了参考咨询部门，并逐渐成为图书馆服务中的一项重要内容。随着文献信息的激增和用户需求的增长，早期的指导利用图书馆、利用书目解答问题等服务内容逐渐发展到从多种文献信息源中查找、分析、评价和重新组织情报资料，到20世纪40年代，又进一步开展了包括回答事实性咨询、编制书目、文摘，进行专题文献检索，提供文献代译和综述等服务项目。

4.信息检索服务

20世纪中后期，西方工业国家的科技发展使信息处理问题凸显出来，尤其是以德国、英国、美国为主的一些国家积累了大量的需要处理和利用的科技文献资料和科研成果，计算机问世并被应用于文献加工领域，新学术思想活跃以及新的学科不断诞生。与此同时，一些图书馆开始利用计算机和现代通信技术建成各种文献数据库、数值数据库和事实数据库，并逐步实现了联机检索，使参考咨询服务中的部分工作自动化；另外，参考咨询工作的流程，即接受咨询、进行查询、提供答案、建立咨询档案等，也为信息检索服务的方法和策略提供一种框架。这些都使得信息检索服务方式呼之欲出。1945年，美国科学家V.布什在《诚若所思》（*As we may think.*）一文中首次提出了机械化检索文献缩微品的设想；1948年，C.N.莫尔斯提出了信息检索的概念和思想；英国文献学家S.C.布拉德福于1948年发表了《文献工作内容的改进和扩展》一文，强调了自19世纪90年代以来蓬勃发展的文献工作到20世纪40年代所面临的必须革新的局面。这些都铸成了图书馆文献服务内容与方式从文献实体或文献信息为主体向信息资源为核心的历史性转移。

至此之后，图书馆工作中的许多工作，诸如信息收集、信息组织、检索语言的编制、用户需求的调研等都开始以信息检索服务为中心开展起来。从20世纪50年代开始，美国人M.陶伯、A.肯特、H.P.卢恩发明了题内和题外关键词等索引，英国的布拉德福和B.C.维克利对文献分布、R.A.费尔桑对分类检索、C.W.克莱弗登对检索系统性能的评价问题等都分别做了研究。到了20世纪 90 年代，各种计算机检索系统都迅猛地发展起来。

5.网络化知识服务

网络化知识服务是与信息资源的网络化和知识经济、技术创新的社会背景息息相关的，也是信息检索服务发展的必然结果。从 20 世纪 90 年代之后，随着网络技术的发展和普及，图书馆的数字化、信息资源的网络化、信息系统的虚拟化，以及各种非公益性的信息机构将包括文献信息检索、传递在内的信息服务直接提供给最终用户，导致信息交流体系和信息服务市场的重组，图书馆对信息服务的垄断地位已不复存在。这些都促使图书馆必须迅速调整和充实服务的内容和策略，重新定位其核心竞争能力，使现有的以信息检索为核心的服务方式向网络化知识服务方式转变，以保证其在数字化、网络化环境中的社会贡献、用户来源和市场地位。

6.智慧型服务

智慧性服务是建立在知识服务基础上的，运用创造性智慧对知识进行搜集、组织、分析、整合，形成全新的知识增值产品，支持用户的知识应用和知识创新，并将知识转化为生产力的服务。作为图书馆服务发展的新形态，智慧服务不同于其他形态，具备崭新的服务理念，并兼具创新发展、可持续发展特点。通过对互联网的数字编码感知，主动感知对象，并对其进行知识描述，把某一领域信息的单种文献，与读者、馆员等信息个体互联，拒绝信息的碎片化，智能互联前台的读者与后台的馆员。智慧型服务还能把实际工作进行虚拟化，如通过情景感知，推送用户感兴趣的资料；通过传感设备，三维立体显示地图指引、自助借还等，以期实现全社会的感知。

三、图书馆服务理念

服务理念是指人们从事服务活动的主导思想，即服务主张和服务理想。图书馆服务理念则是图书馆开展服务工作的理论依据和行动准则，它不仅是"为建立理想的用户关系、赢得用户信任所确定的基本信念和价值标准，同时也是馆员在从事服务工作中应遵循的基本信念和准则"。树立正确的服务理念，为用户提供优质满意的服务，将永远是图书馆的头等大事。从19世纪50年代开始，在多年的发展历程中，图书馆的服务理念也随着时代的演变不断深化与完善。

（一）国外图书馆服务理念

1.杜威的图书馆读者服务"三适当"准则

19世纪下半叶，图书馆学在美国得到了巨大发展，卡特和杜威是其中一批卓越的图书馆学家的代表。1876年美国著名图书馆学家杜威提出图书馆读者服务"三适当"准则，即"在适当的时间，给适当的读者，提供适当的服务"。这条准则将图书馆资源的选择、提供与图书馆服务结合起来，对确立图书馆的服务理念具有开拓意义。

2."一切为了读者"的思想

图书馆要"方便读者""吸引读者""满足读者对图书的一切要求""帮助人民利用我们的每一本书"。关于图书馆服务"一切为了读者"的思想，是其辩证唯物主义和历史唯物主义思想的具体体现。他认为，在服务方向上，图书馆要高度重视馆藏文献的流通和使用，"不仅对学者和教授开放，而且也对一般群众和市民开放"，要尽可能吸引读者，方便读者，迅速满足读者对图书的要求；在服务范围上，要尽可能扩大读者群体，各机关团体图书馆要向社会公开开放。

3.阮冈纳赞的图书馆学"五定律"

1931年，印度图书馆学之父阮冈纳赞在其所著的《图书馆学五定律》一书中提出了著名的图书馆学"五定律"，它们是：书是为了用的；每个读者有其书；每本书有其读者；节省读者的时间；图书馆是一个生长着的有机体。第一定律"书是为了用的"，这是图书馆的基本法则，是图书馆开展一切服务工作的前提和存在的价值。它表明图书馆不仅具有收藏和保护图书的职能，更重要的是要使图书充分发挥它的作用。它彻底改变了传统图书馆以"收藏"为主的服务观念，确立了以利用为根本的服务宗旨，点出了图书馆工作职能的精髓。第二定律"每个读者有其书"，它改变了"书为特定少数人服务"

的理念，提出了图书的社会化。阮冈纳赞认为应一视同仁地向每个人提供图书，所有人都享有看书、学习和享受的机会。这种坚持平等权利原则的主张，鲜明地体现了以人为本的服务宗旨，揭示了近现代图书馆服务的本质。这条定律也即"书为人人"。第三定律"每本书有其读者"，其理念是让每一本书都能得以适用，使每本书找到需要它的读者，强调的是图书馆的藏书应具有较强的针对性，能充分发挥效用。为此，图书馆应努力采取一切的手段与方式来"为书找人"。

4. 米切尔·戈曼的图书馆学新五定律

1995年美国学者米切尔·戈曼在阮冈纳赞的基础上，又提出了图书馆事业的五条新法则，人们称之为"新五律"。其主要内容是：第一定律"图书馆服务于人类文化素质"，认为为个人、团体及整个社会服务是图书馆工作最重要的原则，是图书馆工作产生、存在与发展的第一推动力。第二定律"重视各种知识传播的方式"，认为面对电子图书的冲击，应重视各种知识传播方式。因为每一种新的传播方式都是对原有传播方式负载能力地增强与补充。第三定律"明智地采用科学技术，提高服务质量"，认为要明智地将新技术与新方法成功地结合到现有活动和服务的过程中，充分利用科学技术的优势来提高服务的质量。第四定律"确保知识的自由存取"，认为图书馆应成为人类文化成果和知识的共同收藏之所，要努力保持向所有人开放，使所有人都有机会使用。第五定律"尊重过去，开创未来"，强调图书馆应在继承和发展传统服务的基础上，调整和变革图书馆服务的功能和意义，通过不断的创新，以发展的眼光看待未来，才能与时俱进，既保持自己的特色，又争取更美好的前景与未来，在时代发展中立于不败之地。

"新五律"是针对当今图书馆及其未来发展趋势而提出的，具有鲜明的时代特征。它是对阮冈纳赞图书馆学五定律所蕴含真理的重新解释，它强调了服务的目标、质量，而且把服务的内涵提高到了人类文化素质、知识传播和对知识的自由存取的高度，指出随着时代的发展，科技的进步，信息环境、用户的需求都在发生着变化，图书馆工作不断地出现新的内容，但服务仍是图书馆的最根本所在。

5."3A"服务理念

所谓 3A 理念（Anytime、Anywhere、Anyway）是指无论用户在什么时间、什么地方、通过何种方式，都能得到图书馆快捷高效的文献信息服务。要使这个理念变为现实，有赖于"虚""实"两个用户服务系统作为依托。所谓"虚"，就是基于网络的虚拟用户服务系统或称虚拟参考咨询服务系统。目前，上海交通大学图书馆等图书馆网站已经基本建成了"网上（虚拟）参考咨询台"，使用户可以随时随地与各位参考咨询馆员通过电子邮件或电话取得联系，获得各种与文献信息检索相关的指导和帮助，可以随时随地利用"常见问题解答"得到有关问题的答案，可以随时随地通过"网上参考工具书"查阅网上免费的在线词典、百科全书、地图集，可以随时随地通过"学习中心"，学习、掌握各种电子资源的使用方法。所谓"实"，就是基于流通、阅览、声像等业务部门以及遍布各个部门的实体参考咨询台。"虚""实"结合，使图书馆服务的时间、空间从有限变为无限，服务方式也由比较单一趋向多元化。

（二）国内图书馆服务理念

1."读者第一、服务至上"理念

我国的图书馆服务理念较晚，从五四运动后各大学图书馆的发展，再到二十世纪五六十年代提出"千方百计为读者服务""一切为了读者""最大限度地满足读者的借阅要求"，二十世纪八九十年代提出"读者至上、服务第一"的口号。这样，一个以"读者第一"为最高理念的进步开放的读者服务观念就基本形成了，从而树立起具有行业特色的服务观念。

2.柯平的图书馆服务的"新五定律"

南开大学的柯平教授结合信息时代图书馆服务的发展要求，对新老五定律的服务精神进行了提炼，他提出了建立图书馆服务的"新五定律"：第一定律是"全心全意地为每一个读者或用户服务"，强调依然要从思想上树立"以读者或用户为中心"的服务理念。第二定律是"服务是'效率、质量与效用'的统一"，强调了服务过程中要注意"效率""质量""效用"三者缺一不可，既要保证质量和效用，又要节省读者时间。第三定律是"提高读者和用户的素养",强调图书馆应采取各种有效措施,努力提高读者和用户的各方面技能与素养,以保证其能自如地获取图书馆提供的各种知识与信息。第四定律是"努力保障知识与信息的自由存取",强调的是图书馆服务的最高境界和目标。第五定律是"传承人类文化",强调图书馆服务的长远目的是促进生产力的发展和社会的进步,促进人类文化的发展。

3.范并思的图书馆学2.0五定律

当前,我们面临着新一轮的Web2.0所带来的Lib2.0浪潮的冲击,面对改变了的新的信息环境,新老五定律又孕育了新的思想内涵。2006年3月,范并思先生在自己的博客上提出了Lib2.0五定律:第一定律是"图书馆提供参与、共享的人性化服务"。指出Lib2.0所实现的不仅是要提供人性化的服务,将人文理念自觉地运用于信息技术中,使用户在图书馆服务和利用服务的方式上拥有更多的自主权,能够更好地相互分享,而且要创造条件让用户积极地参与。共享与参与的理念已成为图书馆在网络时代存在的基础。这个原则是阮氏的"书是为了用的"在新的网络环境下的应用与拓展。第二定律是"图书馆没有障碍"。它表明人们在使用图书馆时要没有障碍,每个人都可便利地获得他想要的信息。这个原则是与阮氏的第二定律"每个读者有其书"相对应的。第三定律是"图书馆无处不在"。在信息时代只有实现了图书馆无处不在,才能真正体现"每本书有其读者"的精神。第四定律是"无缝的用户体验"。也就是说对用户而言,图书馆提供的资源与服务是一体的,它是网络环境下节省用户时间的最高境界。它是阮氏第四定律"节省读者的时间"在新时期的另一种表述。第五定律是"永远的Beta版"。它体现为图书馆信息资源与信息系统的永续生长,"永远的Beta版"的Web2.0术语,准确地描述了在网络时代"图书馆是一个生长着的有机体"的时代特征。

从以上这些新老五定律的提出可以看出,服务是贯穿图书馆发展始终的原动力,服务的内涵随着时代的需求不断变更和升华。但无论图书馆如何发展,发展形态如何改变,唯一不变的是图书馆的服务宗旨,服务始终都是第一位的。"以人为本""服务第一"的理念成为图书馆改革和发展的出发点和归宿,成为现代图书馆服务的最高理念。

第二节　图书馆服务的特点和内容

一、图书馆服务的特点

随着社会与科技水平的发展及计算机和网络快速普及，图书馆的服务呈现出新的特点，其主要有：

1. 服务虚拟化

随着现代信息网络技术的广泛应用，建立在虚拟馆藏资源和虚拟信息系统机制上的新型信息服务模式逐渐形成。这种虚拟化的服务彻底改变了以文献信息资源为主线的传统图书馆服务模式。图书馆的服务始终处于一个动态和虚拟的信息环境中。通过网络传输，图书馆既可以利用自有或自建的数字化馆藏资源，又可以利用电子邮件资源、网络新闻资源、FTP 资源、WWW 资源、GOPHER 资源等多种互联网资源，这种无形的、即时的虚拟化信息服务突破了时空限制，使得图书馆为读者提供无所不在的信息服务成为可能。因此，服务虚拟化包括服务资源的虚拟化（信息资源的数字化、虚拟化）和服务方式的虚拟化（由面对面的阵地服务转变为面向虚拟读者、虚拟环境的服务）。其实质是图书馆由向具体人群提供实体文献服务，转变为向非具体化读者提供虚拟的数字服务。

2. 文献多样化

随着数字资源的急剧增长，图书馆为读者服务的文献信息资源已呈现出印刷型文献与联机数据库、电子出版物、网络化信息资源并重的格局。信息载体多样化的发展打破了纸质文献一统天下的格局，也改变着读者利用文献的习惯与观念。读者对信息载体的需求已不再局限于印刷型文献，单一的纸质文献及其传递方式已不能满足读者多元化的信息需求，读者的信息需求越来越多地转向各种类型的数字资源。同时，以现代视频技术为手段而大量涌现的数字视频信息资源，也为人们获取丰富的多媒体信息创造了条件。因此，文献多样化使得图书馆在文献保存、信息交流和教育的基础上，极大地拓展了服务空间，信息服务保障能力得到极大提升。

3.信息共享化

由于网络及各种信息技术的广泛应用，图书馆信息服务的观念发生了巨大变化，人们逐渐从习惯于依靠自己所熟悉的一个图书馆获取信息服务，走向依靠图书馆联盟乃至基于共享技术整合在一起的泛在云图书馆获取信息资源。现代图书馆不再是一个个孤立存在的信息实体，而是整个社会信息网络的一个个节点。图书馆之间的信息共享服务有了越来越大的空间和自由，其交互需求与作用也越来越大。共享思想与共享技术使信息资源共享服务从来没有像现在这样成为现代图书馆服务不可或缺的有机组成部分，从而使真正意义上的信息资源共享成为图书馆服务的重要特征。

4.需求个性化

随着经济社会发展对信息需求的深度和广度日益提高，读者对信息的个性化服务需求越来越突出。而图书馆通过专业馆员队伍素质的提升、现代信息技术的广泛应用以及信息综合保障能力的快速提高，为读者提供定制化、自助性、全天候的个性化服务，已成为现代图书馆读者服务工作发展的主要方向。在这样的服务过程中，读者的自主性得到张扬，个性得到满足。这种个性化的服务正逐渐成为图书馆界追求的服务新理念。

5.交流互动化

图书馆借助网络与通信技术与读者建立起了十分便捷有效的交流关系。一方面，图书馆可以及时、准确地掌握读者的信息需求动态；另一方面，读者也可以自由地向图书馆表达具体的信息需求。图书馆根据读者的信息需求通过有目的地搜索、过滤、加工、整理，形成信息集合，以多种途径与形式主动发送到用户终端，满足读者的信息需求。读者则足不出户就可直接、快捷地从图书馆获取自己所需的信息，减少了操作的盲目性；同时，读者还可以把个人的文献资源通过信息共享空间等渠道上传后提供给图书馆和其他读者，使图书馆与读者双方建立起通畅的互动交流机制。

6.服务多元化

图书馆通过计算机技术、远程通信技术和网络信息处理技术有机结合建立的网络服务平台，从根本上改变了图书馆的信息资源开发、组织和控制调度状况，使读者可以方便地按主体客观需求在网络环境下集中获取所需信息，即在网络中将各类信息获取方式融为一体，实现信息交流、查询、获取、阅读和发布的一站式集成化服务。

二、图书馆服务的内容

在图书馆的各项业务工作中，围绕服务形成了一个内容丰富的完整工作体系，主要包括以下五个方面：

（一）研究读者

研究读者是开展图书馆服务工作的重要内容和前提条件，它包括研究读者的文献需求和阅读规律两个主要方面。读者是图书馆这个社会组织的基本组成要素之一，是图书馆得以存在的根本。读者对图书馆的文献信息需求和利用规律，最直接、最具体地体现了社会的需要，它是图书馆赖以生存的土壤，也是图书馆一切工作的出发点和归宿。

1.读者的文献需求研究

研究读者的文献需求就是对不同层次的读者在阅读需要、阅读目的、阅读过程中的特点及其规律进行研究。一般来说，不同层次的读者对信息资源的需求不同，读者在不同时期所需要的信息资源不同，其阅读的目的也不完全相同。现代图书馆要关注读者对不同类型文献的需求差异、不同渠道获取信息的差异，以及不同信息环境下的文献需求差异。

2.读者的阅读规律研究

这方面的研究可以从两方面着手：一方面，对读者心理及行为规律进行研究，即对读者在鉴别、提取、利用信息过程中的行为习惯和阅读规律进行研究，它既包括阅读动机、阅读兴趣、阅读能力和阅读习惯的研究，也包括读者对文献的选择行为和文献获取行为的分析、对读者使用各类型信息资源特点的研究、读者阅读效果的评估等。另一方面，要对读者信息素养及信息意识进行研究，包括社会的发展与变化对读者文献需求意识的影响、社会环境与读者需求结构的关系等。

（二）组织读者

组织读者是图书馆为实现服务和管理目标而围绕服务工作实施的管理措施。它的主要任务是读者队伍的组织与发展，包括确定读者服务范围与服务重点、制订读者发展规划与计划、定期发展与登记读者、划分读者类型、掌握读者动态、组织与调整读者队伍等。组织读者应根据图书馆的任务变化和环境变化，不断研究和掌握读者变化而展开。只有把握住读者的阅读规律，掌握读者的阅读需求，才能使图书馆服务不断与读者的需求相适应，使图书馆服务管理方式的变革与读者需求的变化同步，才能找出提高图书馆服务工作和管理工作水平的方法和途径。

发展读者队伍是组织读者工作的一项重要内容。拥有规模化的读者群体是图书馆一切工作的前提，只有拥有了广泛而确定的大量读者，图书馆的资源建设、服务管理才有了明确的目标，才能通过大量的高水平服务实现图书馆的社会价值。不同类型图书馆发展读者的重点和发展方式有很大差别。高校图书馆是为本校服务的信息机构，因此高校图书馆的读者成分比较单一，主体是本校的师生员工，其读者的确定和发展通常可通过读者账户注册实现。学校的教职员工只要进行简单的读者登记，由图书馆发放标明其基本身份信息的借阅证就可以成为图书馆的正式读者。研究单位、机构等图书馆的读者发展方式大体与高校图书馆类似。而公共图书馆是面向某个行政区域内所有公众的，因此公共图书馆的服务对象十分广泛，读者的构成也比较复杂，需要在有服务需求的个人或团体向图书馆提出注册请求的基础上，由图书馆根据办馆的方针、任务、规模和条件以及读者的阅读需求特点等确定是否授予申请者享受本图书馆的权限，只有符合本馆读者发展条件的申请者才能通过注册成为正式读者。

受读者文化层次、信息需求、年龄、职业、工作任务等各种因素的影响，不同类型的读者对图书馆服务的期望和要求存在很大差别，并且由于图书馆的主要任务不同，资源、人员、环境和经费也很有限，图书馆需要在研究读者的基础上，通过制定不同类别读者使用图书馆的权限规则，以及读者管理系统的身份认证与权限管理，将庞大的读者群划分为在某些方面具有需求共性、使用行为共性的读者群体，从而在普遍服务的基础上实现针对不同需求的差别化服务。读者发展、细分、管理的成果一般都通过图书馆的读者注册与身份认证管理系统固化下来。这既是了解读者、研究读者的重要资料，又是图书馆开展一切工作的基础数据，更是评价图书馆绩效、制定发展规划、进行服务与管理改革的重要基础。

（三）组织服务

图书馆服务是图书馆各项工作的外在表现形式，也是图书馆中最具活力、最富创造性的工作。组织服务工作的主要内容包括优化读者服务方式、扩大读者服务范围、增加读者服务内容和提高读者服务水平等几个方面。一个图书馆以何种方式服务于读者，主要取决于本馆的性质、规模和读者需求，而且还要随着图书馆的发展和读者需求的变化而不断变化。图书馆的传统服务方式是根据读者的实际需求，利用馆藏资源、馆舍设备以及环境条件，有区分地开展各项服务活动，包括文献查询、外借服务、阅览服务、复制服务、咨询服务、检索服务、定题服务、编译服务、报道服务、展览服务、情报服务等。由于读者需求具有广泛性、多样性和复杂性，几乎所有图书馆都根据自身特点，以这些服务方式为基础，组织建立起多类型、多级别的综合服务体系，以有效地满足各类读者对文献的不同层次需求。随着网络的普及和计算机技术在图书馆中的广泛应用，现代图书馆的服务方式由传统的服务转向了现代化数字图书馆服务。因此，充分利用网络为读者提供服务已经成为现代图书馆的服务方向。这方面的服务包括资源检索、全文浏览、文献下载、自助借阅、虚拟参考咨询、网上读者调查、资源导航、特色数据库、移动阅读、用户文件上传与共享、个人学习空间、用户意见征集与实时交流等。

（四）宣传辅导

读者宣传辅导工作是图书馆教育职能的体现。它包括读者宣传、读者辅导以及读者培训三个方面的内容。

1.读者宣传

读者宣传是图书馆对读者进行科学管理的基本手段之一。宣传的目的是在了解和研究读者阅读需要的基础上，主动向读者揭示、推荐信息资源的形式与内容，宣传先进思想、科学知识、职业技术以及广泛的文化信息，通过多种形式，把读者最关切和最需要的信息及时展现在读者的面前，吸引读者利用图书馆的各种资源和服务，使图书馆的资源得到最大限度地利用。

2.读者辅导

读者辅导是指针对不同读者的具体情况，有区别地为读者答疑解惑、排忧解难。读者辅导需要图书馆员充分掌握信息资源的特点，熟悉图书馆各项服务流程，了解读者行为习惯和信息需求心理，在读者熟悉图书馆各项服务流程中，了解读者行为习惯和信息需求心理，在读者利用图书馆各项服务的过程中，积极影响读者选择阅读范围，引导他们正确地选择信息资源内容，帮助他们学会利用信息资源和图书馆，有针对性地为每位读者提供帮助和信息技能指导，以促进读者更好地获得知识，提高阅读能力及阅读效果。

3.读者培训

读者培训是指根据不同读者群体的共性需求，通过开展讲座、参观、课堂教学等多种方式，帮助某一读者群体提高使用图书馆及其资源的技能，提高图书馆资源的利用率。培训读者主要从两个方面入手：一是培养读者的情报意识，激发他们利用图书馆的欲望，使他们自觉地认识到图书馆是自己的良师益友，是终身学习的场所；二是提高读者利用图书馆和检索情报的技能，帮助他们学会利用图书馆及其资源，充分发挥图书馆的教育职能和情报职能，吸引更多的读者开发和利用图书馆资源。

（五）服务管理

服务管理是指对图书馆读者工作部门的业务活动进行科学的组织管理，包括读者服务对象管理、读者服务人员管理、读者服务设施管理三个方面。它具体包括制订读者发展的政策和计划、服务机构设置、岗位设置、人员配置、明确岗位责任、建立健全各种规章制度、人员分工与业务流程设计优化、合理组织藏书、改进服务手段、采用先进的设备与技术手段、完善服务体制等工作。服务管理为读者创造良好的环境和条件，方便读者有效利用图书馆资源，保证图书馆服务工作健康地向前发展。

第三节 图书馆服务的原则

图书馆服务有着特定的原则及内涵，它最大限度地满足读者的信息需求是图书馆一切工作的出发点和归宿，始终把"读者第一、服务至上"作为读者服务工作的宗旨，并遵循以下原则。

一、以人为本的原则

以人为本是图书馆服务的首要原则，也是图书馆精神的精髓，以人为本就是指在图书馆服务中，坚持以满足读者需求为核心，以积极的服务态度和认真的服务精神，通过各种措施，调动一切力量，为读者充分获取和利用图书馆各种信息资源提供一切方便。以人为本的原则体现了"一切为了读者"的服务思想和全局性的要求。以人为本主要体现以下三个方面。

（一）从方便读者出发

从本质上说，千方百计减少对读者的限制，是方便读者不可或缺的重要方面。围绕图书馆服务所建立的一系列规章制度和管理办法都是为了维护大多数读者的利益，不应成为读者利用图书馆的障碍。但是，在实际工作过程中，图书馆往往会有意无意地以方便管理为出发点，制定一些限制读者、限制使用、忽视读者方便性的管理措施，这样就必然会给读者造成种种不便。图书馆应当根据客观情况的变化及时地调整和完善规章制度，协调好图书馆、工作人员、读者三方面的关系，既要方便读者，又要建立在科学管理的基础上，真正使图书馆的服务与管理体系以保护大多数读者的利益为出发点，保证图书馆的服务健康有序地发展。

（二）建立科学合理的馆藏组织与揭示体系

经过日积月累，图书馆的馆藏越来越多，内容和形式都较复杂，只有对馆藏进行科学的组织与布局，并通过多功能的目录检索体系指引读者查找文献，才能够使各种类型的读者方便及时地获得所需文献资源，便于工作人员的管理，提高服务效率和服务质量。在图书馆的资源组织过程中，一方面要全面收集和充分揭示文献信息资源，另一方面要按照读者需求组织资源。为有利于读者快、精、准地检索和获得所需要的文献，图书馆应按照科学方法将馆藏文献、网络文献以及可以共享的一切文献组织成一个有序化的资源体系，建立合理的布局，并通过一站式的统一目录体系加以全面揭示和引导。

（三）建立协调统一的服务体系

在现代图书馆服务与管理都已广泛实现了网络化、自动化，大大缩短了读者查找、获得信息资源的时间，为读者利用图书馆创造了方便。图书馆应充分利用现代管理手段，建立科学合理的服务体系，主动采取多种服务方式为读者服务，体现以人为本的服务原则。

二、平等原则

平等原则是图书馆信息服务最基本的原则，是现代图书馆服务的基本方向，它主要体现在两个方面。

（一）平等享有权利

平等意味着无贵贱之分，无高低（身份）之别，无特权之规定。"图书馆面前人人平等"是图书馆界的"人权宣言"。联合国教科文组织与国际图联 1972 年公布的《公共图书馆宣言》中早就写明："公共图书馆的大门需向社会上所有成员开放。"1994 年国际图联起草的《联合国教科文组织公共图书馆宣言》（修订版）指出："每一个人都有平等享受公共图书馆服务的权利，而不受年龄、种族、性别、国籍、语言或社会地位等的限制，向所有的人提供平等服务。"平等原则强调的是图书馆要尊重、关爱每一个用户，坚决维护用户的合法权利。用户的这些合法权利包括：平等享有取得用户资格的权利；平等享有阅读的权利；平等享有个人人格和隐私不受侵犯的权利；平等享有提出咨询问题的权利；平等享有参与和监督图书馆管理的权利；平等享有遵守图书馆规章制度的权利和义务；平等享有提出合理化建议的权利；平等享有接受安全、卫生等辅助性服务的权利；平等享有对图书馆工作进行评价的权利；平等享有自己的合法权益受到侵害时提出改进、赔礼或诉讼的权利。图书馆是通过文献信息资源的传播来保障公众"认识权利"实现的机构，"读者的权利不可侵犯"应成为所有图书馆人铭记的职业信念。

（二）平等享有机会

平等享有机会也就是说图书馆除了应该保障用户平等利用图书馆的权利外，还应该为所有图书馆用户提供平等利用图书馆的机会，不应有任何用户歧视。1994 年国际图联起草的《联合国教科文组织公共图书馆宣言》（修订版）清楚地表明，图书馆服务的平等不仅要求形式上的平等，更要求实质上的平等，要为一些特殊群体，给予特别关注和提供特种服务，弥补用户自身能力的客观差异，维护和保障社会弱势群体利用图书馆和享用信息资源的权利。

可以说，没有平等就没有人文关怀可言。贯彻平等的原则就要做到使信息资源尽量接近用户，方便用户使用；为用户提供相对宽松和自由的利用环境，消除用户利用图书馆的各种障碍，做到信息资源占有和利用的平等；尊重用户自主查询和利用各种信息资源的权利，坚持守密原则，不监控思想，不窥探用户的个人隐私，尽量为他们个性化的信息需求提供帮助。

三、开放原则

开放原则是图书馆服务的基本原则。开放是服务的前提，没有开放便没有服务。开放服务是图书馆发展的必然趋势，是现代图书馆服务的重要特征。它包括资源开放、时间开放、人员开放和管理开放，是一种全方位的开放。首先，要将图书馆的所有馆藏资源、设施资源和人力资源向用户开放。通过实施开架借阅、加强图书宣传、健全检索体系等手段来全面揭示馆藏，使所有馆藏全部向读者开放并充分获得利用。要争取馆与馆之间相互开放资源，实现资源共享。其次，要最大限度地延长读者利用图书馆的时间，尽量做到节假日不闭馆，从而保证开馆时间的完整性和连续性。而对于虚拟图书馆，则要求提供 7×24 小时的服务。再次，图书馆要向所有人开放，无论其国籍、种族、年龄、地位等。图书馆不仅是社会文化教育中心，也是一个人们相互交流、休闲、娱乐的场所，是具有综合功能的社会文化中心，每个人都应享受利用图书馆的权利。最后，图书馆应建立用户参与管理、参与决策的机制，如设立"用户监督委员会"之类的非常设机构，公布"馆长信箱"、设立"读者意见箱"等，认真听取用户对图书馆服务的意见、建议，接受他们对图书馆服务工作的监督，并在可能的情况下让读者直接参与决策过程，将反馈结果向全部用户开放。图书馆要重视用户的评价，查找差距，改进工作，以此促进图书馆服务工作开展。

四、方便原则

为服务对象提供方便，是任何一种服务都要追求的目标，图书馆也是通过服务来发挥其功能的。方便原则体现的是现代图书馆服务的内在品质，是图书馆业务的目标和工作努力的方向。实践表明，用户在决定是否选择和利用信息时，可获得性和易用性往往超过信息本身的价值。因此，图书馆在开展信息服务时，应为用户的信息获取和信息使用提供最大的便利，创造文献与人的和谐关系。如实行开架借阅，最大限度地拉近读者与资源之间的距离；文献标引准确、规范，排架合理，为读者方便快捷地接近、利用实体馆藏创造条件；资源检索一站式，力争一索即得；建筑格局采用大开间、灵活隔断的开放式模式；导引标识简明易认，一目了然；人机交互界面友好，操作"傻瓜"化；尽量减少读者寻找书刊、排队等候、往返楼层等无效劳动，提高效率；信息检索与参考咨询网络化；服务设施无障碍、人性化；服务方式灵活多样；简化办证手续、扩大读者范围；保证开馆时间；开展自助借还、送书上门服务等。总之，要千方百计从细微处方便用户，一切以方便用户为目的来开展图书馆的各项工作，让用户感到方便无处不在。

五、满意服务原则

满意服务原则是图书馆服务诸原则中的核心原则。用户是否满意及其程度如何，是衡量图书馆服务质量的最终标准。用户对图书馆服务是否满意，实际上就是用户对图书馆的文献资源、工作人员、服务方式和环境设施等要素的预先期望与其实际感受的对比。如果按照现代企业管理的 CS（客户满意度）理论，图书馆服务的满意原则将包括服务理念的满意、服务行为的满意和服务视觉的满意三个方面。服务理念的满意，是图书馆的办馆宗旨、管理策略等带给用户的心理满足感。服务行为的满意，是图书馆的行为状况带给用户的心理满足状态，如图书馆的各项业务建设、制度规章、服务项目、服务态度、服务能力、服务效果等，是图书馆理念满意思想的外部表现形式。服务视觉的满意，是图书馆所具有的各种可视性的显在形象带给用户的心理满意状态，是图书馆理念的视觉化形式。它不仅包括对图书馆的环境、氛围、设施设备的性能的满意，也包括对图书馆及其相关工作人员职业与业务形象的满意。坚持满意服务原则，除了要坚持"一切为了读者"，积极采取多种措施、开辟多种渠道，多层次、多形式满足用户需求外，还要建立起不同层次的评价指标，分别从不同的角度进行评价以准确反映用户的满意程度，不断改进图书馆的服务工作。

六、特色服务原则

图书馆由于工作性质、任务、服务对象和地域的不同，在信息资源的搜集与建设、服务的方式、管理等方面，呈现出各自独特的内容或风格，显示出不同的特色。特色服务主要以特色信息资源为基础，是专业性、专题性或专指性的服务，是有针对性地满足特定用户的特殊需要的重要手段。在网络信息资源极大丰富的今天，用户的信息需求更加趋向微观化和个性化，他们需要的是个性化的、特色化的、专业化的文献信息。因此，信息服务要有针对性和特色性，多层次、多角度地满足用户的需求。没有特色，图书馆就难在林立的信息机构中生存和发展。图书馆只有独树一帜，树立品牌特色服务，才能吸引更多的用户，得到更好的发展。

七、创新服务原则

阮冈纳赞的《图书馆学五定律》的第五定律提出"图书馆是一个生长着的有机体"。这就意味着图书馆所收藏的文献信息、用户的信息需求、服务技术以及馆员的业务能力和业务水平都是在不断增长、不断变化着的，而图书馆正是在这种不断变化与创新中发展起来的。要创新，首先要树立创新意识，确立主动化、优质化、品牌化、专业化的服务理念。具体体现在：服务中要主动想方设法贴近用户，处处为用户着想，为他们提供尽可能的方便；讲究"精、快、广、准"的服务质量，满足用户求新、求快、求便捷的心理；通过特色馆藏、特色服务、特色活动、特色环境等突出本馆服务特色，建立图书馆特有的品牌服务；建立一系列严格的业务规范与规则，突显图书馆服务的专业化。其次要创新服务内容。如在信息服务方面，要努力从文献提供服务向知识提供服务转变，加大参考咨询特别是网上虚拟参考服务的力度，增加网上信息导航，开展个性化信息服务，充分利用各种资源，开展形式多样的读者活动等。再次要创新服务方法。如改变以往单一的馆藏文献借阅服务模式，利用现代网络平台，提供多种数据库服务、知识库服务以及各种在线或离线信息服务和主动推送服务、虚拟参考咨询服务、网络呼叫、智能代理服务等。

八、资源共享原则

随着社会的进步和科学技术的飞速发展，文献出版数量剧增，各种信息大量涌现。任何图书馆没有必要，也没有经费去全面搜集、存储各种信息资源。但面对用户日益增长和不断扩大的信息需求，图书馆只有树立资源共享的观念，走资源共享的道路，变"一馆之藏"为"多馆之藏"，才能减轻单个图书馆的负担，既能最大限度地满足用户对知识、信息的需求，又能充分发挥馆藏文献信息资源的作用。资源共享将有力地促进人类知识的继承和发扬，实现人类的共同进步和发展。为此，不同系统、不同级次的图书馆要积极地加强图书馆之间的联合和合作，加强信息资源的共知、共建、共享，从而极大地提高图书馆事业在社会中的地位和发挥其知识宝库的重要作用。

第四节　图书馆服务的发展趋势

一、图书馆服务的发展

图书馆服务是读者工作或读者服务的发展，是超越传统读者工作或用户服务范畴的一个概念。图书馆服务是为满足读者和社会需求，利用图书馆的文献信息及其他各种资源，实现图书馆使用价值的全部活动。这一概念包括了三个要素，首先是对象，即读者与社会；其次是内容，即利用图书馆资源；再次是目标，即实现图书馆的使用价值。图书馆服务的外延是基于内涵形成的，是不断发展变化的，可以从多个角度来分析。

从服务对象看，图书馆服务有读者服务、用户服务和社会服务。

读者服务确立的读者概念与阅读行为有关，读者服务离不开文献、阅读设备和阅读空间。用户服务突破了图书馆以借阅证判别读者的限制。特别是网络环境下的图书馆服务，点击图书馆网站，利用图书馆网上资源，对用户具有现实的意义。社会服务就是拓展图书馆的社会教育功能，提高公民素质，以满足社会的需求。

从服务资源的层次看，图书馆服务有文献服务、信息服务和知识服务。

文献服务利用图书馆的基本资源开展多种服务，如期刊服务、专利服务、学位论文服务等。信息服务比文献服务上了一个层次，主要体现在运用信息技术和信息资源，如数据库检索、信息咨询等。知识服务是更高水平的服务，是运用知识和智慧开展的服务，如学科馆员服务、查新服务等。

从服务手段看，图书馆服务有手工服务、计算机辅助服务、数字图书馆服务等。随着"My Library"个人图书馆服务的产生，自助服务和自我服务成为一种趋势。技术的发展推动服务形式和功能的拓展，新的服务不断出现，以紧跟时代的发展步伐。

从服务历史看，图书馆服务有传统图书馆服务和现代图书馆服务。传统图书馆服务是以馆藏文献为依托，以借阅活动为核心，面向有限读者的服务。现代图书馆服务则是以图书馆资源为依托，以文献信息服务为核心，面向所有用户的服务。如果说，传统图书馆服务主要是以图书馆建筑为坐标的有形化服务，现代图书馆服务则是以知识资源为坐标的图书馆物理空间和虚拟空间的复合型服务。

二、图书馆服务的发展规律

依据图书馆服务的构成要素和图书馆的历史演变来看，图书馆服务具有以下发展规律。

（一）服务对象扩展

图书馆的服务对象经历了一个从严禁到限制到部分开放到全面开放的过程。20世纪80年代后期，广大人民群众的科学文化水平逐步提高，图书馆服务对象扩展到了全民族各个阶层，但服务对象还是受地域、身份等方面限制，读者必须持有关证件进馆，办理借书证须单位证明本地户口。到了20世纪90年代，由于人们文献信息需求的增加，图书馆事业的发展，特别是公共图书馆事业的发展，公共图书馆已面向全社会开放，社会成员可以不受地域、身份等方面的限制，可以就近享受图书馆服务。目前许多图书馆都免费向所有居民开放，任何人都可以免证件进馆阅览书刊，无论是本地居民还是外来劳务工，只要持本人身份证就可以办理借书证，免费借阅图书馆的书刊资料。

（二）服务内容增加

由于人类信息需求的扩大，图书馆的服务内容也在相应增加。古代图书馆只是为皇朝政事提供参考、为公私著述提供资料，近代图书馆主要是阅览服务。现代图书馆除了为用户提供借阅服务、参考咨询、文献情报检索等服务外，同时为他们提供网络服务，包括全文检索、多媒体检索服务、网络检索服务、网络咨询服务，以及查新咨询服务、休闲娱乐服务等；不仅提供传统印刷型文献资料，还同时提供数字化的文献信息。服务功能的多样化已使图书馆不再是单纯的文献收藏中心，而且同时是社会教育的基地、信息传播中心和民众休闲娱乐的重要场所。

（三）服务手段提高

20世纪60年代以前，图书馆各项工作都处于手工操作阶段，图书馆服务效率低下。20世纪70年代以来，随着计算机技术在图书馆的应用，图书馆内部管理逐渐实现了自动化，图书馆服务效率有了显著提高，机读目录的出现为用户提供了更多的检索途径，流通自动化简化了用户的借、还手续。20世纪90年代以后，随着互联网技术的发展，图书馆服务实现了网络化。通过互联网，用户可以端坐家里轻松享受图书馆服务，阅读图书馆数字化的文献资料，并下载自己所需要的信息。图书馆则可以利用互联网建立虚拟馆藏，共享他馆及其他信息机构的信息资源，为用户提供信息服务。

（四）服务方式进化

随着社会的进步和发展，人类的信息需求日趋增加，图书馆的服务方式也有了巨大变化。古代图书馆，由于馆藏信息资源数量、管理手段及信息需求等方面的限制，图书馆一般仅提供室内阅览服务。到了近代，图书馆馆藏文献数量有了显著增长，人类文献需求趋于大众化，图书馆除了提供馆内阅览服务外，亦向读者提供文献闭架式外借服务。到了现代，随着科学技术的飞速发展，文献信息资源急剧增长，人类的信息需求日趋多样化，封闭式服务已不能满足他们的需要，图书馆需逐步实现开放式服务，实现了借、藏、阅一体化，极大地方便了用户利用文献信息资源，也提高了文献信息资源的利用率，最大限度地发挥了资源的效用。随着互联网的发展，图书馆服务已不再局限于图书馆内服务。通过互联网，图书馆可以提供网上阅读，全文信息传输等多种服务,及时快捷地满足社会大众的文献信息需求。同时,图书馆服务已不再局限于提供纯文献信息,而是提供着多种功能、多种形式的社会化服务。

第二章　公共图书馆读者服务体系

第一节　公共图书馆读者服务体系

一、公共图书馆读者服务体系定义

公共图书馆读者服务体系就是读者服务方法体系，它是由包括文献外借服务、馆内阅览服务、馆外借阅服务、文献传递、参考咨询服务、情报服务、读者教育服务等服务体系构成的多功能、多层次的有机整体。公共图书馆不仅通过阅览和外借的方式向读者提供印刷型书刊、文献缩微复制、参考咨询、编译报道、文献检索、情报服务以及宣传文献情报知识的专题讲座、展览等服务，而且还包括电子文献、数据库文献、网络文献等联机联网的自动化、现代化信息服务。这些服务都有其相对独立的功能、效果和适用范围，而作为整个服务方法体系的组成部分，各种方法之间是相互联系、相互补充、相互渗透、紧密结合的。

二、公共图书馆服务体系构成

2012年5月由国家质量监督检验检疫总局、国家标准化管理委员会批准发布《公共图书馆服务规范》。标准的框架结构由八个部分组成，分别是：范围、规范性引用文件、术语和定义、总则、服务资源、服务效能、服务宣传、服务监督与反馈等。根据规范中对公共图书馆服务提出了明确规定，可以归纳出公共图书馆读者服务内容和方式有以下几方面。

（一）文献借阅、查询和阅读指导等服务

省、设区市和有条件的区县图书馆必须主动提供参考咨询、教育培训、讲座、展览及网上信息导航等延伸服务，不断创新服务项目和服务手段，满足读者多层次、多样化的信息需求。除国家规定和古籍善本以及不宜外借的馆藏信息资源外，公共图书馆不得另立标准封存和限定文献借阅范围。

（二）倡导文明服务

公共图书馆应倡导文明服务，追求人性化、便利化、无障碍的服务。特别要注意保障社会弱势群体享受图书馆服务的权利。

（三）延伸服务

公共图书馆应设立预约借书、电话（或网上）续借、汽车图书馆、流动图书站点及为有特殊困难的读者送书上门等便民措施。省、市和区县图书馆应设立咨询服务台，解答读者有关阅读方面的咨询，指导读者查找书刊资料，主动为读者提供服务。

（四）免费服务

读者出具有效身份证件即可进馆阅览。为便于管理，公共图书馆可办理读者阅览卡。读者外借文献资料，应办理图书外借证，并付图书押金。办理读者阅览卡、外借证时，公共图书馆不得向读者收取除工本费、押金外的其他费用。发现读者外借图书逾期不还或损坏图书等情况，可以适当收取费用，收费标准须经物价部门核准。

（五）专题信息服务

公共图书馆为读者收集专题信息、编写参考资料、代查、代译、复印书刊资料等服务。

（六）知识产权保护服务

公共图书馆须依法保护馆藏信息资源的知识产权，保护读者隐私，确保不外泄读者提供的个人信息。

（七）便民服务

公共图书馆应提供寄包、失物招领、饮用水、放大镜、公用药箱等便民服务。省、设区市和区县图书馆需提供复印、打印、扫描、上网等服务，方便读者。

（八）网上服务

公共图书馆应建立网站，为读者提供网上服务。网站应包括文化信息资源共享工程、书目查询、服务信息、读者信箱等服务项目，并注意内容的及时更新。

（九）电子信息公益性服务

公共图书馆电子阅览室要遵循公益性原则，严禁开展经营性活动，严禁承包经营。其开放时间应与其他读者服务部门一致。开放时，要关注读者上网情况，严禁提供除文化部推荐的健康益智类游戏产品外的游戏娱乐，及色情、暴力等不健康网站的浏览等服务。

（十）以人为本服务

公共图书馆服务应体现以人为本的原则，通过就近、便捷、可选择、温馨的服务，不断改进服务质量，统筹兼顾服务资源、服务效能、服务宣传、服务监督与反馈，促进服务的全面协调可持续发展。

（十一）普遍均等服务

公共图书馆服务对象包括所有公众。应当注重培养少年儿童的阅读习惯，并努力满足残疾人、老年人、进城务工者、农村和偏远地区公众等的特殊需求。规范提出了公共图书馆的基本服务是保障和满足公众的基本文化需求的服务，包括为读者免费提供正版的多语种、多种载体的文献的内外借阅服务和一般性的咨询、参考咨询服务、网络服务、弱势群体特殊服务、组织各类读者活动以及其他公益性服务等，并明确了省级馆、地级馆和县级馆都有基本服务的职能和义务，其中县级馆应以基本服务为主，省级馆和地级馆在基本服务的基础上可以进一步开展专业服务和决策咨询服务。

三、公共图书馆读者服务体系内容

公共图书馆读者服务内容分为面向读者和面向成员馆服务两个方面，包括以下内容。

（一）流通阅览服务

流通阅览服务是公共图书馆的主要服务方式，包括馆内流通阅览服务和馆外流通服务及流通站服务。馆内流通服务是指图书馆允许读者在馆内阅读各类文献。馆外流通服务主要有个人外借、集体外借和预约外借。个人外借面向读者个人，是通过一定的手续，在规定的时间内将馆藏文献借出馆外的一种服务方式，这类服务手续简便，读者数量最多，是图书馆最主要的服务对象，也是图书馆文献流通数量最大的形式。集体外借主要是机关团体，其特点是面向特定的读者群，外借的文献可以一人办理，多人使用，由专人负责，外借的文献品种多、数量大、周期长，减少了其他人往返图书馆外借文献的困难和时间。这种服务方法在方便读者、满足读者阅读需要的同时，还可以利用图书馆合理安排分配有限文献，缓和供求矛盾，节省接待读者的时间。因此，这种方法在公共图书馆非常普遍。"预约借书"指的是读者向图书馆预约登记某种需要借阅但暂时借不到的文献，待读者所需文献入藏后或其他读者将文献归还图书馆后，即按照预约登记的先后顺序通知读者到馆办理借阅手续的一种外借服务方法。

1.外借服务

外借服务首先是办证服务，读者要从图书馆借书，必须先办理借书证，它是读者的借书凭证，借书证记载读者的姓名、地址、职业等情况及每次所借文献的个别登录号、借阅数量、借出和归还日期。

随着读者人数的增长，对文献利用和借阅的要求也呈现了多样化的态势，各图书馆借阅证也分为多种类型，有当日阅览证、临时阅览证、全年阅览证、参考借阅证、普通借阅证、期刊借阅证、集体借阅证、盲文借阅证、汽车图书馆证等，能够满足不同需求的读者。

随着信息技术的发展和计算机技术的在图书馆的普及，馆外借阅服务的内容和手段也发生了变化，绝大多数图书馆都已经应用了自动化集成管理系统。图书馆不仅告别了手工操作，使读者借阅到了书刊，看到了视频和音频资料，还可以通过计算机处理与网络化在网上完成续借、预约、浏览电子读物等，文献流通服务的现代化管理，打破了传统流通管理的服务方式，这样的服务方式很受边远地区的群众，以及急需资料而又来不了馆的读者们的欢迎。

2.阅览服务

是指图书馆开设阅览室供读者到馆利用文献的一种服务方式。阅览服务主要是在馆内开展，是图书馆组织读者在阅览室利用书刊资料的一种服务方式。阅览室能克服文献外借中的弊端，许多不外借的图书文献，比如善本、参考工具书、检索刊物、报纸、缩微品、机读文献、特藏或保留本（库本）等，优先保证馆内阅读参考，不受范围、册数、品种的限制。公共图书馆一般按读者对象、藏书类型、学科门类等来设置不同的阅览室。如按读者对象设置普通阅览室、少儿阅览室、科技阅览室、自学室、盲人阅览室等；按文献类型设置期刊阅览室、报纸阅览室、古籍阅览室、缩微阅览室等；按学科门类设置社科阅览室、文学阅览室、综合阅览室、工具书阅览室、地方文献阅览室等。

3.流通站服务

流通站服务是公共图书馆采取一定措施将部分馆藏送出馆外，建立书刊流动站点、扩大图书外借方式的一种服务方式。图书流通站点可以设在机关、社区、学校、乡镇、企业，也可以和这些机构联合开办分馆，也就是对方出场地和设施，图书馆出书，定期把新书送到各站点，待读者借阅一定时间后，再进行图书更新。这些站点极大地方便了基层读者，同时也使图书馆的图书流通率得到大大提高。汽车图书馆是主要的流动图书馆服务方式，它又称流动书车。一般用装有书架和借书桌等设备的汽车，将图书馆的部分书刊资料定时定点地送到厂矿、农村或其他偏远地方，供读者阅览，并办理外借手续。馆外流通服务使图书馆服务由被动变为主动，体现了"读者第一，服务至上""为人找书，为书找人""千方百计满足读者一切需求"等现代图书馆读者工作的指导思想。

（二）馆际互借与文献传递服务

馆际互借是图书馆之间根据协定相互利用对方馆藏以满足本馆读者需求的文献外借方式。馆际互借可将其他图书馆的馆藏作为本馆馆藏文献的延伸，弥补各自馆藏文献的不足，实现资源共享。馆际互借除可以在一个国家的各图书馆之间开展外，还可在各国之间开展，称为国际互借。馆际互借的文献主要是读者科学研究和生产建设所必需的文献。参加互借的图书馆之间往往有互借协约或规则。由于现代复制技术和通讯技术的应用，馆际互借中可用复制件或传真件代替原件。各种联合目录的编制与利用、良好的电子通讯设施等是开展馆际互借的重要条件。馆际互借的具体程序如下。

1.提交申请

读者根据需要填写申请单，其中注明所需文献的详细情况，例如图书要注意写明作者、出版社、版次、ISBN、可接受的文献价格区间。留下读者的联系方式，如 E-mail 地址、联系电话或传真号码等，便于收到文献后告知读者。在网络环境下，各种基于网络的馆际互借自动化系统日趋成熟并得到广泛应用。读者可以直接在系统中提交文献传递申请。

2.借入

图书馆对读者的申请进行查询，确认文献本馆未入藏后，通过馆际联合目录查询，找出该文献被收藏的协作图书馆，并向协作图书馆提交馆际互借申请。

3.借出

协作图书馆根据馆际互借申请和相关法律规范借出相应文献。可以通过 E-mail、平信、快递、传真等方式借出文献，借出的文献分为返还和非返还两类。

4.付费

根据馆际互借协议中有关规定支付文献传递费用。付费方式多种多样，可以采取预付款、年终结算等方式。文献传递服务是传统馆际互借服务在网络环境下的延伸和拓展。所谓文献传递服务是指由信息提供者将存储信息的实体（不论何种形式）传递给使用者的活动。具体来说就是用户通过相应的检索工具，确定资料收藏地址，然后向信息服务机构提交服务申请，信息服务机构根据申请办理相关手续，获取相应文献，通过合适的途径如 E—mail、传真、邮寄等方式传递给用户。文献传递服务是公共图书馆利用外部文献资源最大限度地满足读者不断变化的文献需求而提供的一种服务，是实现资源共享的主要手段之一，与馆际互借服务类似，得益于公共图书馆服务体系的网络优势。

（三）文献复制

文献复制服务是指图书馆利用文献复制手段为读者提供文献资料复制件的服务方式，是为用户获得文献资料提供的重要辅助手段。图书馆通过复印、扫描、照相等方式为读者复制其所需要的文献资料，对不能到馆的读者，通过传真、邮件方式传递服务，满足用户需要。

文献复制服务是阅览服务、外借服务的延伸，也是其他服务方式中读者获取文献的补充和发展。文献复制服务的手段，应用于一切情报部门搜集、存储文献的工作中，应用于一切用户和个人读者在获取、交流文献的活动中。

文献复制的方法有以下几种：

（1）文献的静电复印。复印技术是近 30 年来发展迅速的技术。复印指的是使用静电复印机或类似手段获得复制件的行为。目前，静电复印是图书馆最常用的复制手段，它可以为读者提供可直接阅读的复印件。近年来，随着静电复印机的普及，几乎所有的图书馆都配有复印机，复印机也进入了机关、单位，甚至家庭。在文献的搜集和保存时，也使用照相技术。静电复印技术，侧重于文献服务的传递和使用，在收藏领域中的比重也日益增大。照相技术，侧重于文献的搜集和保存。

（2）文献的缩微复制。文献的缩微复制是"利用照相方法，把文献按很高的缩小比例记录在感光材料上的过程"。文献缩微可以节省存贮空间，图书馆多利用缩微摄影技术复制馆藏珍本及各种书刊文献，发挥缩微品体积小、规格划一、保存期长、复制性能好、成本低廉、可与计算机结合等优势，来长期保存珍贵文献，并提供检索利用。现在，随着计算机技术的发展，缩微复制技术已能将缩微信息直接输入计算机，并能将存贮于计算机的文献信息直接转变成缩微品。

（3）电脑复制法，也称"电脑拷贝法"。它是最新的科学技术在文献复制服务工作中的应用。它是运用电子计算机及有关操作系统软件（如 Dos Win-dows 等）中的拷贝、剪切、粘贴、移动、取消和打印等命令进行文献（文件）复制的一种复制方法。在开展电脑复制服务工作时，需要配置多媒体电子计算机、光盘刻录机、不同功能的打印机和电子计算机系统软件、相关设备的应用软件系统等。电脑复制法使用十分方便，既可以复制单个文件（如一篇文章），也可以复制成软件盘存贮的文献（文件）。可以单机条件下进行文献（文件）复制，也可以在网络条件下进行文献（文件）复制，并且可以从一个文件复制到另一个文件，也可以从一台电脑复制到另一台电脑。还可以将文献（文件）从硬盘拷贝到软盘，从 A 软盘拷贝到 B 软盘，而且在增加相应的光盘刻录设备和软件之后，将文献（文件）从 A 光盘刻录到 B 光盘，或把硬盘中的一组文献（文件）刻录成光盘存贮的文献（文件）。如果有条件建立数字化文献制作系统，还可以大批量地复制文献。因此，电脑复制法不但被广大读者接受，而且受到众多青年读者和科技工作者的欢迎。

（四）参考咨询服务

参考咨询服务也称"参考服务""咨询服务"。参考咨询服务是以各种文献为主要依据，针对读者在获取信息资源过程中提出的各种疑难问题，利用各种参考工具、检索工具、互联网以及有关文献资源，为读者检索、揭示、提供文献及文献知识或文献线索，或在读者使用他们不熟悉的检索工具方面给予辅导和帮助，以解答读者问题。

参考咨询服务是体现图书馆提供读者服务的首要特征。与单一图书馆相比，公共图书馆将同类型图书馆的资源优势和馆员的专业知识与网络的强大功能结合起来，从而为读者和企事业单位提供更准确、方便、快捷的服务。

1.参考咨询服务的类型

根据参考咨询的内容不同划分为辅导性咨询、事实性咨询、专题性咨询等几种类型。

（1）辅导性咨询。辅导性咨询又叫方法性咨询，是为读者解决查找文献及利用图书馆过程中所遇到的困难。其特点是参考咨询人员指导阅读、普及检索知识，将读者相关专业的主要检索工具及其使用方法介绍给读者，发挥"授之以渔"的作用。

（2）事实性咨询。事实性咨询是指为读者解答关于某项具体知识的疑难问题。读者在工作、研究、学习过程中，遇到疑难问题，需要通过文献查明某事物的实质性内容，如查找人物、事件、产品、数据、字、词、图表、统计资料等。其特点是检索目的明确，涉及的知识面宽、范围广，内容专指性强、可靠性高。因此，解答该咨询需要先了解相关知识，分析问题的实质，判断检索结果，再向读者提供承载各种观点的文献资料，并注明其出处，以供读者选择。

（3）专题性咨询。专题性咨询是针对某一特定主题内容，查询有关文献，提供与该专题有关的文献、文献线索及动态进展信息的服务工作。其特点是咨询内容是针对科研、教学、研究工作中的课题提出的，解答提供有关课题的系统知识，而且知识学术性强，对检索结果要求较高。

根据参考咨询的服务方式不同划分为传统咨询、虚拟咨询、联合虚拟咨询等。

（1）传统咨询服务。传统咨询服务是指通过现场面对面的口头解答方式进行咨询服务，即在馆内最接近读者的地方设咨询台或在出纳台设兼职参考馆员，回答读者的一般咨询问题，服务内容只限于本馆的文献资源，形式内容都很单一。

（2）虚拟咨询服务。虚拟咨询服务也称网上参考咨询，是基于网络环境下的新型服务方式，通过网络来连接读者和咨询人员，采用网上对话等实时或非实时的方式向用户提供参考咨询，从而使用户可以享受不受时间、空间限制的个性化服务，该服务主要包括常见问题（FAQ）服务、电子邮件服务、信息推送服务、网上数据库查询、在线咨询服务、导航服务、馆际互借及文献传递。网络参考咨询的优点在于：第一，实行全天开放，随时接受读者的信息咨询，并在最短的时间给予正确的答复。第二，能够提供图、文、声一体化信息资源。第三，服务内容多元化发展。另外，根据不同的咨询对象的性质，可分为战略咨询与战术咨询；按照咨询活动的组织方式，可分为内部咨询、外部咨询和主管部门的指令性咨询；按照咨询活动的时间期限，可分为长期咨询、中期咨询和短期咨询。

（3）联合虚拟咨询服务。联合虚拟咨询服务又称合作参考咨询。联合虚拟咨询是由多个图书馆或咨询机构建立起协作关系，采用分工协作、专业化、社会化、开放性的大生产经营观念，充分利用各自的信息资源特色和人才优势，并协调服务时间，每周7天、每天24小时为用户提供咨询服务的一种新型服务形式。联合虚拟咨询是图书馆数字参考服务的未来发展方向，突破了传统图书馆的界限，参考信息源不再局限于本馆资源，而是集电子文献和网络信息资源于一体；咨询馆员也不再局限于本馆馆员，而是由参与合作的参考咨询员和学科专家所组成的参考咨询服务团队；服务对象也不再局限于本馆读者，而是面向全球用户。如上海图书馆牵头的"网上联合知识导航站"、国家图书馆建立的"全国图书馆信息咨询协作网"、广东中山图书馆牵头的"联合参考咨询与文献传递网"等。

2.参考咨询岗位的设置

（1）总咨询台、网上咨询 FAQ、大厅触摸屏。总咨询台主要向到馆读者提供指向性咨询服务和导读服务，回答哪些文献资料到哪里去获得等指向性问题，以及利用 FAQ 和大厅触摸屏解答读者常见问题。

（2）阅览室参考咨询岗，主要解答与本室收藏文献有关的咨询问题和简单的专题检索问题。当一般阅览室参考咨询岗的咨询人员无法解答深层次咨询课题，或读者不满意阅览室咨询岗的解答时，可以向高级咨询岗寻求帮助。

（3）网上参考咨询岗，利用网络资源及电子文献资源，以数字化资源和现代化技术为手段，开展系统性和专题性的参考咨询，形成特色资源和良好服务相结合的电子咨询体系。常见的是电子邮件服务、信息推送服务。

（4）高级咨询岗位。在工具书阅览室和重点读者服务处设立高级咨询岗位，由副研究馆员或研究馆员担任，负责解答疑难问题，他们解答咨询不局限于利用局部馆藏，能够使用的工具也更加复杂和丰富，他们的服务以无偿为主。工作量大的专题咨询、较深专业咨询可交信息开发中心和地方文献部、古籍部等部门的研究岗位解决；信息开发中心主要承接专题性、大型的综合性咨询服务和第一、二层次不能解决的问题，服务以有偿为主。

（五）网络信息服务

网络信息服务是公共图书馆利用互联网、手机等信息技术手段和载体，开展不受时空限制的网上书目检索、参考咨询、文献提供、电子公告、电子论坛、意见征询、信息通告、资源导引等服务。包括网络数据库、网络电子期刊、虚拟参考咨询服务、个性化信息定制与推送服务、建立学科信息门户网站等。这项服务是随着文献信息自动化的发展，而新开展的图书馆的新型服务方式，此项服务虽然开展的时间短，但是效率高、效益好，具有极好的发展前景。

1. 网络信息导航

公共图书馆不仅要利用本馆馆藏文献对用户开展服务，而且要通过互联网使用户获取网上信息。网上信息浩如烟海、内容庞杂、分散广泛、质量良莠不齐、管理混乱且尚未形成统一的信息存储标准，信息检索效果难以控制。如何快速、准确地查到自己所需的信息，是网络用户面临的难题。图书馆的职责就是为用户提供质量可靠、登录方便、费用经济、界面友好的网上信息资源，为用户提供网络导航服务。网络信息资源导航的目的就是要提供权威、可靠、规范和可持续的网络信息资源的选择、描述和检索，使之成为相关领域的核心和可信赖的信息门户。也就是说，针对某一研究领域或专题，通过对因特网上可免费获取且具有学术参考价值的信息资源进行搜集、鉴别、分类、描述及有序化重组，制作成具有分类目录结构的网络信息资源集成化平台，使用户能够在网上非常方便快捷地应用。

2.文献检索与传递

图书馆馆际之间通过互联网和公共检索目录实现联机检索，将各个图书馆的馆藏信息整合在一起，可以相互检索和查询图书、期刊、学位论文、标准、专利等多种类型文献。利用联机查询了解和取得对方的信息资源，用以弥补自身馆藏不足，满足读者的信息需求，实现图书馆的资源共享。例如，美国 OCLC 提供的世界范围图书馆联合目录，国内有中国高等教育文献保障体系（CALLS）提供的高校图书馆公共联机目录检索与文献传递服务，国家科技文献中心（NSTL）提供的西文期刊联合目录与文献传递服务。读者通过联机检索获得馆藏文献信息，根据需要提交馆际互借请求，以 E-mail 的方式获取文献传递服务，实现信息资源共享。

3.信息查询与咨询

读者可以通过图书馆主页进行外借信息查询、了解借阅文献数量、名称、时间期限，还可以在网上进行文献预约和续借，查收催还通知。信息咨询为信息读者提供个性化服务，如定题服务、期刊目次报道、代查代检、编译服务、咨询解答等。网上图书馆的信息服务突破了图书馆时间和地域限制，馆际之间可以互查互借服务。

4.馆情介绍

充分利用多媒体技术和网络平台优势，将图书馆的建馆历史、发展变化、位置分布、建筑面积、机构设置、馆藏特色、利用指南等情况进行全方位展示，读者可以生动、形象地获悉图书馆的入馆须知、开馆时间、借阅规则、借阅证办理、楼层分布、服务项目、常见问题解答、文献检索指南、网上培训等信息。向读者公布图书馆动态消息，如各种通知、学术交流、会议、展览、讲座信息等，为读者及时报道新书目录、新期刊目次、新购进电子文献数据库，以及各类型的新文献。读者还可以对文献征订提出意见和建议等，图书馆根据读者的反馈信息及时进行调整和处理。

（六）视听文献服务

视听文献就是以磁性材料、光学材料等为记录载体，利用专门的机械装置记录与显示声音和图像的文献。视听文献又称声像资料、视听资料、音像制品。其主要类型有：普通唱片、盒式或匣式录音带、幻灯片、电影胶片、普通电视录像带、激光电视录像盘、激光唱盘、多媒体学习工具、程序化学习工具、游戏卡等。音像文献的突出特征是用有声语和图像传递信息，它具有存储密度高、内容直观真切、表现力强、易被接受和理解，传播效果好等优点。

"视听文献"也被称为第三代图书。由于"视听型文献"拥有传统"印刷型文献"所不具备的优势，诸如容量大、成本低、信息新、占地小、便于存贮、易于检索，集文、声、图、像于一体，具有栩栩如生、形象生动的感染力，因而受到读者的喜爱。作为一种新型的载体文献，"视听型文献"已成为图书出版业优选的最佳品种之一。

视听文献服务就是伴随着"视听文献"的产生而出现的一种文献信息服务方式和手段，指的是图书馆通过搜集、整理、存贮视听型文献，通过电子化设备实现视听文献信息的交流和转播，为读者提供文献服务的方法。由于视听服务主要是通过电子化设备实现的，因此，它已成为图书馆现代化建设和服务的重要标志之一。

1.视听文献服务类型

视听文献服务与图书馆传统文献服务不同，它需要借助一定的设备条件才能开展。图书馆视听文献服务一般主要采用三种方式。第一种方式是通过设置不同类型的视听室为读者提供"馆内视听服务"；第二种方式是选择部分视听型文献,为读者开展"外借流通服务";第三种方式是从馆藏中选择多余的复本,以"会员制"方式在读者中的"会员"范围内开展"自由交换服务"。

2.视听文献外借流通服务

建立不同规模、不同类型的视听文献服务场所是图书馆为读者服务的重要措施。但是,在相当长的时期内,图书馆人只为读者开展阵地服务工作,不主张为读者开展视听文献的外借流通服务。随着我国改革开放的进一步深入,随着"以人为本""一切为了读者"的思想的深化,在部分公共图书馆中,视听文献的"外借流通服务"也在悄悄地开展起来。由于视听文献的载体比印刷型文献复杂、多样,因此视听文献外借服务的管理和运作显得相对复杂一些,对文献的完整程度的判断也显得困难,但是各个图书馆所采用的外借方式都不相同,目的就是为了方便读者使用,使图书馆的视听资源利用最大化。

(七)公共文化传播服务

随着经济的发展和社会的进步,公众物质文化需求的个性化、多元化的特点日趋突出。图书馆的服务也日趋多元化,为读者提供丰富多彩的专题讲座、展览、报告会等公共文化传播服务成为近几年来公共图书馆延伸服务的又一个服务方式。

1.讲座的开展

讲座,原本属于高校教育。进入20世纪90年代中期之后,中国的一些大中城市设立城市论坛,或者是企业论坛,社会上的人开始参与讲座。但是这样的论坛,缺乏经常性和大众性,因而不能成为城市文化基本形态。随着公共图书馆服务的延伸,公益讲座开始在城市的省市图书馆展开。

由政府兴办的公益文化,是非市场的,具有强烈的教化功能。公共图书馆讲座的文化属性就是公益性,它带有政府意识形态的导向性和提升社会文化层次、满足大众最基本的文化需求的功能。

2000年以来,各地公共图书馆开展了公益讲座活动,讲座因其知识性、开放性、教育性、互动性等特性,已经成为图书馆履行社会教育职能的重要阵地和开展读者服务的有效载体。公共图书馆日益意识到公益讲座的重要性,逐渐把讲座由边缘工作向核心业务转移，讲座也因其浓缩的学习形式和所包含的独特的文化行为得到越来越多的读者的喜爱。2007年全国首次公共图书馆延伸服务经验交流会召开，会上提出了开展公益性讲座是图书馆未来的发展趋势。2009年，全国公共图书馆讲座工作研讨会在北京召开，来自全国近60家图书馆，其中包括27家省级图书馆参加了会议。会议提出以公开平等、互利互惠为原则，以共建共享为方法，促进全国公共图书馆间加强讲座工作的合作与交流。据统计，参加全国公共图书馆讲座工作研讨会的近60家图书馆，基本上都拥有定位准确、特点鲜明的讲座品牌。每一座城市或每一个地区的图书馆都会结合本区域的特点和特有的文化气质与品格，打造属于自身的讲座品牌。如国家图书馆的"文津讲坛"、上海图书馆的"上图讲座"、南京图书馆的"南图讲座"、金陵图书馆的"金图讲坛"、山东省图书馆的"大众讲坛"、广东中山图书馆的"广东学术论坛"、宁波市图书馆的"天一讲坛"、甘肃省图书馆的"周末名家讲坛"、兰州市图书馆的"金城大讲堂"等，都已在读者中形成了极具知名度的"文化名片"。讲座品牌的打响，提升了图书馆的认知度和美誉度。

2010年12月16日，由国家图书馆牵头的"全国公共图书馆讲座联盟"正式成立，为各图书馆讲座合作提供了新平台，使得共享优势资源、共同发展成为可能。国家图书馆以讲座联盟为载体，实现全国公共图书馆讲座业务的共同发展，具体措施包括：搭建全国公共图书馆讲座资源共建共享平台；推广有地区影响力的讲座，打造有行业代表性的文化品牌；注重讲座成果整理和衍生品开发，扩大讲座的社会影响等。

2.讲座的目的

（1）让市民公众共享社会精神文化财富并提供足够多的历代与当代历史文化信息。

（2）提升市民公众文化艺术素养水平，陶冶市民公众人文道德情操。（3）为市民公众构筑中外文化、经典艺术知识传播与信息交流平台。（4）为市民公众与专家学者、社会名流进行零距离面对面交流及市民之间进行文化与艺术知识交流搭建互动平台。

3.讲座的内容

（1）讲座策划。①关注社会热点问题。反映及时、关注热点，是讲座工作的一个重要特点。作为讲座策划者，要有敏锐的眼光，把握时代脉搏，审时度势，抓住机遇，并及时回应，果断决策。②依托馆藏资源。图书馆有着丰富的馆藏资源，举办讲座者可以从馆藏文献中寻找讲座策划内容，讲座作为读者活动的重要形式，离不开馆藏的支撑。③主讲人的选定。听众是讲座的对象，讲座的成功与否，很大程度上取决于现场听众的认同度。因此主讲人的选定也是讲座工作的一个重要环节，它是讲座成功的关键。读者是否愿意来听讲座，主讲人的因素占有很大比重。

（2）讲座的推广。讲座活动作为读者服务工作的一项重要内容，是信息和知识传播的一种重要形式，是文献信息传播学体系结构中的一个重要支点。它既属于传播学，又属于文献信息学。因此，讲座活动的策划、推广和传播都要按照文献信息传播学的规律来科学运作，做到传播面宽、传播层次深、传播对象准，使主讲人能把所讲的主题有效地传达给听众，使讲座的社会教育功能得到充分发挥。

（3）讲座的宣传。①以公共图书馆网站为平台，设置讲座专栏，通过现代多媒体信息技术，将以往各期讲座的具体内容以文本、音频、视频的形式纳入多媒体数据库，使公众可以通过网站收看或下载各期讲座的内容，为广大公众搭建一所普及与推广讲座相关内容的空中课堂。②编辑出版与讲座配套的图书或专刊，用文字形式再现讲座内容，弥补讲座的时空限制，又可使读者多次细细地品味讲演者的思想与内涵。③制作与讲座配套的电子产品，如光盘等。按照读者需求制作内容，或一个主题多个讲座，或一个演讲者多个讲座等，使得某一图书馆的讲座成为众多图书馆和广大读者共享的知识资源。④开展与讲座有关的展览、读者活动等。有些讲座可以推出一系列的图片展览，可以配合讲座举办读者活动，如召开读者座谈会，听众代表与演讲人、讲座主办方直接交流意见等。

（八）读者教育培训工作

读者教育培训工作就是利用图书馆的资源、场地和馆员的专业知识，有针对性地为读者开展阅读指导、专题培训、上门培训等，同时也是图书馆开展的培养读者（包括潜在读者）利用文献信息的意识和能力的教育。其目的就是扩大读者知识面和提高信息利用技能，帮助用户了解图书馆馆藏和图书馆服务的内容，掌握文献检索和利用的方法，了解文献信息知识，增强用户利用文献信息解决实际问题的信息意识。做好这项工作，馆员必须了解读者需要的情况，并熟悉藏书、熟悉图书馆的各种目录、书目索引，以及现代检索工具的使用，这样才能充分利用自己所掌握的图书馆业务知识来辅助读者，解答读者提出的各种问题，帮助读者了解图书馆的性质、职能、任务和发展状况，才能介绍图书馆藏书资源的范围、重点、布局结构及其使用方法、服务手段、设施、借阅规则、程序、方法等。读者教育可采用多种方式，包括举办培训班、讲座、个别辅导、参观、展览、讨论会、知识竞赛、提供宣传品和指南、触摸屏指南、网上课件等。

1.读者培训方式与方法

（1）群体教育培训法：是指图书馆工作人员对读者进行培训，即根据读者的层次不同分别集中举办各种学习班、讲习班、研讨班、训练班、强化班等进行集中授课培训，让读者系统地了解和掌握图书馆的相关知识和利用方法，并能够充分地发挥图书馆的巨大作用。

（2）个别辅导法：是指图书馆工作人员一对一地给读者讲解有关的知识和使用方法、技巧。个别辅导既不需要专门的培训组织，又不需要很多的培训人员和设施，具有更大的随机性与灵活性，是一种简单易行、针对性强、行之有效的培训方法。个别辅导常常融入图书馆的日常工作中，一般通过面对面、信函、电话、电邮等方式进行咨询和答复。咨询问题的范围比较广泛，问题专业性强。

2.读者教育内容

（1）读者信息素质的培养。信息素质是指人们获取、分析、整理、加工和利用信息的意识、知识和技能的内在品质的总和，其通过利用信息的过程、结果得到具体的表现。信息素质涉及多方面的知识，和许多学科有着紧密的联系，受人文、技术、经济、法律等诸多因素影响，涵盖面很宽。信息素质主要包括信息意识、信息能力、信息道德三个方面，信息意识是指人们对信息的认识与信息需求的自我感悟，信息能力是指专业人才所具有的信息搜集、判断、筛选、处理、加工、传播和利用等能力的总和，包括信息检索的原理、知识、方法、技巧、文献利用方法。信息道德是指在整个信息活动中，调节信息创造者、信息服务者和信息利用者之间相互关系的行为规范，包括公民道德及有关法律、法规等。信息素质教育是一种终身教育，在个体的各个发展阶段，信息素质教育都是不可缺少的。

（2）图书馆认知与利用。让读者了解图书馆的基本情况，如馆藏分布、馆藏文献的特点、范围和服务项目等，提高读者对图书馆的认知程度，为读者充分利用图书馆提供条件。图书馆通过各种服务向读者宣传或揭示馆藏文献的类型、数量、特点、重点、范围、文种、存放位置及其出版情况、著者、内容和同类文献等，从而帮助读者及时、准确地获取所需的知识和信息。

（九）情报研究服务

情报研究服务，是一种深层次的参考咨询服务，是情报服务的主要内容和科学研究的前期工作，一般需要较高的水平和较多的时间。情报服务可以协助科研人员选择正确的科技策略，提高效率，减少人力或投资方面的重复和浪费，节省科研人员的时间和精力。我国各大中型图书馆，都普遍建立了咨询服务部门，配备学有专长的工作人员从事咨询服务。还有的图书馆成立了联合性的咨询委员会，将图书馆的专门人才组织起来，对口分工解答读者提出的各种咨询问题。情报研究有定题服务、专题数据库建设、信息调研、编译服务、综述和预测分析报告等。

（1）定题服务是信息机构根据经济建设和用户研究需要，选择重点研究课题或亟待解决的关键问题为目标，深入其中，通过对信息的收集、筛选、整理并定期或不定期地提供给用户，直至协助课题完成的一种连续性的服务。定题服务是情报检索的延伸，是一种特殊形式的检索服务。它的基本特点在于主动性、针对性和有效性。

（2）专题数据库就是图书馆把具有资源优势的一些专题信息资源，进行二次加工，使这些信息资源的组织系统化，并且进行知识挖掘、重组和再造，发现隐含在信息中的有用知识单元并整合成知识产品。专题数据库针对性很强，但需要对各学科领域内最新信息及研究动态、成果进行搜集、筛选、整理，从数据的采集、整理、录入到发布都需要投入相当的人力及物力。

（3）信息调研是指信息服务工作者经过搜集、整理、分析和研究之后，将所得成果提供给用户，这项服务专业性强、层次高，受读者欢迎。

（4）编译服务是图书馆根据读者的需要编写或翻译中外文资料，使读者克服语言障碍，更顺利地利用文献。编译服务包括两个方面内容。其一是编，其二是译。编就是编写中外文资料，这方面内容主要是些应用文类的文稿，公共图书馆这类读者需求较多。译就是将中文文献译成外文，或者把外文资料译成中文。翻译服务还可分为口头翻译、笔头翻译、人工翻译、计算机翻译、委托代译与交流编译等。

第二节　公共图书馆读者服务法规制度

一、公共图书馆读者服务法规制度内容

法律法规主要包括国家制定的有关图书馆服务工作的法律法规：如《公共图书馆服务标准》《公共图书馆建设用地指标》《公共图书馆建设标准》《公共文化体育设施条例》《国务院办公厅关于进一步加强古籍保护工作的意见》《著作权法实施条例》《计算机软件保护条例》《公共图书馆管理办法》）等。

《公共图书馆服务规范》的内容包括以下几点。

（1）范围

本标准规定了图书馆服务资源、服务效能、服传、服务监督与反馈等内

容。本标准适用于县（市）级以上公共图书馆。

（2）规范性引用文件

下列文件对于本文件的应用是必不可少的。凡是注日期的引用文件，仅注日期的版本适用于本文件。凡是不注日期的引用文件，其最新版本（包括所有的修改单）适用于本文件。GB/T 10001 标识用公共信息图形符号第一部分，通用符号；建标 108-2008 公共图书馆建设标准。

（3）术语和定义

下列术语和定义适用于本文件：①公共图书馆：由各级人民政府投资兴办或由社会力量捐资兴办的向社会公众开放的图书馆，是具有文献信息资源收集、整理、存储、传播、研究和服务等功能的公益性公共文化与社会教育设施。②公共文化服务体系：以政府为主导，以公益性文化单位为骨干，鼓励全社会积极参与，努力建设公共文化产品供给、设施网络、资金人才技术保障、组织支撑和运行评估为基本框架的覆盖全社会的公共文化服务网络架构，其建设原则是结构合理、发展平衡、网络健全、运行有效、惠及全民，体现出公益性、基本性、均等性和便捷性的发展定位。③服务资源：公共图书馆在开展服务过程中所拥有的物力、财力、人力等各种物质要素，主要包含了硬件资源、人力资源、文献资源和经费资源。④服务效能：公共图书馆投入的各项资源在满足读者和用户需求中体现的能力和效率。⑤区域服务人口数：各级公共图书馆所在行政区域的常住人口数。⑥呈缴本：根据有关法律或法令规定，出版者每出版一本新书刊都要免费呈缴一定的样本给指定图书馆，这种制度称为呈缴本制度，所呈缴的样本为呈缴本。⑦文献提供：也可称文献传递，是指图书馆或其他文献收藏机构根据读者要求，利用互联网、电子邮件、邮递等方式为本地或异地的读者直接提供所需原本文献和复制文献的服务形式。

（4）总则

①为促进公共图书馆事业的发展，建设覆盖全社会的公共文化服务体系，保障公众的基本文化权益，改善公共图书馆的服务条件，提高公共图书馆的服务效能和管理效益，制定本标准。②公共图书馆服务是指公共图书馆通过各类

资源和自身专业能力满足公众日益增长的对知识、信息及相关文化活动需求的工作,其基本服务应当免费。③公共图书馆服务应体现以人为本的原则,通过就近、便捷、可选择、温馨的服务,不断改进服务质量,统筹兼顾服务资源、服务效能、服务宣传、服务监督与反馈,促进服务的全面协调可持续发展。④公共图书馆服务对象包括所有公众。应当注重培养少年儿童的阅读习惯,并努力满足残疾人、老年人、进城务工者、农村和偏远地区公众等的特殊需求。⑤本标准是公共图书馆服务的全国性统一标准,是检验公共图书馆服务效能与管理的尺度,是评估公共图书馆服务水平的依据。⑥公共图书馆的服务与管理除执行本标准的有关规定外,还应符合国家现行的相关国家标准和规范。

(5)服务资源

①馆舍建筑指标:公共图书馆设置布局应遵循普遍均等原则,选址要考虑服务半径、服务人口等因素,并应按相关规定执行。服务人口是指公共图书馆服务范围内的常住人口。

建筑功能总体布局:公共图书馆建筑功能总体布局应遵循以读者服务为中心,与图书馆的管理方式和服务手段相适应,做到分区明确、布局合理、流线通畅、安全节能、朝向和通风良好。

电子信息设备:计算机,公共图书馆应配备一定数量的计算机专供读者使用。各级政府应支持图书馆配备与经济和技术发展水平相适应的信息技术设备。所需计算机数量见表2-1。

表2-1 公共图书馆计算机设备配置及用途指标

等级	计算机总台数(台)	读者使用计算机总台数(台)	OPAC计算机数量(台)
省级馆	100以上	60以上	12以上
地级馆	60以上	40以上	8以上
县级馆	30以上	20以上	4以上

注:1.省级馆包含省(自治区、直辖市)、副省级市(计划单列市)级图书馆;地级馆包含地(市、地区、盟、州)级图书馆;县级馆包含县(市)级图书馆。

2.OPAC(Online Public Access Catalogue)指在线公共检索目录。

网络与宽带接入：公共图书馆网络与宽带接入，是为读者提供网络信息服务的基础。网络与带宽接入指标见表 2-2。

表 2-2　公共图书馆网络与带宽接入指标

等级	互联网接口	局域网主干	局域网分支
省级馆	≥100M	≥千兆	≥百兆
地级馆	≥10M	≥百兆	≥百兆
县级馆	≥2M	≥百兆	≥百兆

信息节点指在馆内与局域网或互联网连接的计算机网络接口，阅览室的信息点设置应不少于阅览座位的 30%，电子阅览室的信息点设置应多于阅览座位数。有条件的可提供互联网无线网络接入服务。

②人力资源：人员要求，公共图书馆工作人员应受过专业训练、具备良好的职业道德，在读者服务工作中应平等对待所有公众，尊重和维护读者隐私。工作人员需挂牌上岗，仪表端庄，使用文明用语，热忱并努力为读者提供准确全面的信息服务。

人员配备：公共图书馆应配备数量适宜的工作人员。具有相关学科背景的专业技术人员应占在编人员的 75%以上，少数民族自治地区公共图书馆要配备熟悉少数民族语言文字的专业技术人员。

公共图书馆专业技术人员是指符合下列条件之一并从事相关业务工作的人员：具有助理馆员等各类初级及以上专业技术职务任职资格；具有图书馆学专业（或图书情报专业）专科或以上学历；非图书馆学专业（或图书情报专业）专科或以上学历，须经过省级及以上学会（协会）、图书馆、大学院系举办的图书馆学专业（或图书情报专业）课程培训，培训课时不少于 320 学时并成绩合格。

人员数量：公共图书馆工作人员数量的确定，应以所在区域服务人口数为依据。每服务人口 10000 人~25000 人应配备 1 名工作人员。各级公共图书馆所需的人员数量的配备，还应兼顾服务时间、馆舍规模、馆藏资源数量、年度读者服务量等因素。

教育培训：公共图书馆应坚持实施针对全体工作人员的教育培训计划。每年用于人员教育培训经费预算，应占职工年工资总额的1.5%~2.5%。年人均受教育培训时间应不少于72学时。

志愿者队伍：公共图书馆应导入志愿者服务机制，吸引更多图书馆工作人员和社会公众加入志愿者队伍。

③文献资源馆藏文献：文献采集原则，馆藏文献资源建设应遵循以下原则，与日益增长的读者需求和本地区经济、文化与社会事业发展相适应；与国家知识产权保护等法律法规的要求相一致；与本馆文献资源建设规划、采集方针及服务功能相匹配；有利于形成资源体系和特色；有利于促进区域文献资源共建共享；有利于积淀与丰富历史文献。

馆藏文献总量：馆藏文献包括印刷型文献、电子文献、缩微文献等。公共图书馆应在确保印刷型文献入藏的基础上，逐步增加电子文献的品种和数量，并根据当地读者和居住的外籍人员的需求，积极配置相应的外文文献。

馆藏印刷型文献以图书、报刊合订本的册数计。省级馆、地级馆、县级馆的入藏总量分别应达到135万册、24万册、4.5万册以上，省、地、县级馆年人均新增藏量分别应达0.017、0.01、0.006册以上。馆藏电子文献包括电子图书、电子报刊、视听资料等，以品种数计。省级馆、地级馆、县级馆的年入藏量分别应达到9000种、500种、100种以上。

少数民族语言文献：少数民族集聚地区的各级公共图书馆应承担该地区少数民族文字文献资料的收藏和服务的职能。其他地区各级公共图书馆也应收藏与本地少数民族状况相适应的少数民族语言文献。

呈缴本：省级公共图书馆负有依法接受所在省（市）出版机构呈缴出版物和保存地方文献版本的职能。呈缴本的入藏应符合本馆的文献入藏原则和范围，征集的品种、数量应达到地方正式出版物的70%以上。

政府出版物：公共图书馆应承担当地政府出版物的征集、保存与服务职能，设置政府公开信息查阅点，并做好服务工作。

文献购置经费：公共图书馆的文献购置经费由各级政府投入，专款专用，确保公共图书馆服务的正常开展。省级馆年人均文献购置费应达到0.52元以上；地级馆年人均文献购置费应达到 0.3 元以上；县级馆年人均文献购置费应达到 0.18 元以上。文献购置经费应与财政收入的增长同步增加。

图书馆应在文献购置经费中安排电子文献购置经费，并根据馆藏结构和文献利用情况逐年提高或不断调整其与印刷型文献的比例。

（6）服务效能

①基本服务：公共图书馆的基本服务是保障和满足公众的基本文化需求的服务，包括为读者免费提供多语种、多种载体的文献的借阅服务和一般性的咨询服务，组织各类读者活动以及其他公益性服务。

服务时间：公共图书馆应有固定的开放时间，双休日应对外开放。其中省级馆每周开放时间不少于 64 小时；地级馆每周开放时间不少于 60 小时；县级馆每周开放时间不少于 56 小时。各级独立建制的少年儿童图书馆每周开放时间不少于 40 小时。

流动服务：公共图书馆应通过流动站、流动车等形式，将文献外借服务和其他图书馆服务向社区、村镇等延伸，定期开展巡回流动服务。

总分馆服务：公共图书馆应在政府主导、多级投入、集中分层管理、资源共享的原则下，建立普遍均等的公共图书馆服务体系，因地制宜地开展形式多样的总分馆服务，形成统一的机构标识，统一的业务规范，建立便捷的通借通还文献分拣传递物流体系，提升同一地区公共图书馆系统的整体形象和服务能力。

②拓展服务：远程服务——公共图书馆应利用互联网、手机等信息技术手段和载体，开展不受时空限制的网上书目检索、参考咨询、文献提供等远程网络信息服务。个性化服务——公共图书馆可为个人、企事业机构及政府部门提供多样化的、灵活的、有针对性的服务。

③服务效率：文献加工处理时间，公共图书馆需根据不同类型（如印刷型、电子、缩微等）、不同来源（如购买、受赠、交换等）的文献资源特点和服务要求，优化文献加工处理流程，缩短文献加工处理周期，提高文献加工处理效率。文献加工处理时间以文献到馆至文献上架（或上线）服务的时间间隔计。其中，报纸到馆当天上架服务，期刊到馆 2 个工作日内上架服务，

省级馆、地级馆及县级馆分别在图书到馆20、15、7个工作日内上架服务。

闭架文献获取时间：闭架文献获取时间以读者递交调阅单到读者获取文献之间的间隔时间计。闭架文献提供不超过30分钟，外围书库文献提供不超过2个工作日。古籍等特种文献，另按相关规定执行。

开架图书排架正确率：开架图书提倡按《中国图书馆分类法》分类号顺序排列整齐。省级馆、地级馆及县级馆的开架图书排架正确率分别不低于96%、95%、94%。

馆藏外借量：馆藏外借量以外借文献册数计。公共图书馆应合理调整外借文献范围、外借文献册数、借期等流通规则，保持馆藏外借量逐年增长。

人均借阅量：公共图书馆应分别根据有效持证读者和服务人口的总数，计算已外借文献量（册）占有效持证读者总数和服务人口总数的比例，以反映流通馆藏对有效持证读者的服务使用情况。

公共图书馆应适时调整外借册数、借期等流通规则，并在流通规则合理范围内，保持人均借阅量逐年增长。

电子文献使用量：电子文献使用量由数据库检索量、全文下载量组成。公共图书馆应积极宣传电子文献，举办电子文献使用辅导讲座，提升读者使用电子文献的信息素养，保持电子文献使用量逐年增长。

文献提供响应时间：文献提供响应时间以收到读者文献请求至回复读者之间的时间计。响应时间不超过2个工作日，并告知读者文献获取的具体时间。

参考咨询响应时间：公共图书馆需提供多样化的文献咨询服务方式，有效缩短文献咨询的响应时间。多样化的文献咨询服务方式包括现场、电话、信件、传真、电子邮件、网上实时、短信等。响应时间是以收到读者咨询提问至回复读者之间的时间计。现场、电话、网上实时咨询需在服务时间内当即回复读者，其他方式的咨询服务的响应时间不超过2个工作日。

（7）服务宣传

①导引标识方位区域标识：公共图书馆导引标识系统应使用标准化的文字和图形建立，公共信息标识应采用国家标准 GB/T10001.1 标识用公共信息图形符号。

第一部分：通用符号，根据需求可采用双语或多语言对照。公共图书馆应在主体建筑外竖立明显的导向标识。公共图书馆入口处应标明区域划分，如阅览区域、活动区域、办公区域等，以方便读者到达目标区域。公共图书馆应在每一楼层设立醒目的布局功能标识。

文献排架标识：公共图书馆应在阅览区和书库设置文献排架标识。

无障碍标识：公共图书馆应设置无障碍设施的专用标识。

②服务告示：告示内容和方式：公共图书馆的服务范围、服务内容、服务时间、服务公约、读者须知借阅（使用）规则、服务承诺等基本服务政策应在馆内醒目位置和图书馆网站的相关栏目向读者公示，其他服务政策及各类服务信息等应通过各种途径方便读者获取。

闭馆告示：因故须暂时闭馆，须向上级文化行政主管部门报告并经其同意后，提前一周向读者公告。如遇公共安全、网络安全等突发事件须临时闭馆或关闭部分区域、暂停部分服务的，应及时向读者公告。

③馆藏揭示：公共图书馆应借助计算机管理与书目检索系统，将纸质、电子和缩微等不同载体的馆藏文献目录向公众揭示，提供题名、著者、主题等基本检索途径，方便读者查询；公共图书馆还应通过网站、宣传资料、专题展览等形式，向公众推介、揭示最新入藏的文献和特色馆藏。

④活动推广：公共图书馆应通过媒体、网站、宣传资料、宣传栏及各种现代化通信手段等形式，邀请、吸引读者的参与和互动。

二、公共图书馆服务规章制度

公共图书馆服务规章制度主要是各个图书馆根据图书馆管理办法制定的，如《图书馆组织机构管理规章制度》《图书馆工作职责图书馆日常业务工作规章制度》《图书馆服务工作规章制度》《图书馆行政管理工作制度》《图书馆人事管理制度》《图书馆财务管理制度》《图书馆固定资产管理制度》《图书馆档案管理制度》等。

(一)《图书馆组织机构管理规章制度》

1.图书馆工作职责

采集各种类型的文献资料,进行科学的加工整序和管理,开发和建设信息资源,为图书馆的读者提供文献信息保障。开展流通阅览、读者辅导、参考咨询、信息服务和用户培训工作,提高读者的信息意识和利用文献信息的技能。统筹、协调图书馆的文献信息工作。参加图书馆事业的整体化建设,开展多方面的协作,实现资源共建共享。开展学术研究和交流活动。加强图书馆的软件硬件建设,全方位强化各项职能,创造良好的社会效益。促进队伍稳定、培养人才成长,创造良好的发展空间。

2.馆长工作职责、副馆长岗位职责

图书馆是由馆长主持日常工作。负责图书馆的行政工作,领导制定图书馆发展规划、工作计划、规章制度、岗位职责和干部培训计划,组织实施并监督检查各项工作的落实,定期向上级部门及全馆同志汇报工作情况。贯彻"一切为了读者"的办馆宗旨,为建设一流的图书馆而努力工作。负责图书馆的业务工作,组织和协调各项业务工作的开展。负责图书馆工作人员的聘任和使用。负责图书馆业务人员的队伍建设,有计划地安排人员业务进修,定期进行人员业务考核、评职和聘任工作,组织馆内学术研究和馆外学术交流活动。负责图书馆的经费使用,编制年度预决算,严格经费使用管理。负责图书馆的现代化建设,采用新技术和科学的管理方法管理图书馆。

3.办公室职责

办公室是图书馆总体统筹全馆管理工作,负责文书、督办、会务、财务管理、财务审计、后勤、人事、档案、宣传和接待等工作,并负责处理馆日常事务的综合性行政管理部门。其职责范围是:协助馆领导统筹全馆管理工作,负责处理全馆日常事务,协调部室间工作。凡是职责不明确的事情,应及时负责处理解决。落实上级领导机关和馆班子的决议、决定,根据馆长意见安排馆长办公会议、馆务会议等,编发有关会议纪要,并检查会议精神落实情况。协助馆领导制订工作计划,负责起草综合性工作报告、工作总结、通知通报等文件材料。协助做好接待来访等外事工作，综合处理馆内外行政性事务。

负责馆内的党务、计划生育、机构编制、劳动工资、社会保障和职称评审、离退休人员管理等工作。根据相关法律法规，制定本单位财务管理制度；处理会计日常事务，做好各项财务预算、决算，并跟进执行情况，及时报送各类报表，核定、核算各块财政资金分配计划及各部门经费使用情况，按额度进行定量控制。负责固定资产的管理工作、办理固定资产的购建、转移、报废等财务审核手续、负责对馆内低值易耗品保管，并提出日常采购、领用、保管等工作建议和要求，杜绝浪费。

负责员工的各项工资、奖金、加班费、个人所得税、住房公积金、养老保险金等计发工作。负责全馆档案的收集、整理、查阅、档案资源开发和编研工作。负责全馆的车辆使用安排、车辆的保养、保修、年审等工作。负责全馆的文明优质服务的管理工作及全馆业务统计与分析。协助工会、共青团搞好本馆的工青妇工作，负责组织全馆性活动。协助各部门搞好馆内的宣传工作。完成馆领导交办的其他临时性工作任务。负责管理范围内各种设施、家具、电子设备的正常运作。协助物业管理部搞好本馆的综合治理、安全和卫生工作。

（二）《图书馆日常管理工作规章制度》

1.业务部职责

业务部是图书馆总体统筹业务管理工作，组织开展业务研究、员工业务培训、项目管理等各项工作的综合业务管理部门。其职责范围是：协助馆领导统筹全馆业务管理工作，制定全馆的业务规划，贯彻落实馆领导的各项业务决策。进行全馆日常业务的管理，制定相应业务规范，开展相关业务活动。承担馆内各业务部门的业务协调工作，做好业务调研，帮助改进业务工作。组织制定、修改全馆业务规章制度，及时了解各业务部门工作情况。承担全馆科研项目管理工作，协助馆领导制订本馆学术研究工作计划、研究选题及研究方向。组织、引导馆内员工开展学术研究与学术交流活动。及时向全馆专业技术人员传达各级学术研讨会议题,并组织撰写学术论文。承担图书馆与社会阅读专业委员会的具体事务,开展社会阅读方面的研究。承担全馆项目管理工作,制定、完善项目管理办法。组织实施项目管理招标、立项、跟踪管理、验收评审等项目管理过程的各项具体工作,并做好年度项目管理的资料归档及总结工作。组织开展馆内专业技术人员的业务培训、继续教育、岗位技能培训及业务学习等工作。做好全馆业务工作的对外宣传,编辑本馆刊物及各项业务宣传资料,承担本馆网站业务工作宣传栏目的策划及内容更新等工作。

2.辅导部职责

辅导部主要承担本地区公共图书馆事业建设、基层图书馆业务辅导、图书流动车业务、馆际物流管理等工作。其职责范围是:总体统筹全市图书馆事业建设,制订本地区图书馆事业发展规划,组建本地区图书馆事业网。承担图书馆总分馆建设的各项具体事务,研究拟定建设目标、计划,制定总分馆建设的业务规范。负责"全国文化信息资源共享工程"基层点的建设、验收及日常管理工作。负责各分馆的日常管理工作,承担馆际间协作协调具体工作,负责处理解决总分馆业务工作中出现的问题。

承担基层图书馆业务指导工作,协助各分馆做好建设规划,如馆舍功能布局、购书计划和业务工作规范等。协助完成地区基层图书馆的考核、检查、评估和评比工作,总结推广先进经验。负责基层图书馆专业人员的业务培训工作,拟定基层图书馆业务人员的年度培训计划。负责总分馆馆长例会的组织、筹备及各项具体事务工作。负责组织开展图书馆间的业务考察及调研活动。负责图书流动车的管理、服务网点的建设及日常服务等工作。承担馆际物流管理工作。负责本地区图书馆业务统计及统计资料的管理,收集、整理、备档各种业务辅导资料,建立、健全业务辅导档案,并加强业务资料的数字化建设工作。

第三节 公共图书馆读者服务规范

一、公共图书馆读者服务规范的定义

公共图书馆的服务规范是指图书馆对其所开展的各项服务提出规范化的要求，并使工作人员按照规则实施服务。公共图书馆服务规范包括两个方面的内容：一是对图书馆的各项服务制定出一套具体的、指导性的、操作性强的规则；二是通过一系列的管理手段，使图书馆员按照服务的规定去开展服务。

二、公共图书馆服务业务操作规范

公共图书馆业务操作规范包括总《咨询台工作规范》《流通系统操作规范》《中外文期刊工作规范》《图书验收工作规范》《数字图书馆参考咨询台业务规范》《多媒体工作规范》《总服务台操作规范》《复制工作规范》《文明服务行为规范》《读者到馆行为规范》等。

（一）服务台工作规范

1.总咨询台工作规范

（1）首问负责制：总咨询台实行"首问负责制"。"首问负责制"是指最先接受读者咨询和个人需求工作人员作为第一负责人或作为首问负责人，负责解答或指引到相关部门、相关人员解答读者在图书馆所提的各类问题，直到读者的问题得到满意解答为止。首问负责人受理读者咨询疑问的形式包括当面咨询、电话咨询和网上咨询等。首问负责人接待读者应热情周到，问明情况，详细解答。"首问负责制"使馆员随时随地都有充当首问人的可能性，这就要求馆员树立读者意识、责任意识和服务意识，增强工作的自觉性、主动性和创造性，提高图书馆的服务质量。

（2）"首问负责制"公约

*接待读者，礼貌热情

*回答咨询，周到详尽

*本职范围，当场解答

*复杂问题，及时转达

*第一受理，责任不推

*有问而来，满意而归

（3）公共图书馆首问负责制管理办法：①本制度所称的"首问负责人"是指服务对象到馆或通过电话、网络联系（电子邮件、QQ、短信）等方式提出咨询问题或办事要求时所接触到的第一个工作人员。本制度所称的"服务对象"包括提出咨询问题或办事要求的读者、外单位前来联系业务的工作人员、本馆及分馆工作人员、上级领导等。②"首问负责制"的工作内容。首问负责人负责解答和解决服务对象的问题，或指引到相关部门进行解决，在服务对象的问题解决过程中，要全程跟进，直到服务对象的问题得到解决、满意为止。③"首问负责制"的基本要求。在接到服务对象的问题时，无论是否属于本部门、本人的事情，首问负责人都必须主动、热情，不得以任何借口推诿、拒绝、搪塞。服务对象的问题属于首问负责人工作范围的，首问负责人必须认真解答和解决。由于客观原因不能解答或当时解答不了的，要向服务对象说明原因，求得服务对象的谅解。④"首问负责制"工作的考核办法。"首问负责制"是一项管理与服务为一体的制度。"首问负责制"实行责任考核，即对首问负责人的考核是建立在岗位责任制基础上的，首问负责人受到服务对象的称赞、好评、投诉或引起纠纷等，按《公共图书馆工作考核评分标准》处理。⑤"首问负责制"工作的检查办法。设立工作意见箱、读者意见簿、读者意见电子邮箱、馆长信箱等，主管领导和部门主任要经常查看。实行自我约束，互相监督。采用领导、读者、舆论监督相结合的监督工作机制。主管领导、部门主任应及时了解员工、读者的意见，建立起收集服务对象意见的渠道。

（4）首问负责制"特征"

广泛性。要求人人参与，人人有责，人人尽职。工作上分，目标上合；

职责上分，思想上合；职能上分，关系上合。充分发挥图书馆的人力资源优势，把读者的事当做自己的事，有问必答，有求必应，有应必果。

主动性。对读者提出的咨询问题，无论是否属于本部门或本人的事情，首问负责人都必须主动热情，不得以任何借口推诿、拒绝、搪塞。

全责性。凡是读者咨询属于本部门，本人职责范围的问题，首问负责人必须认真解答。确实解答不了的，要向读者说明原因。对读者咨询不属于图书馆工作范围的，应耐心解释，并得到读者的谅解。

时效性。读者咨询的问题不属于本部门或本人职责范围的，应将读者指引到相关部门或人员处理，接到处理的部门和个人，必须立即解答。确实作答不了的问题，应向读者说明情况。

强制性。"首问负责制"作为图书馆的规章制度，它规定馆员的职责和义务，规范图书馆的办事程序，一旦实行，任何部门和个人都必须自觉遵守和严格执行。各部门之间、个人之间必须互相配合、互相监督。

奖惩性。根据图书馆"首问负责制"的实施细则，在开展"首问负责制"活动中，对于读者满意反映好的部门和个人，在评先评优、年度考核和职称晋升等给予体现。对于执行不力，读者评价差的部门或个人给予通报批评、扣发岗位津贴等处理。

由于总咨询台服务的内容相对复杂，涉及的方面多，因此，咨询工作人员必须要有强烈的责任心，如及时收集图书馆各方面的信息，包括图书馆规章制度的变革，会议、讲座时间、地点信息，数据库的利用等。对于读者的建议和要求，要及时反馈到相关部门，并提出一个切实可行的落实解决方案，由专人负责，将解决答案反馈到读者。同时对于那些和图书馆没有关系的问题，咨询人员也要认真对待，极力寻找解决的方案。

2.参考咨询岗位职责

目前国内外图书馆开展参考咨询服务，一般有电子邮件、实时交互、网络化合作等模式。这些模式的运作过程需要各类角色参与，共同保证参考咨询服务的完成，参考咨询具有动态性、复杂性和多样性。

参考咨询工作程序。参考咨询员在分析问题与解决问题的过程中，一般要经过受理咨询、调查了解、查找文献、答复咨询、建立咨询档案五个环节。五个环节构成一个完整的工作程序，每个环节都有明确的内容、具体的方法和要求。对各个环节的具体要求，就构成了参考咨询员的行为规范。

第一，受理咨询。受理咨询就是接受读者咨询问题的过程，既包括读者通过口头、书面、电话或邮箱等方式提出的咨询问题，也包括图书馆深入实际，主动了解到的咨询问题。在受理咨询过程中，要注意如下问题：一是判断咨询问题的性质和范畴；二是了解咨询目的和意图。

第二，课题分析。受理咨询后，首先要对读者提出的问题进行深入的分析。根据读者提问，文献检索类咨询问题一般有三种类型：特定文献的检索、特定主题的检索、特定课题的检索等。

第三，文献检索。文献检索需要根据读者提出的课题，在深入调查研究基础上，制订周密的切实可行的计划，并按照一定的步骤、方法和途径来查找文献。其基本程序为：先是选择检索工具，其次选择检索方法，最后确定检索途径。

第四，答复咨询。经过一系列文献调查、查找、鉴别和整理工作，获得读者所需要的文献或文献线索，即可作出正式的书面或电子文档解答。答复咨询的方式有多种：直接提供答案、介绍参考工具书、提供专题书目、二次文献以及文献线索、提供原始文献或文献复制品、提供综合性文献资料等，可依课题的性质和读者的需求而定。

第五，建立咨询档案。咨询档案既是一种总结经验、改进工作、探索规律的基本教材，又是一种有价值的参考工具。图书馆对于咨询课题，应当有选择地建立档案，凡是本单位有长远意义的重点课题、重点学科的学术带头人及有关的行政部门的课题，都要建立完整的档案，包括各种原始记录、解答过程、最终结果等。其中收集的资料和文献线索若具有普遍意义和推广价值，应迅速编印成书目、索引、文摘等二次文献进行通报，供有关单位或个人参考利用。

咨询馆员是伴随着图书馆参考咨询服务的发展而产生的。最早始于美国，1943年，"参考咨询工作"正式进入辞典。经过数十年的发展，参考咨询服务逐渐成为图书馆服务工作的核心,成为衡量现代图书馆工作的重要标志。咨询馆员的任务分为三个部分:信息服务、用户教育和用户深层次咨询。

信息服务包括三种形式:第一是便捷式咨询。即一些最简单最基本的问题,多是一些事实性或数据性的,如某一城市的地址,某一单位的电话号码、地理位置等。第二是研究性问题。这主要针对一些研究型用户,此类咨询问题往往要花咨询馆员较多的时间与精力,有时为了提供较精确的答案,咨询馆员要了解用户已经拥有何种信息,所需信息是作何用的。第三是网上咨询。即通过网络进行咨询解答。

咨询馆员面临的任务要求咨询馆员要有正确的角色定位。概括起来,咨询馆员应担当起以下角色:信息宣传员、信息提供者和信息指导者。信息宣传员要深入社会了解信息需求,有针对性地推销服务,可以通过开办讲座、网络介绍等。信息提供者充当信息资源与用户之间的桥梁与纽带,将各种信息资源快速、有序地传递给用户。信息指导者为用户寻找信息提供方法的指导,对用户进行技能教育与培训,帮助他们掌握各种新型检索方法等[1]。

3.参考咨询管理职责

参考咨询管理其主要职责是:在工作日内全天候监控咨询系统;监督咨询工作流程,及时转发用户的提问和参考咨询馆员的答复;在参考馆员之间根据分工分配咨询问题,及时更新、维护知识库,维护和更新等。还负责在向用户发送答案前再次检查答案、将回答过的问题存储起来、收集关于服务开展的情况,以及低层次的技术性工作。

4.网上咨询规范

咨询馆员根据读者咨询内容,主动完成以下网上咨询工作。

(1)在线咨询。在线读者通过在留言板填写咨询登记表向咨询员在线递交咨询请求,咨询员应在24小时内响应。书目和篇目信息发布在留言板上,原始文献将发到读者的电子信箱。对于读者的一般性问题,工作人员在收到请求后24小时内将给予答复或响应。需要检索大量文献的课题服务,在响应后2~7天内向读者传递首批所需文献或与读者协商解决。

(2)网络沟通。这是指通过计算机网络与外部相关关系的沟通活动,它是一种无距离、无时空、无障碍的沟通方式。在图书馆读者服务工作中，可通过电子邮件、网络电话、网络传真、电子论坛、手机短信等网络形式与读者进行有效沟通。目前，图书馆用得最多的是电子邮件和手机短信。

（3）信息导航。在网上介绍、分析、评价各种电子信息源，如对网上信息检索数据库进行集中管理和使用指导，编制网上各种类型文献信息检索的导航系统。建立电子期刊、电子图书、电子科技报告、网上专利信息检索的导航站点：按学科收集网上丰富的信息资源，集中在信息导航页面上，为用户提供学科网络信息导航。集中相关机构的信息（国内外大学站点、图书馆站点、数字图书馆、搜索引擎等），指引用户利用。

（4）网上论坛。把信息资源利用的方法、信息检索的技能等内容放在网上，用户可以随时上网学习文献检索的有关知识，使读者使用突破时空的限制。

（二）馆员文明服务行为规范

《公共图书馆服务规范》规定：公共图书馆工作人员应受过专业训练、具备良好的职业道德，在读者服务工作中应平等对待所有公众，尊重和维护读者隐私。工作人员需挂牌上岗，仪表端庄，使用文明用语，热忱并努力为读者提供准确全面的信息服务。

1.举止规范

（1）仪表规范：仪表规范是友好沟通的纽带和桥梁，图书馆根据工作性质和要求对馆员着装、发型等方面都制定了仪表规范。要求馆员衣着整洁，着装大方得体，服装的颜色应以稳重的职业装为主，佩戴眼镜注意不要过分花哨，对男同志要求头发不可以染色，发长不可以过耳朵（小于 7 公分），不可以穿短裤、拖鞋、无袖上衣入馆上岗等。对女同志要求化自然的淡妆上岗（化妆时要避人）；女性工作期间不可以穿"超低空"的服装；不可以佩带夸张的首饰（如大耳环），头发应选择短发或束起的长发等。上班时工作人员要佩戴工作牌，工作牌正面应朝外，不能被衣物等遮盖。

（2）姿态规范：站姿，馆员站立服务时是头正、肩平、臂垂、躯挺。要稳重、大方、挺拔。坐姿，馆员坐姿要端正、舒展；要端正地坐在工作台前，不应爬在工作台上，或懒散地用手支撑头部工作。步态，馆员在图书馆内走动时，应头正，躯挺。在正常情况下，行走时要姿态自然，步幅适度，步速应自然舒缓，显得成熟自信。但是在阅览室走动时，馆员不应穿有铁钉的高跟鞋，以免破坏安静的阅览环境。走路要轻，服务时举止要文明大方，要面带微笑。语音和语速，图书馆是要求安静的空间，读者对噪声的干扰是十分敏感的。因此，馆员在指导读者阅览、或为读者办理借还书手续时，要轻声细语，让你面前的读者听清的音量为适当，语速应平缓、清晰。

（3）服务语言规范：图书馆作为精神文明服务的窗口，运用规范的语言与读者交流至关重要。规范的语言就是发音准确的普通话。在图书馆读者服务工作中，运用规范的普通话可以准确、快捷地向读者传达信息，还可以避免使用方言带来的不利因素。

关于图书馆服务用语，各个图书馆都做出相关规定，如《图书馆第一线工作人员行为举止和语言规范》《图书馆服务忌语30句》《图书馆文明礼貌用语30句》等。图书馆服务语言应注意语气、语调、语音的运用，馆员要学会用亲切、温和的态度与读者沟通和交流。语气要平和，语调、语音不宜太高。提醒或叮嘱读者某事时，一定要使用委婉、平和的语气。在接待读者时，应努力掌握以下原则：第一，礼貌性原则，是指馆员与读者言语交流时，语言的选择与运用要体现出对读者的礼貌与尊重。馆员在服务过程中尊重读者、礼貌待人，不仅能赢得读者的好感与尊重，而且有益于融洽馆员与读者之间的关系，构建和谐的服务与读书氛围。第二，明确性原则，是指在读者服务工作中，馆员的语言要简明、准确。简明，即语言要简单明了，通俗易懂，不晦涩，不故作高深，令人不得要领；准确，即馆员在与读者交流、为读者服务或回答读者咨询时，语言表达和信息传达要恰当、确切到位。第三，切合性原则，是指馆员在读者服务工作中，使用的语言要切合特定的服务对象和情境。馆员的服务语言，首先要与服务对象相切合，根据服务对象的身份、年龄、专业、心理、性格、爱好等特点，并考虑时间、地点、场合等因素，有针对性地对自己的服务语言和表达方式进行恰当的选择。

2.馆员服务岗位规范

(1)流通阅览工作规范:文明服务公约,读者至上,服务第一。认真履行工作职责,为读者提供优质服务。爱岗敬业,忠于职守。熟练岗位业务,专心致志上岗工作,遵守开放时间规定。语言文明,主动热情。明礼诚信,热情周到,对读者态度和蔼,使用文明语言,力戒冷言冷语。仪表端庄,举止得体。服饰整洁,挂牌服务,精神饱满,举止大方得体。整洁美观,环境优雅。保持环境整洁、美观,书刊整齐有序,做到说话轻、走路轻、关门轻、推车轻,为读者营造安静、温馨的学习环境。

首问负责,有问必答。对读者的提问、咨询,要耐心解答,实行首问责任制,做到有问必答,回答明确,力求准确。严格管理,耐心公正。尊重读者,严格按照规章制度办事。处理违章行为时,耐心做好宣传解释工作,以理服人。规范服务,接受监督。自觉接受读者监督,工作中出差错要主动向读者道歉,认真对待和及时处理读者投诉,对读者提出的意见和建议必须给以及时回复,并不断规范各项服务工作。

(2)读者指南:《公共图书馆服务规范》规定,公共图书馆应在主体建筑外竖立明显的导向标识。公共图书馆入口处应标明区域划分,如阅览区域、活动区域、办公区域等,以方便读者到达目标区域。公共图书馆应在每一楼层设立醒目的布局功能标识。

读者指南主要是读者服务过程中用以宣传图书馆工作和服务包括图书馆概况、文献检索的一般方法、图书馆服务项目介绍、活动区域指示、新型信息载体的功能与使用方法、服务设施,如借阅规则牌、服务提示牌、伸缩隔离带、新书通告栏、馆外道路导示、馆内楼层导示等。读者指南一般应放在图书馆的入口处或服务台上,让读者自由取阅,使读者无须耗费多少时间即可了解图书馆的服务体系。

3.借阅制度

(1)借还书规则:图书馆实行开架借阅,读者主动出示本人图书借阅证入室借阅图书。限借册数和期限规定,每证借书4册,借期30天。一般图书到期需继续使用的,允许续借一次,续借手续必须在原借期未满前一周内凭借阅证和续借图书到图书借阅处办理续借手续，续借期限为20天。逾期不还者，图书馆有权暂停其借书权利，并处以超期罚款（每本每天0.1元）。所借书刊到期时适逢法定节假日、寒暑假，不计超期费。

若借随书所附光盘、磁盘，则需凭有效借阅证办理外借手续，押金10元。读者借阅文献时应当面检查，如发现污损、缺页等情况，应立即向工作人员报告并由图书馆工作人员在污损处加盖印记，以分清责任；对所借文献应妥善爱护和保管，严禁在一切书刊上圈点、勾画，归还时若发现有此类现象，按该馆图书赔偿规定办理。读者有责任对自己的借书证号、所借图书及应还日期做好备忘记录，以备必要时查询。

还书时，读者应主动出示图书借阅证，以方便工作人员办理还书手续。遇有特殊需要时，该馆有权随时催还借出的图书。外单位除有互借协议者外，须有该单位出具正式函件，经馆办公室同意后才可借阅图书馆文献。

（2）书库管理规则：读者凭本人借阅证在入库时领取代书版进入书库，出库时将代书板放回原处。所有书库均为开架借阅，严禁携带无关私人物品入内。读者入库选书必须使用代书版，不借的书要插回原位或按工作人员指定位置摆放，不得乱架。书库内严禁吸烟、吐痰、吃零食，保持库内安静、清洁、爱护库内设施。图书出库必须办理借书手续，未办理者，一经发现，将作窃书论处。读者通过"出口"处时，如遇监测仪报警，应主动配合工作人员查明原因，方可离开。凡对馆藏书刊撕页及偷盗、捡证恶意冒借者，除追回原书外并按原书刊价的10~20倍处以罚金。遵守开闭馆时间，出现特殊情况要听从工作人员的安排。

（3）阅览制度包括以下五点：①阅览室规则：图书馆根据不同读者对象和书刊种类，分别设置若干阅览室。本馆读者凭本人借阅证进入有关阅览室，外单位人员需持本人身份证。为有利于阅览室的管理，读者不得带任何包、袋（包括塑料袋、文件夹、牛皮纸袋）等入室。阅览室内应保持整洁、安静，读者不得在室内大声喧哗及讨论问题。入馆后请将手机调至振动挡，阅览室内不得拨打或接听手机；不得在室内吃零食，举止应文明。室内全开架的书刊，读者可限量自行查阅，阅后按排架号放回原位，切忌乱插乱放，更不准私自携带出室。爱护室内书刊资料，如有破损、污损、勾画、撕页等现象，按该馆赔、罚款相关规定处理。阅览室陈列的书刊，一般不外借，仅供室内阅览。如需复印者，必须在工作台办理复印手续，限在该馆复印室复印，复印完当即归还。凡未经办理借出手续，私自将书刊夹带出室者，以窃书论，按章重处。读者应自觉遵守阅览规则，服从工作人员管理。如有违章，工作人员视情节轻重进行处理。

②专门阅览室规则：综合期刊室——本室过刊合订本可凭本人借阅证借阅，每次借阅为四册，借期一个月。查询本年度过期报纸请与工作人员联系，办理相关手续。专业期刊阅览室——本室收藏专业现刊、外文期刊、复印资料及核心期刊过刊合订本。只限本室查阅，一律不得外借。工具书室——本室各种参考工具书只限本室查阅，一律不得外借。如特殊需要，可提出申请经馆长批示方可借阅，借期不超过一个月。电子阅览室规则——凭本人借阅证在工作台办理登记手续后，按指定机位上机阅览，做到一人一机。上网者需服从管理人员安排，对不服从规定的上网者，工作人员有权中止其上网。保持室内安静，不得喧哗嬉戏，不得吸烟、吃零食、喝饮料，不得乱扔杂物。使用机器时，应先检查机器是否正常工作，使用过程中，如机器出现故障或不明情况，须立即报告管理员处理。读者不得随意删除或破坏计算机中的软件，不得擅自给计算机设置口令，阅读完毕，应恢复桌面整洁。

因读者不按规程操作或者故意破坏，造成机器不能正常工作或设备损坏，须按损失情况赔偿，情节严重者，报有关部门处理。读者如需要拷贝文件或检索结果时，应先申请，必须使用本图书馆提供的软盘，以避免系统感染病毒。上网者必须遵守公安部《计算机网络国际互联网安全保护管理办法》，不得利用国际互联网从事危害国家安全，制作、复制、查阅和传播封建迷信、淫秽、色情等违反法规和有关规定的活动。违反上述规定者，一经发现，将根据事件的严重程度予以批评教育，性质恶劣者提交有关公安部门追究当事人的法律责任。自助图书馆借阅规则：自助图书馆收藏图书 xxx 册，为读者提供开馆时间之外的图书自助借还和阅览服务。读者凭读者证刷卡进入。阅览图书每次限取 1 册，阅览完毕请将书放置于旁边的书车上。图书借还在图书自助借还机上自助办理，按"自助借还机操作说明"的图示步骤进行操作。

自助借还机只能借还图书，期刊、光盘等其他文献请到相应的服务窗口办理。如读者证有图书超期未还或滞纳金未交，所借图书超出规定数量或押金额，图书借还机将无法办理借书手续。爱护图书，请勿将食品、饮料等带入自助图书馆，以免污损图书；请勿在图书上出现折页、勾画、圈点、撕割等损坏图书情况。如有发现，按《图书馆读者损坏、遗失书刊赔偿规定》处理。读者遗失图书请到图书所属的相关部门服务台办理手续。

③图书借阅证的发放、补办和使用规定：图书证是读者进入图书馆的凭证，只限本人使用，不得转借他人。成人凭工作证、身份证及相关证件办理。临时来馆者，凭本人有效证件办理临时借书证，并根据所办借书证的使用权限，同时视所办借书证的期限收取一定的文献利用费。必须还清所借书刊并交回借书证方可退还押金。借书证需妥善保管，若有遗失，应立即到图书馆读者工作处办理挂失手续，两星期后凭身份证办理补证手续。挂失的借书证所借的书刊未还清者，不予补发新证，挂失前借出的所有图书由读者本人负责归还或赔偿。借书证因保管不当，无法使用者，可以凭旧证换发新证，并交纳工本费。

④遗失赔偿等有关规定：超期图书按每本每天 xx 元罚款。遗失本馆图书，应以完全相同的同版新书（或经同意后用新版书）抵赔，并缴付新书加工手续费。如无法以新书抵赔，丢失的图书借期已超过 20 天仍未找到，可办理赔罚手续，赔罚款根据原书出版年限、价值不同，按遗失图书定价的倍数计算。

⑤图书馆读者意见处理办法：本图书馆欢迎读者对本馆的馆藏、服务、设施、环境等提出意见和合理化建议。意见的收集途径为读者在总服务台当面所提的意见、图书馆读者留言本的意见、读者投入意见箱的意见、图书馆网站的读者留言、阳光热线以及召开读者座谈会征求到的意见等。本着想读者之所想，帮读者之所需的原则，对读者的各种意见进行归纳，针对读者所提出的咨询类意见、投诉类意见、合理化建议及表扬，采取不同的形式，给予妥善的答复和处理。

4.领导干部工作规范

图书馆管理工作主要是由馆领导及部门领导来负责,所以领导是管理的关键,图书馆从馆领导到各部室主任都要有严格的职责规范。对部室主任的要求要比对普通馆员更为严格,对副职馆领导的要求比对部室主任更严格,对正职馆领导的要求要比对副职馆领导更严格。普通馆员工作中出了问题,本部室主任和馆领导要负连带管理责任。目前各个图书馆都制定了领导考核方案,将馆长到普通馆员的工作都纳入一个系统的考核体系中。一般情况下采用年初由图书馆领导制定当年目标责任书,然后与部门负责人签订目标责任书,采用中期检查、专项检查、临时抽查、阶段检查、年终总评等不同方式对各项工作进行考核。在业务干部考核中,主要是考"德、能、勤、绩",其中"德"包括政治态度、思想品质、职业道德;"能"包括文化知识水平、理解能力、业务技能、管理能力;"勤"包括学习态度、工作责任感与出勤情况;"绩"包括工作数量、质量与效率。

(1)公共图书馆馆长岗位职责:贯彻执行党和国家的方针、政策,负责领导和主持全馆工作;领导制订图书馆发展规划、工作计划、组织实施并监督检查各项工作的落实;负责主持馆务会议,决策全馆重大问题;负责全馆的政治学习和思想政治工作、组织全馆业务学习和研究,提高整体素质;制定和督查图书馆各项规章制度的落实,管理工作制度化、规范化、科学化;负责图书馆各项经费预算及使用的审核和检查;领导学术研究、对外交流和馆际合作;负责全馆的安全保卫、消防和综合治理等工作;加强职工的思想、文化和业务教育,有计划地培养人才,促进职工队伍建设;代表图书馆参加各种社会活动和对外交往。

(2)图书馆副馆长(馆长助理)岗位职责:贯彻执行馆长的决定以及各项业务决策,并对馆长负责;参与决定馆内重大决策研究,并协助馆长做好全馆日常行政管理工作;协助馆长制定业务发展目标,并对全年的工作任务进行有序的组织、协调、督导和落实;协助馆长做好安全管理工作,确保全馆无重大责任事故发生;协助馆长处理好与读者、媒体之间的关系,确保全馆无严重损害图书馆声誉、无造成图书馆恶劣影响的事件发生;部署并主持工会、党支部、妇女计生、职工代表等工作，主持召开相关工作会议，完善相关工作制度；指导分管部门做好业务规划、业务拓展、业务统计及员工培训工作。

（3）公共图书馆目标责任制管理办法包括以下几点：①总则：为进一步明确工作任务和目标，提高工作效率，有效推进各项工作任务的落实，特制定本办法。实行目标责任制，以提高工作效率为目标，以岗位职责为依据，通过明确职能，落实责任，保证和促进各项工作任务的完成。实行目标责任制，要加强层级管理，一级抓一级，层层抓落实。②目标责任制的制定和落实：各部室在每年年初，要根据全馆工作的总体部署和具体任务，经认真研究，以开拓创新的精神，提出新的一年的工作项目、主要任务和内容、数量、质量、效果描述、时间进度、责任人，报馆办公室。经馆务会讨论通过实施。各部室负责人负责抓好本部室的各项工作，主要是通过强化措施，改进作风，狠抓落实，提高工作效率，确保各项任务的完成。③考核：岗位目标责任制考核采取日常考核和年度考核相结合的方式进行。日常考核是通过各部室日常工作完成情况的报告和不定期日常工作检查等形式，对各部室落实目标责任制情况进行经常性的考核。年度考核是对各部室落实目标责任制的年度情况集中组织的考核。一年两次，一般在每年年中和年底进行，由各部室负责人在自查的基础上进行汇报。对检查考核的结果，馆班子根据各部室目标责任制完成情况进行认定评价，并向各部室进行情况反馈，考核的结果可在一定范围内通报。各部室应根据考核的结果，制定进一步加强和改进工作的措施；对需要整改的问题要限期整改，并在考核结束后按时间要求将整改的情况书面报告馆办公室。目标责任制考核的结果，作为对部门负责人业绩评定、奖励惩处、选拔任用的重要依据；作为对各部室负责人评先、评优的重要依据。

（三）服务工具的规范

1.印本藏书体系

《公共图书馆服务规范》规定：公共图书馆应在阅览区和书库设置文献排架标识。公共图书馆在书库、阅览室书架上都应设有明显标识，并按照《中国图书分类法》22个大类排架，标明每个大类符号。

A 马克思列宁主义、毛泽东思想；B 哲学、宗教；C 社会科学总论；D 政治、法律；E 军事；F 经济；G 文化、科学、教育、体育；H 语言、文字；I 文学；J 艺术；K 历史、地理；N 自然科学总论；O 数理科学和化学；P 天文学、地球科学；Q 生物科学；R 医药、卫生；S 农业科学；T 工业技术；U 交通运输；V 航空、航天；X 环境科学、劳动保护科学；Z 综合性图书。

2.电子资源体系

（1）图书馆服务器系统：电子资源一般为外购和自建两种，这些资源需要安装在本地服务器上方便读者使用。目前，按服务器操作系统来划分，服务器大致可分为两个平台，一个为 UNIX 平台，一个为 NT 平台。在 UNIX 平台下，因其开放性，各服务器供应商又各自推出了各自有特设的操作系统，如 IBM 的 AIX、SUN 的 SO-LARIS 等。NT 平台，主要以微软的 Windows 平台为主，现在有一些厂商推出了支持 Linux 的产品，但其主流为 Windows 平台。图书馆存储系统存储器作为资源的存储地，在整个网络系统中占有重要的地位，因为它不仅仅解决了电子资源的存放问题，对这些电子资源的使用（如怎样提供更快速访问等）都具有重要的作用。

在现有的存储系统中，主要有三种产品。①普通的存储器：IDE 或 SCSI 的磁盘阵列，还有最新推出的 SCSITOFC 的磁盘阵列；②NAS（网络共享存储器）；③SAN（存储局域网）。图书馆的数据，按其特性分为两类，一类为业务数据（包括借还书、书目数据、计费情况等），其特点是数据量很小，而且应用率很低，但其对安全性、稳定性要求较高；另一类为电子数据库（如电子图书、音视频数据库、各类数据库等），其特点是数据量庞大，动则以 TB 计，并且其增长极快，大并发量应用是其基本特点，但对数据的安全性、稳定性要求反而不高。综合以上数据特点及各种存储技术的特点，配合服务器技术对存储的要求，目前图书馆通常都采用 SCSI 存储器来存储业务数据，并对群集提供支持，而用 SCSITOFC 的磁盘阵列来存储电子数据库，通过和服务器的完美结合，来保障用户对数据使用的要求。

（2）形成本馆信息数据库体系：在现代管理模式下，提供各类型数据库将成为图书馆起文献保障作用的主要方式。因此，建立和管理数据库就成为图书馆的一项重要工作内容。目前，图书馆数据库的类型主要有馆藏书目数据库、光盘数据库、网络数据库等。当前许多图书馆自建馆藏书目数据库或进行联合编目。并正在逐步建立起具有自己馆藏特色的全文的数据库。对数据库的管理规定：第一，收录的数据应具有完备性，即信息含量充分，作为某类文献的源数据库应尽量覆盖该类文献；第二，数据应符合标准、录入源数据库中的每一条记录应按标准格式操作，收录的数据应具有准确性。

3.网络服务体系

图书馆的网络服务是系统而有序的，图书馆网络服务的宗旨在于：告诉读者"如何去找""到哪儿去找"或"我为你去查找"。图书馆网络服务必须为读者筛选有价值的信息途径和信息源，并为读者提供比互联网更有规律的信息集合。公共图书馆为读者需提供多样化的文献咨询服务方式，有效地缩短文献咨询的响应时间。文献咨询服务方式包括现场、电话、信件、传真、电子邮件、网上实时、短信等。响应时间是以收到读者咨询提问至回复读者之间的时间计算。一般规定：现场、电话、网上实时咨询需在服务时间内当即回复读者，其他方式的咨询服务的响应时间不超过 2 个工作日，还必须做好服务档案，做好读者反馈意见的收集整理。

（1）网络部工作规范：网络部是负责图书馆总分馆自动化建设，为总分馆及全国文化信息资源共享工程基层点的建设提供技术支持的业务部门。承担自动化建设、系统及设备维护、数字资源建设、视听服务、专题文献服务及电子服务区管理等各项工作。其职责范围是：负责总分馆自动化建设，制定总分馆自动化、网络化技术的发展规划和措施，为总分馆及全国文化信息资源共享工程基层点的建设提供技术支持。负责全馆计算机及其辅助设备、网络设备、消耗材料的采购、管理、维护、发放，以及各类软件的选购、安装、管理和维护工作。承担机房的运行和管理工作，负责指导本馆计算机系统的维护和利用，及时解决工作中的疑难问题。承担全馆服务器系统、网络系统、业务管理系统、办公系统等的日常管理和维护。负责图书馆网站的建设、管理、维护，以及相关信息的采集和发布。负责图书馆集群管理系统在该地区的应用、培训、软件安装、调试及服务工作。负责学习网络系统管理及宣传推广工作。负责本馆消、安防和通讯系统的维护工作。承担本馆数字资源的建设及读者使用培训工作。承担图书馆业务人员的技术培训工作。承担电子服务区管理、视听服务、文献复制服务等工作。承担地方文献服务工作，负责图书馆网站的建设维护。完成馆领导交办的其他工作任务。负责管理范围内各种设施、电子设备的正常运作。协助物业管理部负责部门内综合治理、安全和卫生工作。

（2）图书馆数字资源使用规则：第一，公共图书馆数字资源服务对象。图书馆总分馆的员工及读者；经本馆书面授权同意，通过网络传输或者介质拷贝（如硬盘、光盘拷贝等）的方式，使用本馆数字资源的全国文化信息共享工程服务点；经本馆书面授权并通过网络传输使用数字资源的特定IP范围；经本馆书面授权的机关、事业单位、公司及企业等。第二，图书馆数字资源服务内容。自建、引进或购买的地方数字文献、电子图书和电子期刊（检索及全文阅读）；自建、引进或购买课件视频资源；国家、省文化信息共享工程中心提供的数字资源。第三，读者在使用各种数字资源前，应事先了解或阅读使用说明，并按照说明正确安装所需数字资源阅读器。未开通数字资源使用权限的，应按照本馆有关说明开通相应的权限。第四，使用本馆数字资源时，应按相关的提示输入认证信息，再根据相关说明正确地操作。第五，读者应注意保护自己的信息安全，包括账号、密码、个人资料等，如因疏忽导致信息外泄而对自己造成损失，本馆概不负责。第六，任何单位及个人在使用本馆数字资源时，不得有下列行为：利用下载软件系统性地、大量地下载和打印本馆数字文献；同一份数字文献被打印多次；未经本馆批准，将获取的数字文献擅自在网络上传播或流通。第七，本馆数字资源仅限个人学习、工作及学术研究用，任何单位及个人不得利用本馆数字资源从事商业行为；使用者应尊重本馆数字资源的知识产权，一旦违反规定，经查证属实者，本馆将追究其法律责任并终止其使用权利；因违反相关规定对本馆造成任何损失者，本馆将依法追究其相应的责任并赔偿损失。第八，非本馆服务对象的任何单位及个人不得使用本馆数字资源；任何单位及个人通过网络入侵、非法下载及拷贝等方式获取本馆数字资源，经查证属实者，本馆将保留追究其法律责任的权利。

（四）服务环境的规范

图书馆服务环境是指图书馆的空间及读者活动的空间。它包括外部环境与内部环境两部分，图书馆的外部环境包括图书馆馆舍造型和周围环境。内部环境包括图书馆员工和读者在馆内活动的各种场所，如咨询处、书目检索处、借书处、阅览室、音像资料视听室、文献陈列室等。

1.地理交通

首先是为读者写清楚图书馆所在的位置，并标有地图标识，有些地图还把图书馆周围的重要建筑物、重要机构都标示清楚。其次，注明公交车地铁路过或到达图书馆的车站名称，使读者按照地图标识乘公交、地铁就能够找到图书馆。

2.图书馆服务环境

图书馆服务环境包含了服务提供过程中所有的物质与设备，以及读者服务环境。即内部装修，包括装修格调、外观、质量等；服务设备，包括智能化程度、运转的可靠性；建筑物，如建筑风格、外观吸引力与环境的协调程度；设施设备的布局，如服务功能区域的安排，服务路线的顺畅。读者服务环境包括：环境的绿化与美化，采光、通风、隔音、色彩、温度、湿度等条件的控制与管理，特殊服务空间的环境布置，主要指特色服务，读者休息场所的设置，灯光及电源设施的管理，卫生系统设施的管理等。

第四节　图书馆工作者与读者

一、图书馆工作者的行为规范

（一）热爱图书馆工作，维护图书馆工作的荣誉

图书馆工作人员应立足本职工作，履行现职职责。公共图书馆的社会职责围绕满足社会的文献信息资源需求展开。平等地获取信息，满足生存，分享科技、文化、教育成果是现代社会公民基本权利的理想。现代图书馆是这种社会理想的一个承载者，它决定了馆员在履行职务时应该恪守的最基本的原则，就是捍卫公民平等、自由、合法地利用图书馆和享用文献信息资源的权利。这就要求图书馆员高度理解图书馆工作的重要意义，热爱图书馆工作，努力维护图书馆工作的荣誉。

（二）向用户提供全面、准确、客观、诚实的服务

信息提供者有义务提供全面、准确、客观、诚实的服务，用户享有获取正确信息的权利。图书馆员要合理解决知识产权保护、知识和信息的共享、信息审查制度等问题，尊重用户自由平等获取信息的权利，避免误传信息。

（三）尊重个人隐私及团体、企业的秘密

从图书馆馆员的工作性质看，有可能在服务中掌握用户使用信息的内容和偏好，如果不能尊重个人隐私及团体、企业的秘密，就可能对信息用户造成重大的损失，包括利益、名誉、人格的损失。因此，要求图书馆员在为用户服务过程中要保护信息用户的隐私权，要求信息服务者和使用传播者不得有任何危害社会或侵犯他人合法权益的行为。

（四）尊重知识产权

知识产权问题是今天的图书馆员在业务工作中无法回避的问题，事实上已经成了图书馆员专业素养的重要组成部分之一。知识产权保护从本质上说体现的是一种价值二元取向：促进文献信息传播、促进学术文化发展和保护作者权益二者并重。从图书馆员的角度看，职业特点决定了在这一问题上的基本理念：在尊重知识产权的前提下，追求文献信息传播社会效益的最大化，而不是权益保护力度的最大化。

（五）尊重用户自由选择信息的权利

IFLA声明人类拥有表达知识、创造思想和智力活动以及公开阐明观点的基本权利，声称确保知识自由是全球图书馆和信息专业机构的一个核心职责。知识自由包括表达自由与信息自由。图书馆及图书馆员要利用传播信息的自由，保证读者获取和合理使用信息的自由。知识自由在多个国家或地区的图书馆员职业道德规范中都有所涉及或者作出明确的规定。

（六）不得损害用户的利益

在处理图书馆与读者的关系上，应从"读者第一"观念转变为尊重"读者权利"。"读者第一"是图书馆行业道德规范的集中体现，是指在图书馆管理和服务工作中，要始终将读者利益置于首位。但随着法治精神的确立，在图书馆全部服务理念和管理理念中，"读者第一"的主导地位必须让位于"读者权利"。读者权利是公民的一项基本权利，是读者为了获取信息所不可欠缺的。对于读者的基本权利，图书馆均应予以最大限度的尊重。《中华人民共和国教育法》第50条规定了图书馆等社会公共文化设施，应当为受教育者接受教育提供便利等。但读者信息获取自由又是相对的，任何人不能超越一定的度。个人信息获取权的实现必须以保守国家秘密、维护社会良好习俗、尊重他人信息隐私权为前提。

（七）积极开展有利于图书馆服务的教育培训、学术研究工作

对图书馆员来说，专业素养和业务技能，不只是一个纯粹的个人学术水平问题，它关系到履行职务的质量，关系到业务工作能否优质高效、规范科学等问题。所以，图书馆员的专业素养问题被世界各国普遍地纳入了职业伦理规范的范畴。应当将终身学习，培养信息素质，提高图书馆人员的服务技能，作为图书馆道德建设的重要内容。

二、图书馆服务宣言

图书馆是通向知识之门，它通过系统收集、保存与组织文献信息，实现传播知识、传承文明的社会功能。现代图书馆秉承对全社会开放的理念，承担实现和保障公民文化权利、缩小社会信息鸿沟的使命。中国图书馆人经过不懈的追求与努力，逐步确立了对社会普遍开放、平等服务、以人为本的基本原则。我们的目标是：

（一）图书馆是一个开放的知识与信息中心

图书馆以公益性服务为基本原则，以实现和保障公民基本阅读权利为天职，以读者需求为一切工作的出发点。

（二）图书馆向读者提供平等服务

各级各类图书馆共同构成图书馆体系，保障全体社会成员普遍均等地享有图书馆服务。

（三）图书馆在服务与管理中体现人文关怀

图书馆致力于消除弱势群体利用图书馆的困难，为全体读者提供人性化、便利化的服务。

（四）图书馆提供优质、高效、专业的服务

图书馆充分利用现代信息技术，提高数字资源提供能力和使用效率，以服务创新应对信息时代的挑战。

（五）图书馆开展信息资源共建共享

各地区，各类型图书馆加强协调与合作，促进全社会信息资源的有效利用。

（六）图书馆努力促进全民阅读

图书馆为公民终身学习提供保障，促进学习型社会的建设。

（七）图书馆与一切关心图书馆事业的组织和个人真诚合作

图书馆欢迎社会各界通过资助、捐赠、媒体宣传、志愿者活动等各种方式，参与图书馆建设。

三、图书馆工作者与读者关系的处理

（一）图书馆员与读者交往的五原则

1.平等相待原则

生活在现实中的每一个人，无论职务高低、知识多寡、贫富差距、身体强弱、年龄长幼，在人格上都是平等的。因此，在图书馆员与读者打交道的过程中，一定要平等地对待每一位读者，在人际交往中图书馆员绝不能抬高某些读者或者看低某些读者，抑或认为自己高人一等，给读者一种"拒人于千里之外"的感觉。每个读者在图书馆中都平等地享有取得读者资格的权利、阅读的权利、个人人格和隐私不受侵犯的权利、对图书馆工作进行评价的权利、参与和监督图书馆管理的权利、提出合理化建议的权利等，不能因为地位身份的差异而剥夺其平等的权利。

2.宽容理解原则

天下没有两片完全相同的树叶，也没有两个完全相同的人。人的性格、特长各有差异，对事物、问题的认识与理解也不尽相同。因此，在图书馆中，图书馆员不能要求读者与自己相同，不能以自己的标准和经验去衡量读者的所作所为，要承认读者与自己的差别，并能容忍这种差别。在处理图书馆员与读者的人际关系中不能强求一致。人与人要和谐相处，就要有求同存异、相互谅解、不求全责备的宽广胸怀，对图书馆员来说，宽容主要表现在以下几个方面：一是能正确对待和处理与读者之间的矛盾；二是能够听取读者的不同意见，勇于接受相反意见和批评；三是能正确对待工作中的失败与挫折，能承受各种磨炼。图书馆员要严格要求自己，控制自己的情绪。理解并宽容读者，严于律己，宽以待人。

3. 互相尊重原则

渴望受到尊重是每个人的基本心理需求，在为读者服务的过程中，图书馆员对所有的人，不管其地位高低贵贱，都应该给予应有的尊重，不仅要尊重他人的人格、个性习惯、权力地位、情感兴趣和隐私，还要尊重彼此存在的外显或内在的心理差别，不要轻易地去破坏它，否则就是对对方的冒犯，势必造成读者的戒备、反感和疏远。

4.换位思考原则

在现实生活中，我们总是习惯从自己的主观判断出发为人处世，因而常导致一些误解的发生，要达到彼此的认同和理解，避免误会和偏见，就要学会"换位思考"。作为图书馆员，换位思考就是要善于从读者的角度和处境认知读者的观念、体会读者的情感，发现对方处理问题的个性方式。只有设身处地地多为读者着想，才能够最大限度地理解读者，从而找到相处的最佳途径、解决问题的恰当方法。在图书馆员与读者的交际中，只要多一点换位思考，就会少一些误解和摩擦，多一些理解与和谐。

5.主动沟通原则

只有沟通，才能让别人了解自己，同时自己也才能了解别人；只有沟通，才能不断增进彼此的理解，从而减少或避免一些不必要的误会和摩擦。图书馆员要实现与读者的有效沟通，不仅需要具有良好的沟通意识和沟通能力，还需要掌握一定的沟通技巧，知道根据不同的对象、场合，采取不同的交际方式。沟通技巧包括两个方面：一是传递信息的技巧，二是接受信息的技巧，包括有效地发布信息，适当地使用符号，善于使用沟通媒介，注重信息反馈等。

（二）图书馆员与读者冲突的处理

人与人的交往当中产生摩擦是难以避免的，由于地位、角色的差异，对规章制度认知理解的差异，观念、知识、个性的差异，信息沟通的不对等，以及现代社会人际关系紧张的原因，读者之间、图书馆员与读者之间都会产生冲突，面对冲突，我们不能只是一味地回避，而要制定相应的解决方案。图书馆可以一方面通过教育和训练来提高工作人员应对突发事件的能力，另一方面，必须加强对读者的教育工作，使读者充分认识到违规操作可能带来的严重后果，使他们能主动自觉地配合管理，养成正确利用图书馆的良好习惯。

1.读者之间冲突的处理方案

制定完善的图书馆阅览室规章制度，加强读者文明看书的宣传，从源头上避免读者之间冲突的产生。例如，规定阅览室一人只能坐一个位置，禁止用书占座的现象发生；读者阅览书刊时每次限取一册；借还书时应自觉排队；保持阅览室的安静、禁止大声吵闹喧哗等。当读者之间产生冲突时，图书馆工作人员可以采取以下方法：

（1）调解解决问题：读者之间发生冲突的一个重要原因是沟通不足，而不是各方之间存在根本的利益冲突。在这种情况下，采取调解的办法来处理各方之间的冲突或许最合适，这种办法是将冲突各方召集到一块，讲出分歧，辨明是非，找出原因，提出办法，最终选择一个双方都满意的解决方案。这种面对面的沟通形式如果利用得好，可以促进相互理解。很多事情都是小矛盾引起的，通过调解和沟通可以解决和化解很多的矛盾冲突。

（2）教育：教育冲突双方了解冲突所带来的危害，讨论冲突的得失，帮助他们改变思想和行为。或者教育某一方顾大体、识大局，宽恕对方，取得对方合作，解决冲突。

2.读者与工作人员之间冲突的处理方案

避免工作人员与读者之间的冲突，主要是对工作人员的行为进行规范，提高工作人员为读者服务的思想，实行换位思考，改进服务态度，提高服务水平，尊重读者，树立"以人为本"的基本理念。当读者与工作人员之间产生冲突时，图书馆可以采取以下三种措施：

（1）音量控制：冲突的避免，要从细节做起。比如工作人员的讲话声音小，读者会埋怨听不到；声音大，又会被投诉大声大气，态度不好。讲话音量应确保能清楚地传递到读者耳中，同时要语气亲切、平和。

（2）及时换人：如果读者与某一工作人员发生口角，应当及时换人。对图书馆来说，及时更换当事人员并不意味着认为当事人员做得不对；而对于读者，当冲突发生时，读者已经无意识地将争端问题从冲突本身扩大到了和他打交道的特定工作人员身上。因此，在图书馆及时更换工作人员以后，读者会有一种心理上的获胜感，情绪得以舒缓，有利于冲突及时解决。

（3）做足预防措施：为了尽可能避免冲突，图书馆要做足预防措施。如降低服务柜台，拉近与读者的距离；保持空气流通舒适；准备等候椅凳；为解决投诉专设空间等。

（三）读者投诉的处理

妥善处理读者投诉是改善图书馆工作人员与读者关系的重要环节，也是提升服务质量的重要方式。读者投诉是发现服务失误的一个重要来源，读者需要投诉，一定要有方便的投诉渠道，让其轻而易举地把意见传递出去。让不满意的读者感受到图书馆关心读者的积极态度与解决问题的诚意，而愿意主动告诉图书馆他们的不满。因此，要建立公开投诉制度，广开投诉渠道，以鼓励和引导读者投诉。完善而畅通的投诉渠道，可以鼓励读者积极提出问题，同时引导读者理智投诉，从而将图书馆服务失误所产生的负面影响降到最低，有利于图书馆及时主动地解决投诉问题。当图书馆收到读者的投诉后，要妥善认真地处理，做好善后工作，善后工作的目的在于化解各种矛盾，总结经验，吸取教训，完善各种规章制度和设施，树立图书馆的良好形象。采取恰当的补救措施，目的也是重新赢得读者满意，进一步密切与读者的关系。

（1）尽量避免投诉人与被投诉人的正面接触，让被投诉者的上一级或更高一级馆领导处理投诉。这样的处理会让读者感觉到图书馆对自己的尊重，并在精神上得到满足。要积极热情接待，减少与读者的对抗情绪，要知道绝大多数的读者是抱着解决问题的想法来投诉的，而一部分读者在投诉的时候情绪激动也是正常的。所以在受理读者投诉时，一定要从读者的角度出发，认真考虑他们的要求，这样才能换取读者的信任，有利于双方的互相理解和问题的尽快解决。

（2）倾听并记录，向读者诚恳道歉。耐心倾听读者的投诉，态度认真，心平气和，不要试图打断或反驳读者，以适当的表情和肢体语言表现出对问题的关注，用心体会读者投诉时的感受，拉近同读者的距离，了解读者投诉的原因。对于投诉的问题也可以做些必要的记录，以示对读者的尊重和对问题的重视。通常读者投诉时寻求的是一种心理的平衡，是为了让图书馆方面理解他的感受，并找出问题的责任和原因。投诉补救开始于向读者道歉，这是解决服务失误的浅层策略。道歉与解释既是对读者的一种尊重，也是重新赢得读者信任的过程。

（3）迅速处理投诉，妥善解决问题。读者投诉的目的是希望问题得到解决，道歉解释并不是最终的期望。因此进行投诉补救时，图书馆要做出快速反应，反应越快，补救的效果会越好。一般情况下读者在投诉之前就有了一个对于解决方法的期望。图书馆要在受理投诉时了解读者希望如何处置等信息，以便于有针对性地为读者解决问题。当明确了读者需求之后，就要和读者协商找出双方均可接受的解决方案，尽量使读者满意。当然，在很多情况下，图书馆很难做到读者提出什么就满足什么，当超出图书馆解决能力范围时，也不得不拒绝读者，但此时要注意方式方法，讲究拒绝的技巧，争取读者的理解，使读者感到图书馆尊重他、关注他，但又能恰当地处理问题。

（4）答复读者。经过读者和图书馆双方共同协商后，图书馆应给读者一个明确和属实的答复，告知解决读者投诉的结果，这体现了图书馆认真负责、诚心诚意为读者服务的宗旨。在答复中图书馆还应表示出对读者的谢意，感谢他们予以的信任和帮助，并征询读者还有什么期望和建议，这对图书馆服务工作的后续改进至关重要。

（5）定期对读者进行回访。解决投诉问题后，对投诉读者的跟踪回访服务是图书馆处理投诉效果的验证，也是图书馆对读者负责和诚信的一种表现。在投诉解决一段时间后，应通过电话、Email等方式定期进行回访，倾听读者意见，让读者再次感知图书馆真诚的沟通，图书馆会有机会挖掘读者更多、更深层次的需求，使图书馆的服务工作做得更全面、细致。这是建立图书馆与读者相互信任的融洽关系的重要环节，有利于图书馆更好地融洽同读者的关系，进一步提升读者满意度。

四、读者服务工作的创新

传统公共图书馆具有明显的藏书时代的印记，其理念是以书为本，各项业务基本上围绕着书而展开：以收藏为主，利用为辅；从采编、典藏到借阅，都在于一个"藏"字，注重的是藏书体系的沿袭和图书馆本身存在的形式；以存有孤本、善本的多少作为衡量馆藏质量的标准；以藏书的多寡和增长速度的快慢作为发展标志。服务方式上以阵地服务为主，坐等读者上门。信息资源的开发与利用几乎没有，即使有也仅限于为读者解疑析难。现代社会的快速发展，对公共图书馆封闭式的管理理念产生了极大的冲击。转变观念，顺应时代，接受新事物，实行开放式管理，是信息社会人们对图书馆的要求。开放式管理的理念就是"读者至上，服务第一"。现代公共图书馆强调信息观念、市场观念，以社会需求为导向，想方设法满足用户，通过为用户服务来体现自身价值。其信息服务业更贴近社会和用户。知识经济的一个显著特征就是注重创新。创新意识是图书馆不断发展，不断适应社会发展的不竭动力。读者服务工作的创新，就是要根据社会和读者的需要，转变观念，紧跟科技发展潮流，结合本馆与本行业发展的特点，运用新的管理办法，采用现代化的技术手段，改变传统的工作模式与服务方式，开拓图书馆读者工作的新局面。

（一）拓展读者服务范畴

近年来，迅速发展的信息网络技术已经为图书馆的读者服务工作提供了先进的服务平台和管理体系，这就要求图书馆应从过去的粗放型读者服务向集约型读者服务转变，努力在以下几个方面有所拓展。

1.网络信息资源的开发

网上的信息资源量大面广，散而无序，只有进行必要的深度加工，才能为读者提供有价值的知识信息服务。在具体操作过程中，可以从以下几个方面来考虑：①建立一个涵盖传统文献、电子出版物、网络信息的资源集成管理系统，开展文献、光盘、网络一体化的读者服务；②编制读者网络手册，将网上的有关信息节点归类整理，用超文本形式做成链接，形成专题信息导航系统，便于读者查找所需专业信息；③利用网络资源，搜索网上信息价值高的主页及利用率高的文献，以丰富本馆的电子文献库，便于读者使用。

2.特色资源服务的优化

在图书馆读者服务中，优化特色资源服务是关键。公共图书馆的特色资源本身蕴含了所在地区的文化气息和地方特色，图书馆开展特色资源服务，可以弘扬地方文化传统，促进地区经济文化发展。图书馆可以根据本馆的文献资源特色、人员知识结构，选择有关专业作为突破口，组织特色资源上网，开展有课题或学科特色的信息咨询服务；也可以利用各种搜索引擎将获得的多元信息加以合理的选配、整合，使之成为特定读者群所需要的服务产品。

3.专题研究型服务的加强

随着网络技术的普及，读者直接从网上获取信息的能力也有了很大提高，无需图书馆过多地介入。为此，图书馆可以逐步地调集人力，适度地转向对具有一定专业深度的服务产品的研发，更好地为读者提供学术性的信息服务。例如可以建立面向某些专业读者和主题的基于智能代理的新型读者服务系统，包括个人信息查询和主题信息代理两个方面；也可在本馆网页上开设以读者为中心的馆藏学术信息资源的个人化界面，读者使用时只显示与其相关的信息资源。

(二)延伸读者服务内涵

如今,日趋完善的信息网络结构和流畅的信息传递通道,既促使图书馆读者服务工作的内涵发生引人注目的变化,又对读者服务的延伸和发展提出了更高的要求。

1.用信息化带动个性化、特色化的读者服务

图书馆的信息化可从以下三方面进行:一是建立计算机管理系统,从文献内容入手设计好全馆文献的计算机布局;二是建立资源共享网络平台,通过互联网与其他图书馆形成网上链接;三是在原有文献库基础上加强本馆各种数据库的建设。随着信息化程度的不断提高,图书馆除了坚持为各类读者提供多样化的知识信息服务之外,也要努力面对个性化的读者群体,开展能满足其特殊需要的信息服务,诸如为他们选择和利用不同的信息资源,开展读者记录识别系统、导读系统、专题信息分析等研究活动。这类个性化服务应与特色馆藏相结合,以便能更有效地为读者提供针对性较强的参考咨询。

2.将知识导航作为读者服务的核心内容

随着社会的发展和科技的进步,现代图书馆的功能由过去的被动服务、传统操作转向现代化管理和知识导航。所谓知识导航就是图书馆工作应从读者的实际需要出发,设身处地为读者着想,并以满足读者的阅读需求为根本,同时根据不同需求,提供不同的知识、文献、信息服务。图书馆应该是一个动态的知识结合体,它不仅根据读者的需求来收集、整理、储存信息,而且还必须根据读者不断变化的需求来调整馆藏结构和服务内容。因此,知识导航功能是21世纪图书馆工作的永恒主题,也是图书馆工作的出发点和归宿,是直接反映图书馆工作水平的窗口,也是读者评价图书馆工作质量的首要依据。

3.深化读者服务的文化教育内涵

网络互联的快速发展导致了数字化信息大量涌现,图书馆与文化教育的多样性有着十分密切的关系,它不仅仅是一个借书看书的场所,也是整个社会的重要文化教育机构之一。图书馆的读者服务,在文化教育层面上有其不

可或缺的存在价值。在新的形势下，这种服务特性更应提升到新的文化层面上，在更高的文化内涵的挖掘上开拓出新的服务路径。

（三）重塑读者服务角色

图书馆的读者服务要远比相关的服务技术设施更重要，他们能否在新的思想方法指导下有所创新和变革，有无更合理的知识结构和新的角色定位，是事关读者服务能否创新的关键。

1.图书馆员服务意识再塑

现代图书馆的读者需求发生了变化，相应地图书馆员的服务工作也要随之改变，这要求图书馆员树立新的服务意识。信息意识：信息意识作为开展读者服务工作的前提，是一种主动搜寻、掌握和运用知识信息的自觉思想状况。树立信息意识，就是要确立以知识信息资源的充分和持续利用为中心的牢固思想，具有敏锐的信息感受力，能自觉灵敏地捕捉有用的知识信息；持久的信息注意力，不受时空限制地关注有关的知识信息；特有的信息价值判断能力，善于识别有效的知识信息；竞争意识：在各种信息机构迅速发展的情况下，图书馆陷入了各种信息服务机构的包围之中。面对严峻的挑战，图书馆要想吸引和留住读者群，就要充分发挥自身的优势，积极通过网络向读者提供全方位、高质量的知识信息服务，在社会竞争中树立图书馆读者服务工作的新形象，让广大读者真实感受到图书馆的存在。创新意识：图书馆的读者服务要保持可持续发展的动力，创新意识也是不可缺少的。面对读者要求越来越高的状况，图书馆服务只有不断创新，才能满足读者日益增长变化的需求。图书馆员应当坚持思想观念的创新，努力满足读者的各种个性化需求，提供相应的优质服务和特色服务，达到服务方式及服务内容的创新。

2.图书馆员服务知识再塑

随着服务环境的变化和读者需求的改变，图书馆员要能适应这些挑战，就要进行知识结构的转移，重塑起有助于强化创造性品格和创新能力的知识结构。这种优化知识结构的再塑原则是：由轻型结构向重型结构转换。面对社会信息拥有量的急剧扩张，仅有贫乏的知识是很难产生创造性思维的。这就需要读者服务人员的知识水准逐步由轻型结构向重型结构转化。这种结构转换并非是量上的简单增加，而是指知识的整体性提升及结构性改变，是服务人员的知识结构在质上的飞跃；由封闭型结构向开放型结构转换。现有读者服务人员的知识结构，基本是固于原先所学教科书中的内容，已经难以胜任新时期读者服务深入开展的需要，应力求形成开放型结构，不断吸纳新知识，促进思维及服务工作的创新；由被动型结构向创造型结构转换。现代化图书馆的读者服务，需要相关人员具备创新精神、创新意识和必要的创造能力。要做到这一点，就得调整现有的知识结构，从被动接纳的知识结构转向创造型结构。其中很重要的一点是增加能力、方法等方面的知识，并力求使这些知识达到与实际能力的统一。

3.图书馆员服务技能再塑

指图书馆员应通过不断的努力，提高服务能力，尤其要重视提高以下几种服务能力：信息分析评估能力。能对信息资源的质量进行去粗取精的分析筛选，善于对信息资源的利用作出有效的评估；信息组织再生能力。能按照读者的特别需要，对某一专题的信息进行综合整理，并再生出新信息；信息技术操作能力。能熟练使用计算机等技术设施，会利用网络存取和传递信息。信息教育培训能力。能对部分读者的知识更新、网络技术应用、信息查检获取能力等进行培训和辅导。

第三章 图书馆读者管理体系

第一节 图书馆读者

图书馆读者是图书馆的服务对象,是社会读者群系统的一部分。通常可按社会职业和人口学的特征、读者个性特征、读者利用文献的特征等标准划分成多种类型。

一、图书馆读者

图书馆读者是图书馆行业内服务的对象,专指与图书馆发生联系的读者。它是一个特定范围的读者,是社会读者中最为活跃的一部分。

(一)图书馆读者的概念

图书馆读者是一个特指的概念,通常是指具有文献需求和阅读能力,并充分利用图书馆资源的个体和社会团体。图书馆读者包括几个层面的含义:

1.特指概念

读者是泛指概念,有时包括全社会的成员,而图书馆读者是一个特指概念,图书馆读者的活动都是和图书馆有关联的,包括资源、空间、精神等。

2.具有阅读能力

读者作为社会历史的产物,随着社会经济的进步和人类文明的发展而形成的。图书馆读者应具有文献需求和阅读能力,从事阅读活动的社会成员。图书馆的读者大多具有自主性阅读能力。

3.利用图书馆资源

读者借助图书馆资源进行阅读和利用图书馆资源的活动,才是真正意义的图书馆读者。同时,读者对图书馆资源的利用,一般都具有强烈的自主性。

图书馆读者是图书馆服务的对象,图书馆的一切业务活动,都是以组织和指导读者的阅读活动为目的的。图书馆读者数量庞大,成分复杂,类型多样,涉及极其广泛的社会成员。通常图书馆读者可以分为现实读者和潜在读者两大类型。读者的不同的职业特点、不同的知识结构、不同的文献需求和不同的心理特征及行为方式等影响着图书馆的活动。

(二)图书馆读者的特征

读者特征是读者队伍的构成因素。读者特征的划分与组合,通常以读者本身的各种社会特征和自然特征为主要标志。读者的职业特征、文化特征、年龄特征以及性别特征、民族特征、生理特征等,同阅读活动有着直接的联系。每个读者都具有这几方面的各自特征。读者与读者之间,有大体相同的特征,也有不相同的特征。按照这些特征标志,将读者划分与组合成一定的读者特征,便于具体地研究它们的阅读活动与阅读活动产生的原因。

1.职业特征

职业是人们从事某种业务工作,它既是社会分工的需要,又是个人谋生的手段。职业种类,按行业标志,可分为工业、农业、军事、商业、交通、医疗、科技、教育、体育、文艺等。各种行业又可细分为许多具体职业,而各种职业有又不同专业、工种之分。人们的职业工作,按从业时间,又可分为终生职业,阶段性职业和临时性职业。

2.文化特征

一定的文化程度,是成为图书馆读者的基本条件之一。各级各类图书馆,以及各种图书文献的利用对象,对读者的文化教育程度,都有不同的要求。文化教育程度,在图书馆或文献情报中心,就其完整的意义,包括读者原有的学历，现有的专业技术职务或行政职务级别等两个不同层次结构。

3.年龄特征

年龄是人的自然属性，同社会发展有着广泛、直接的联系。每个人都要经过少年、青年、壮年、老年不同阶段的自然发展过程。在不同的年龄阶段，人的生理、心理、智力机制的正常发展，表现出不同的年龄特征。一般说来，随着年龄的增长，人的生理、心理和智力机制日趋成熟、稳定，其完善程度的差异，受社会环境条件的作用，同时，更取决于个人的勤奋努力和兴趣爱好的发展。

4.性别特征

性别也是人的自然属性。在孩童时期，性别并无明显的差别。进入青年以后，性别特征才表现出明显差异和自我意识。青年男女读者，在阅读兴趣上，表现出不同的内容题材选择的指向性；在阅读能力上，表现出不同的技能优势。在阅读方式上，表现出不同的性格素质。这是由于男性和女性在青年生长发育过程中，生理机制的差异导致的心理，智力结构的不同发展结果。

5.民族特征

我国是一个统一的多民族国家。在多民族地区，少数民族读者是图书馆的重要读者成分。各类型图书馆，都要注意发展少数民族读者，研究少数民族读者的特征，尊重少数民族风俗习惯，开发各民族读者的智力，促进少数民族读者人才成长，为提高少数民族读者科学文化水平做出贡献。

6.特殊生理特征

特殊生理特征的读者，他们同具有健全机能的读者相比较，在阅读文献类型、阅读手段和阅读方式上很不相同。

（三）图书馆读者的分类

1.传统图书馆读者分类

（1）按照读者与图书馆的关联程度，可以分为正式读者、临时读者和潜在读者等。

（2）按照读者本身的职业或工作性质。可以分为科研读者、教师读者、学生读者、管理者读者、行业读者以及大众读者等。

（3）按照组织形式，可以分为个人读者、团体读者等。

（4）按照服务保障难度和深度、级别，可以分为一般读者、重点读者、特殊读者等。

（5）按照读者服务需求的强度和利用水平，可以分为初级读者、中级读者和高级读者等。

2.现代图书馆读者分类

现代图书馆是建立在信息化、数字化、网络化平台上的图书馆。它脱胎于传统图书馆，与传统图书馆有质的区别。由于现代图书馆的服务工作具有明显的网络化和远程化特点，图书馆通常也把数字图书馆的读者称为"用户"，两者经常互换使用。本书所说的读者也是广义的读者概念。因此，现代图书馆读者的类型按照不同的标准去划分，可以归纳为以下几种类型。

（1）按读者所处空间，可以分为馆内读者和远程读者：馆内读者是指本人持借阅证到图书馆来获得信息服务的读者，这与传统图书馆的注册读者基本一致。但其信息需求的内容与实现方式与传统图书馆读者有很大的不同。远程读者是指借助现代图书馆提供的网络信息服务平台，通过远程访问、登录来实现信息需求的读者。

（2）授权角度，可以分为借阅证读者、授权读者以及未授权读者：借阅证读者是指具有图书馆借阅证的读者。这些读者既可以借阅本馆的印刷型文献，也可以髓录、访问、利用本馆的信息服务设备，如目录查询终端、电子阅览设备，还可访问各类数据库资源等。授权读者是指经身份确认、注册程序后取得享受图书馆服务授权的读者。他们通常在图书馆的网络服务平台上通过读者身份认证系统合法髓录后获得相应权限的信息服务。未授权读者是指具有网络访问条件登录图书馆网站，进行没有权限限制的一般信息查询和公开信息浏览的读者。

（3）使用角度，可以分为文献型读者、网络型读者以及混合型读者文献型读者主要以到馆查找和获取印刷型文献信息为目的。他们或者为所获取信息的特殊要求，或者由于对阅读纸质文献的习惯和依赖，或者是不了解数字资源及服务的优势和利用方法。文献网络型读者则熟练掌握数字信息利用技巧，习惯于借助网络平台实现信息需求，也可能所需信息无法从印刷型文献获得，而只能通过数字信息服务平台获取。混合型读者是前两种利用图书馆方式混合的读者。他们对数字化信息与印刷型文献信息无明显的偏好和倾向性，会根据自己的信息需求，灵活自如地选择不同的渠道，获取较为全面、准确而高质量的信息。

二、读者管理

读者管理是图书馆管理系统的一个方面，也是图书馆人力资源管理的一部分。所谓读者管理是指图书馆管理者根据图书馆的方针、任务和目标，对图书馆的读者进行有目的的整序，研究其阅读需求的规律，协调其同图书馆的关系，使文献流与读者流有机结合，以便图书馆的文献信息资源和读者的智力资源得以有效开发。

从读者的角度讲管理就是一种引导、协调和控制。制度作为管理手段在执行时需要考虑到读者的实际需求，配置相应的管理措施，实现管理与服务的最优组合，更多在于引导而不是强制。图书馆通过加强对读者的管理，给读者提供一个优良的借阅环境，保障服务渠道畅通，提高服务效率，节省读者时间，满足读者快速获取信息知识的需求。读者管理不是游离于服务之外，而是寓服务于其中并最终保障服务的有效实施。

服务兼具管理，管理也是一种服务。读者管理不是特立独行的，它融合在具体的服务实施过程中，并走在服务的前列。读者及其需要是图书馆产生和发展的源动力。没有了读者，图书馆就成了无源之水，就失去了存在的价值和意义。因此，读者是图书馆工作的最终评价者，读者管理在图书馆管理中具有重要地位。

（一）读者管理的意义

1.图书馆为读者的需要而产生并存在

读者及其需要是图书馆产生和发展的源动力，没有读者，图书馆就失去了存在的价值和意义。随着网络环境的发展，科技信息开放获取的推进，就读者而言，读书或查寻资料可以通过多种途径来进行，图书馆只是其中的一种可供选择的信息源之一。图书馆工作人员与读者之间的面对面式的直接服务方式将逐渐减少，读者自身利用网络乃至图书馆的设备进行自我服务的比重将增加。我国图书馆界的同仁已意识到自己面临的困境，为增加竞争实力做出不懈的努力，在设备的更新、技术的引进、工作自动化方面做了大量工作，如数字图书馆的建设、网络信息的处理等。实力是竞争的基础，但实力的发挥程度则是影响竞争力的关键。强化图书馆的服务观念，提高读者服务的实效，让图书馆成为信息与读者之间的捷径，进而赢得读者，才能走向社会去赢得竞争。读者是图书馆存在的必要条件，一个图书馆一旦失去了读者，那么就失去了它存在的价值！

2.读者满意是衡量图书馆工作好坏的重要标志

现在衡量一个图书馆的作用主要是对信息资源的开发与利用，而不在于馆藏的数量和馆舍的规模。只有用良好的服务才能带来社会对图书馆的依赖，从而引起社会的重视，进而促进事业的发展。图书馆的所有工作，都和读者有着直接和间接的联系，这些工作的成效，都必须通过读者工作来检验，读者是图书馆内一切工作的总归宿。如何服务于读者、适应读者、吸引更多的读者、最大限度地满足各种读者的需要，如何不断地根据读者的变化趋势调整其工作策略和工作制度，更好地满足多方面对文献资料的要求，是我们从事图书馆工作的人员应该认真加以研究的。

读者是否满意直接反映了图书馆的社会效果，是衡量图书馆工作质量的尺度。图书馆的每一种书刊，从选择、订购、登记、分编、典藏、排架等到向外借阅，要经过十几道工序，要经许多人的辛勤劳动，倾注了图书馆工作者的心血。至于参考咨询、文献检索等服务更需付出创造性的劳动，这些劳动到底有多少转化为现实的使用价值，能否为社会做出有益贡献，真正发挥了应有的作用，只有在组织读者反复利用文献资源的实践活动中才能得到检验，显示其成效。由此可见，读者是图书馆一切工作的中心。我们每一个图书馆工作者只有充分明确了其性质才能自觉地投身于各项工作的实践活动之中。

（二）读者管理的原则

1931年阮冈纳赞提出的图书馆学五定律就体现了"以人为本""读者至上"的管理思想。"读者至上"是图书馆工作的基本理念，也是图书馆工作追求的最高目标。读者管理的本质在于服务、在服务中体现读者管理，所以读者管理的原则应是：

1.方便读者原则

方便读者就是要一切为读者着想，从方便读者出发，尽可能满足读者的需求。主要表现在管理制度方便读者掌握，信息资源组织方便读者利用，服务设施方便读者使用，服务方式方便读者接受等。

2.尊重读者原则

尊重指敬重；重视。人的内心里都渴望得到他人的尊重，但只有尊重他人才能赢得他人的尊重。尊重他人是一种高尚的美德，是个人内在修养的外在表现。尊重他人是一个人的政治思想修养好的表现，是一种文明的社交方式，是顺利开展工作、建立良好的社交关系的基石。生活中只有互相尊重才能和别人有良好的友情。在人际交往过程中，我们对所有的人，不管其地位高低贵贱，都应该给予应有的尊重。我们不仅要尊重他人的人格、他人的个性习惯、他人的权力地位、他人的情感兴趣和隐私，还要尊重彼此存在的外显或内在的心理距离，不要轻易地去突破它，破坏它，否则就是对对方的冒犯，势必造成对方的戒备、反感和疏远。其实做到尊重别人并不难，有时只需一个微笑、一句问候、一声敬称、一双善于倾听的耳朵、一张不刨根问底散布流言蜚语的嘴巴，就会给别人的心情带来阳光和温暖，当然也会为您自己带来真挚的友谊与和谐的交际。

尊重读者，首先必须平等地对待读者。同为图书馆的管理主体，馆员与读者都应该具有相应的素质和修养。读者管理制度和馆员服务公约同时上墙，就表明读者和馆员是对等的，是规范馆员和读者的一种表达方式，它蕴含了馆员与读者地位的平等性，也是对读者权利的尊重。制度是规范每个人的，大家都应该遵守的，制度本身规范的是各种行为，而不是某个群体，使读者心态获得平衡。读者规章制度在语言表达上也要体现出对读者的尊重。对读者的管理与对图书、期刊及其他信息资源的管理不同，读者是有思想感情、理想意志、文化知识以及价值观和人格尊严的灵与肉的统一体，是"一切社会关系的总和"。因此，在读者管理的规章制度中尽量不用"不准""禁止""否则处以……"等禁令式的语言、语句，类似语句是对读者自尊心的伤害，使读者在心理上容易产生不融入感，甚至排斥感，无形中把读者推到了管理者和馆员的对立面，对图书馆各项工作的开展产生消极不利影响。

尊重读者一方面尊重读者对信息资源自由选择和平等获取的权利，另一方面还应尊重读者的平等人格，真诚地为读者服务，亲切地与读者交往。尊重读者表现在心理上与读者进行角色互换，要信任读者，不轻率地怀疑和冤枉读者；体谅读者的难处，不刻意为难读者。尊重读者不仅体现在礼貌用语、行为举止上，更重要的是尊重每位读者的信息需求。无论是为了科研还是为了休闲走进图书馆，图书馆都应该设身处地地为读者着想，从多种角度开展细致周到的服务，不让读者失望而归；尊重读者的时间，尽量全面、准确、迅速地提供读者所需信息；尊重读者的心理需求，以方便的布局、宜人的环境为读者创造良好的阅读氛围。

3.自律原则

自律是指行为主体的自我约束、自我管理，是以事业心、使命感、社会责任感、人生理想和价值观作为基础，是指在没有人现场监督的情况下，通过自己要求自己，变被动为主动，自觉地遵循法度，拿它来约束自己的一言一行。自律并不是让一大堆规章制度来层层地束缚自己，而是用自律的行动创造一种井然的秩序来为我们的学习生活争取更大的自由。读者管理制度是用以规范读者行为的，因此具有较强的约束力，但组织存在和管理的根本目的在于：激励人的潜能和内驱力，使要求和目标内化为自觉的意识和行为，产生从被约束到自律的质变。从管理制度的这个角度，并不取决于从重处罚的条款，强硬的语体，而是在平等、尊重的基础上，对合理的管理目标的认同，达到约束的最高境界——自律。

4.导向性原则

作为诸多管理活动中的一种，领导活动是特殊的管理，导向性是它的重要特征，其作用和功能重在导向，这种导向体现在领导为实现目标而进行预见、向导、引导、指导、疏导工作的全过程。自强自立、平等竞争、创新进取是当代大学生的价值取向和追求目标。兼有"社会人"和"经济人"双重属性的高校读者，到馆获取所需知识是主要目的，但不是唯一目的。图书馆管理者应从方方面面营造文化氛围，潜移默化地感染读者。

读者管理不应仅停留在预防或控制错误行为的层次上，应该给读者一种积极向上的导向，配合其他教育，提升读者的精神境界，产生自我实现的精神需求。每个图书馆在自己的发展中，应重视自己的文化建设，并在工作的方方面面发挥它特有的作用。一个没有自己文化内涵的图书馆，就像一个没有个性的人，难以在读者中产生凝聚力和影响力。

5.平等原则

人生来是平等的，这种特性不会因个人身份、职业、贫富的差别有任何改变，它体现在一切现有的社会关系中，也必然地存在于读者与图书馆员之间。平等权利是指读者在使用图书馆时应有的公平、公正地获取文献信息的权利以及人格应受尊重的权利，很多国家已将此写进图书馆法，从法律上保证读者的平等权利不受侵犯。在具体行为中，它包括读者与图书馆员权利平等和读者与读者权利平等。

首先，读者与图书馆员之间应该是平等的。图书馆的首要目的是提供服务，即使读者能够从中获取他所需要的文献信息。图书馆员和读者在整个图书馆系统中是作为对等实体出现的，应履行对等的权利义务。其次，读者之间应该是平等的。图书馆一般为国家财政全额拨款单位，使用的是全体纳税人的钱。理应为全体纳税人服务，不分贫富和贵贱，谁也没有权利剥夺读者平等利用图书馆的权利。一位教授和一位打工仔在图书馆员的心中应该享有同样的地位。

6.依靠读者原则

我国的各级图书馆工作条例或管理办法几乎都规定读者对图书馆的工作

和服务有批评权、建议权。这一规定是根据读者在图书馆中的地位而定的，一个图书馆办馆效益的高低，直接影响读者对文献信息的利用率。如前所述，读者在整个图书馆系统中具有主体地位，图书馆的工作应充分体现读者的意志。

随着网络时代的到来，图书馆可以建立图书馆主页，在网页上设立"读者之友"窗，通过该窗，读者可以表达自己的需求、愿望和建议，直接与图书馆员进行对话、交流，便于其主客体角色转换，参与图书馆的管理。

第二节　读者管理的内容

图书馆管理是对资源和读者的管理，对读者管理的实质是最大限度满足读者的需求，使图书馆的信息资源能通过读者为社会做贡献。具体来说，读者管理包括以下四个方面内容。

一、组织读者

新的信息环境改变了图书馆资源结构、管理与服务模式，使图书馆与读者之间的关系也发生了较大的变化。读者查阅文献很多情况下可以利用网络，来图书馆的机会和与图书馆直接接触的次数减少，读者正在逐步从图书馆流失。要吸引读者、维持读者的关注度，并提高图书馆资源利用率，则必须重视读者组织及其可持续稳定发展。

组织读者是图书馆管理者对读者实施有效管理的组织措施，是读者管理工作的第一步。它包括发展读者、划分读者群和组织读者活动。

（一）发展读者

读者是图书馆的基本组成要素之一，是社会需要最具体和最直接的体现者，发展读者是各类型图书馆长期的任务和目标。

1.制订发展读者计划

在现阶段,由于每个图书馆受客观物质条件限制,在组织读者,发放借书证时,必须考虑本馆的馆藏文献、设备、人员的服务限度。盲目地发证,无限制无目的地发展读者,只能造成外借工作的被动混乱状态,不能有效地发挥图书馆的效用。同时在组织读者时也不应过于拘泥条件限制而少发展读者,这样做,不可能充分发挥图书馆的效用。现阶段应该遵循的原则,是根据图书馆的方针任务,最大限度地发挥图书馆的物质能力,有重点、有选择,尽可能地多发展读者。

2.读者的转化

读者的转化是把潜在的读者转化为现实的读者,以扩大读者的数量和层次。现实读者指的是凡是利用图书馆所属的各种服务设施进行阅读活动的读者群。潜在读者相对于现实读者而言,是指那些有阅读能力,但因种种原因尚未利用图书馆的个体或团体。潜在读者可以分为两类:一是从没有利用过图书馆,二是虽然利用了图书馆,但利用不充分,对于图书馆的某些服务项目来说仍是潜在读者,他们都可能转化为现实读者。潜在读者转变为现实读者,是提高图书馆资源利用率最快速、最有效的途径。对潜在读者的教育应集中在宣传图书馆的性质与职能,培养社会的图书馆意识上。具体地说图书馆要为潜在的读者创造各种氛围,努力把潜在的读者转化为现实读者。

(二)划分读者群

由于各类型图书馆的性质、任务不同,因而所服务的读者群就产生了较大的差别,因此,就要从自身的特点出发,提供相应的管理服务,采取系列方便读者的措施。

1.公共图书馆

公共图书馆依据图书馆的公众性和读者的特点来管理读者。公共图书馆公众性服务的对象是本地区的全体社会成员,体现公共的性质,尤其在我国更能充分显示这一特点,为全体社会成员服务是其公共性的真实体现。公共图书馆的读者类型,是以个人为单位,独立利用图书馆从事阅读活动的个人用户，包括许多不同成分的个人读者，有老年读者、少年儿童读者、学生读者、教师读者、科技读者、干部读者、工人读者、临时读者等读者类型。我国公共图书馆藏书与读者范围广泛，因此，不断发展正式读者、适时调整读者队伍，并依读者群设定藏书分区、方便不同类型读者快速找到所需资源是公共图书馆读者工作的经常性任务。

2.科研、专业图书馆

科研、专业图书馆主要面对的读者大多是科研、工程技术人员，读者比较固定，具有文化水平高、专业能力强等特点。文献需求具有全面性、系统性、及时性、阶段性特点，服务的读者主要是本单位和本系统的员工，相对来说较公共图书馆好管理，固定读者较多，潜在读者较少、服务的内容偏于专业等，为生产力服务是科研、专业图书馆真正的出发点。

3.高校图书馆

高校图书馆的读者对象不复杂，体现专、深的服务特点，主要也是为本单位、本系统服务。高校图书馆的读者群包括教师读者和学生读者，按照行为特征划分，大致可以划分为以下三类：

（1）课题检索与科学研究型读者群体，主要是指在本专业造诣较深，获得较高学术成就并得到同行认可的群体，包括专家、教授、承担国家级课题的骨干教师以及博士、博士后群体等。他们在利用图书馆馆藏文献信息资源方面具有定期性和稳定性，主要表现为原始文献查询、文献信息定题检索、课题成果查新、信息编译和分析研究等。

（2）知识拓展与教学研究型读者群体，主要是指在教学或科研中不定期地利用图书馆来更新知识结构或从事教研活动的群体，包括广大青年教师，以及在导师的指导下，有目的、有组织地从事科研活动，有明确研究方向的研究生群体和少量的高年级本科生等。

（3）学习阅览与娱乐消遣型读者群体，主要是指临时性利用图书馆进行参考咨询的群体，包括学校行政人员、实验员、图书馆工作人员，以及大部分本科生等。除个别人员需要图书馆提供科研信息之外，主要表现为一般性学习，包括文化知识学习、课外阅读和消遣娱乐。他们的行为特点主要表现为借阅、查阅、二次文献利用、期刊检索和信息编译,以及文献信息检索的学习和图书信息资料的咨询等。

4.其他图书馆

其他类型图书馆的读者管理也是通过具体特定的读者和为读者服务的特点所决定的。如少儿图书馆,它的读者对象主要是未成年的读者,在具体的读者管理中采用适合读者的工作特点。

(三)组织读者活动

读者组织是以提高读者获得信息资源的能力并促进图书馆完善管理和服务为目的,由读者在自愿的基础上组成的。依据读者类型、组织目的、开展的具体活动内容的差异,可以分成四种类型:一是以自然单位为单元创建的读者组织,如高校图书馆可依学院或专业或班级进行设定,公共图书馆可以根据自然单位或职业或年龄进行设定;二是依据图书馆的服务功能,进行组建。

1.常规交互形式

读书系列活动、专题展览、各类知识比赛和竞赛、观摩与讲座、图书馆应用专题培训、读者服务的参与等,都是图书馆读者组织通常选择的比较容易实现的交互平台,只要各项活动的策划参与性强、并富有学习和汲取知识的价值,就能激发读者参与活动的积极性。

2.SNS 网络互动形式

如 QQ 群、微博,或整合 SNS 组件、Blog、wiki、RSS 等服务功能的数字图书馆,系统在读者的个人图书馆中设立传统图书馆的信息服务、互动知识服务以及交流服务等基本的功能模块。传统图书馆信息服务包括"借阅情况""馆藏检索""我的数据库""荐购图书"等功能;互动知识服务模块包括"藏书架""知识源""文献互助""迷你博客""读书笔记"等内容;交流服务模块则设置网络对话和交流平台,读者通过该模块可以查找和添加好友,组织交流圈,增加交流的机会,帮助读者建立虚拟的人际网络圈;还可嵌入一站式检索系统、RSS 聚合等服务功能。SNS 可以较好地实现馆员与读者、读者与读者之间的交流沟通,方便读者进行学术信息的交流和讨论。

二、研究读者

研究读者是指研究读者的阅读规律，包括不同层次的读者在阅读需要、阅读目的、阅读过程上的特点及其规律。进行读者研究，可以从两方面着手。一方面从宏观方面着手，研究读者的阅读需求，以求掌握各类型读者需求的特点和规律；另一方面从微观方面着手，研究读者阅读的动机与目的、阅读心理与行为、阅读方法与效果问题，以便有效地满足读者的需求。

（一）读者结构的研究

图书馆读者结构的研究主要是对读者构成的各种因素和特点的研究，包括对读者的宏观结构研究和微观结构研究。读者的结构是指由一定数量的、有阅读能力和借阅需求的人，按照不同的自然因素（如读者的年龄构成、性别构成等）、社会因素（如读者的文化构成、职业构成、民族构成等）和文献需求特征构成的组织体系。读者的宏观结构是从整个社会着眼，对读者的整体结构进行总体分析。读者的微观结构是指某一具体图书馆的读者构成，它是由不同类型、不同职业、不同文化素养的读者所构成的组织体系。研究读者结构有利于掌握读者队伍的现状及其发展变化趋势，为作好读者服务工作提供可靠的依据。

（二）读者阅读心理的研究

运用心理学的原理和方法研究读者阅读过程中所反映出来的各种心理现象。读者阅读心理包括阅读的认识活动和阅读的意向活动。阅读的认识活动是读者对文献载体上的文字、信息或符号感知的过程，包括：感觉、知觉、表象、思维等一系列生理和心理的活动过程。经过这些过程吸取并理解文献中所包含的知识、信息。阅读的意向活动带有较多的个人心理色彩，它是受读者的先天特性和社会条件的影响而形成的读者个人的阅读动机、阅读兴趣、阅读情绪、阅读能力等。阅读的意向活动是推动读者阅读的一种内部动力，它直接影响读者的阅读倾向和阅读效果。

（三）读者阅读需求的研究

读者的阅读需求是读者在一定的客观环境下，向往获得某种知识、信息或情报，从而产生的对文献的探索和利用。读者的阅读需求既是一种个人需求，也是一种社会需求，这种需求处于不断发展变化之中，因而呈现出复杂多样的状态。按照读者的阅读目的和对文献内容的需求，大体上可分为下列类型：知识型：读者为获得基础知识或专业知识而对文献产生的需求；情报型：读者为获取一般情报或专业情报而产生对文献的查寻和探索；资料型：读者为解决某项具体问题或具体任务而对有关的专利、样本、标准、手册、工具书、声像资料等文献所产生的检索和利用需求；4.研究型：读者为开拓新的知识、技术领域，而在所属学科或技术领域进行创造性的研究过程中所产生的文献需求；消遣型：为满足个人的精神需要或兴趣爱好而产生的对文献的需求；此外，还有上述两种或两种以上的类型的混合型。

（四）图书馆读者阅读行为的研究

读者的阅读行为大致可分成两类：一类是为特定目的而寻求某种知识或某种文献的行为，这种行为往往表现为利用图书馆的行为或文献检索的行为；另一类是消化、吸收从文献中所得到的知识内容的行为，这种行为则表现为阅读行为。

三、服务读者

图书馆服务工作是指图书馆利用馆藏和获得的文献信息，采取多种方式向用户提供服务的一切活动。图书馆服务是图书馆工作的外在表现形式，是图书馆社会价值和最终目标的体现，也是图书馆中最具活力的工作。它包括优化读者服务方式、扩大读者服务范围、增加读者服务内容和提高读者服务水平。图书馆服务读者的传统方式可以根据读者的实际需要，利用藏书、目录、设备以及环境条件，有区分地开展各项服务活动，包括综合应用外借服务、阅览服务、复制服务、咨询服务、检索服务、定题服务、报道服务、展览服务、情报服务等，建立多类型、多级别的服务方法体系。此外，还要有效地满足各类读者对一次文献、二次文献、三次文献的不同需要，帮助读者解决在学习、研究、工作中选择书刊、查询资料以及获取知识信息方面的各种具体问题。一个图书馆以何种方式服务于读者，主要取决于本馆的性质、规模和读者需求，而且还要随着图书馆的发展和读者需求的变化而不断变化。

目前，随着网络的普及和计算机技术在图书馆中的广泛应用，利用网络为读者提供服务已经成图书馆的服务方向。图书馆的服务方式也由传统的服务转向了现代化服务，例如网上参考咨询服务。

四、指导读者

指导读者是图书馆教育职能的体现。包括读者宣传、辅导读者和培训读者。

（一）读者宣传

读者宣传是图书馆对读者进行科学管理的基本手段之一。图书馆在文献流通和情报传递的过程中，都离不开宣传工作，离开了宣传工作，则无法实现图书馆对读者的指导。宣传的目的在于了解和研究读者阅读需要的基础上，主动向读者揭示文献的形势与内容，宣传先进的思想、科学知识、职业技术以及广泛的文化信息，把读者最关切和最需要的文献及时展现在读者的面前，吸引读者利用图书馆的多种图书文献以及各种资源，使图书馆的资源得到最大限度的利用。

1.资源与服务宣传

向读者宣传图书馆知识，介绍图书馆资源使用方法和技巧，让读者更加了解图书馆，以期使读者更好地利用图书馆资源。可通过宣传展牌的形式，介绍"如何查找各类型文献""电子资源/数据库导航""馆际互借/原文传递、RSS 信息推送、VPN 远程访问""信息咨询、学科馆员、用户教育""查收查引、定题检索"等相关知识；图书馆主页设置"图书馆利用 FAQ"；或内容丰富的培训、讲座等，帮助读者熟练掌握检索方法与技巧，快速准确地找到自己所需要的学术信息。

2.表彰读者

每年年终都应对读者利用图书馆的情况及成果进行综合评价，包括读者借阅量、访问数据库次数、下载文献数量、科研成果、为图书馆建设做出的贡献等，在逐个评价的基础上横向比较出名次，表彰优秀读者，有经费的话也应予以适当的物质奖励，从而提高读者的积极性，增强他们与图书馆之间的联系。

3.建立读者服务的网页

除图书馆利用 FAQ 外，还可增设在线答疑栏目。信息时代的读者易于接受新事物，也乐于尝试新资源、新设施，希望得到图书馆的及时帮助。

（二）辅导读者

从本质上讲图书馆是一个教育辅助机构，或者是学后教育机构。无论国内还是国外，都赋予图书馆一种责任，那就是帮助读者使用图书馆的文献信息、发现知识进而利用知识为自己服务。读者通过有效地利用图书馆使自己获益，从而推动整个社会的进步。

（三）培训读者

读者信息需求是一切信息服务行业发展的永恒动力，对于图书馆来说也不例外。图书馆发展的每一历史时期，都会根据读者的信息需求及技能状况，针对性地开展读者信息获取相关技能培训，便于读者利用信息资源。如：图书馆资源与使用介绍、特定主题的文献检索，特定文献类型的检索指导，文献管理、写作辅助、论文投稿；图书馆订购的各数据库、文献管理软件等相应资源与服务的实例演示等。图书馆作为教育机构存在的价值是为读者提供有用的知识信息，并引导读者遵守相应规章制度，在使用资源的同时、养成自觉维护资源的意识，进而提升读者素质，实现资源的科学合理使用氛围。

图书馆的教育责任，也正是读者应该享受的一种基本权利。

读者管理工作还应包括：制定操作强的规章制度，在传统的读者管理中，大多是采用一系列硬性的规章制度来约束、管理读者的行为。这种刚性的管理忽视了"人性"的特征，不能唤起读者的共鸣。因为，读者不同与物，他们有思想，有感情，知荣辱，渴望得到理解和尊重，因此，读者管理应以刚性管理为基础，以柔性管理为根本，在了解读者、研究读者的基础上，同读者互动，制定操作性强的规章制度。

第三节 读者的权利和义务

读者权利是指作为读者的公民依法可以自由地享有图书馆提供的各种服务，以获取文献信息的权利。读者权利是被国际法承认的权利。联合国教科文组织在1972年国际图书年发布的《图书宪章》第一条明确规定，"每个人都有阅读的权利。社会有责任保证每个人都有机会享有阅读的利益。"我国法律上还没有明确规定图书馆读者的权利，对读者权利的保护体现在《宪法》规定的公民的基本权利之文化教育权利中。读者义务就是图书馆的权力，只是两者在权利与义务的着重点上有所区别，即：在图书馆的权利义务中，义务是居于本位的；在读者的权利义务中，权利是居于本位的。因此，读者在利用图书馆过程中，在享受各种权利的同时，有义务自觉遵守图书馆的各项规章制度，自觉履行其应尽的义务。

一、读者权力

作为图书馆的读者，在利用图书馆的过程中，依照国家法律享有图书馆赋予的一切权利。简而言之，就是无偿利用图书馆文献信息来获取知识和信息的权利。并有权利享用图书馆的软件设备和硬件设备以及图书馆的技术指导。

（一）平等获取权

平等获取权，这是读者享有的最基本的权利。任何公民不受其性别、年龄、民族、家庭出身、财产状况、受教育程度、宗教信仰、职业类型和性质以及居住地的限制都有享受图书馆服务的权利。在任何国家和地方的图书馆立法都坚持了这样的理念。联合国教科文组织和国际图联也为这种公平利用图书馆的精神一直在努力。

1.平等获取权的原则

在公共图书馆的服务实践中，要保障读者的平等获取权，必须坚持"同等情况同等对待"的原则、"给所有读者以平等机会"的原则和"特别重视保障弱势群体读者的平等权利"的原则。

（1）同等情况同等对待：同等情况同等对待，实际上包括了不同情况不同对待的含义。两者都是平等对待的表现。

同等情况同等对待的关键是要坚决避免同等情况不同等对待的情形发生。以这个基础为导向，就应该做到不同读者对同一读物的借阅需求，无视读者身份的区别，而都应该受到同等的对待，其中除了某些读物属于文物或珍贵资料，进而受到法律规定的限制。同样为老年读者、少儿读者、研究型读者等的同一类型读者，不能因身份的不同而受到不同等的对待。在公共图书馆的规章制度面前，每个读者都是平等的，也就是说，任何规章制度对任何读者都不应给与特权，无论其身份如何都要平等对待，没人可以有权违规而不受限制。同样为外借服务、阅览服务、参考服务、讲座报告、读者活动等的图书馆服务活动，不管读者的身份和其参与活动时的表现有怎样的区别，图书馆都应给予读者平等的享用和参与的权利。

不同情况不同对待的关键是要坚决避免不同情况同等对待的情形发生。因此，必须做到对不同特点和需求的读者提供不同的服务。对少年儿童的读者服务，必须同对成年人或老年人的读者服务的方式区分开来。具体表现为，可以对少年儿童读者提供专门的阅览座椅，限定其阅读的读物符合少儿心理健康发展等。为知识储备相对较少的读者的服务，比如农民工可以对其在选择读物时提供一些建议，也可对其提供相应的指导服务。

对有特殊需要的读者采取个性化的服务方式，例如，对需要得到课外学习活动的青少年读者提供辅导教师的服务，又如，对距离图书馆较远或者行动能力受限的读者提供电话服务，为其送书上门，还书自取。不同情况不同对待，符合"具体问题具体分析"的辩证唯物主义原理，也符合"多数人保护和尊重少数人权利"的现代民主政治原则。

（2）给所有读者以平等机会：公共图书馆为了保障读者的平等获取权，不仅要保障读者利用图书馆的平等权利，还要保障读者利用图书馆的平等机会。因此，"给所有读者以平等机会"是公共图书馆保障读者平等获取权的基本原则。"给所有读者以平等机会"原则，是公共文化服务普遍均等原则在公共图书馆服务中的体现。怎样保证机会平等呢？事实上，无论身份平等或是机会平等，实质都是权利平等。因此，机会不均等的问题也就是权利不平等的问题。众所周知，能使得权利平等得到根本保障的途径就是建立健全的法律保障。

（3）特别重视保障弱势群体读者的平等权利：在公共图书馆服务中，能否有效保证读者身份平等权和机会平等权的实施，其重要一点是，能否有效保障弱势群体读者的平等权利。公共图书馆保障平等获取权的关键，就是有效地保障弱势群体读者的平等权利。如若不能有效地保障弱势群体读者的平等权利，即无法称之为保障了读者的平等获取权。事实上，特别重视保障弱势群体读者的平等权利的原则，是给所有读者以平等机会的原则的延伸。原因在于，保障给所有读者以平等机会的实施的关键，在于给弱势群体读者以平等机会。

现在图书馆服务比较完善的国家，对保障弱势群体读者利用图书馆的平等权利理念和政策措施，普遍采用了"延伸服务"这一手段。延伸服务有两方面含义，一是地域上的延伸服务，具体指把图书馆的服务延伸至偏远人群当中，也就是说把图书馆服务深入至城市和农村的社区。因此，地域上的延伸服务换言之就是"社区服务"。二是人群分类上的延伸服务，具体指为特殊人群提供有所区别的特殊服务。因此，人群分类上的延伸服务也就是"特殊服务"。

2.平等获取权的内容

平等获取知识和信息的权利,也可以叫做"平等利用图书馆的权利"。平等获取权包含两个方面的内容,即身份平等权和机会平等权。

(1) 身份平等权:图书馆的每一位读者都有平等享受图书馆所提供的文献信息资源和各种服务的权利。具体是指每个人无论出身背景(出生地、性别、年龄、种族等)、思想意思(思想传统、秉性、习惯等)和社会地位(政治地位、经济地位、文化地位等)如何,一律平等地享有利用公共图书馆获取所需知识和信息的权利。1994年联合国教科文组织的《公共图书馆宣言》对身份平等权的表述是:"公共图书馆应不分年龄、种族、性别、国籍、语言或社会地位,向所有人提供平等的服务。每一个人都有平等享受公共图书馆服务的权利,而不受年龄、种族、性别、国籍、语言或社会地位等的限制"。

在公共图书馆的服务中,读者的身份平等即等同于"图书馆面前人人平等"。公共图书馆内的所有读者的身份,没有高低贵贱的分别。身份平等的反面即身份特权。由此可知,"图书馆面前人人平等"等同于任何读者都没有身份上的特权。

(2) 机会平等权:机会是指社会成员生存与发展的可能性空间和余地。对每一个具体的人来说,机会是一种稀缺性资源。何为机会平等呢?机会平等是指社会成员应该平等享有获取基本权利和自我发展潜能的机会。

毋庸置疑,人们利用公共图书馆来获取知识和信息的机会,属于"社会提供的机会",是"由政府决定的"事情,因而"是国家为改进人们之状况而采取的措施,应当同等地适用于所有的人"。也就是说,获得公共图书馆服务的机会,"应当同等地适用于所有的人",这就是公共图书馆服务所秉承的"机会平等"的基本意义。如果在一个公共图书馆服务系统中,只有一部分人能够得到服务(即一部分人垄断了机会),而另一部分人得不到实际的服务(即这一部分人被剥夺了机会),那么这种情况就是典型的机会不平等情况。

（二）免费享受权

免费享受权是指读者免费享受图书馆基本服务的权利。人们对图书馆读物和基础文化设施有无偿使用的权利，图书馆不能以任何理由收取费用。公共图书馆提供的基本服务必须免费，这是公共图书馆业界一贯遵循的基本理念和基本行为规则。

1.保障免费享受权的条件

公共图书馆保障读者的免费享受权是有条件的，这种条件主要包括两个方面，一是政府投入的足额保证；二是明确基本服务的范围。

（1）政府投入的足额保证：很多发达国家的公共图书馆都是受到国家财政的支持，还有的国家的公共图书馆是由政府投入和社会投资共同组成。读者免费利用公共图书馆的馆藏资源，是公共图书馆事业发展的需要。因此，公民获得免费的公共图书馆基本服务，必须以政府保证足额的公共资金（税金）投入为前提条件。

（2）明确基本服务的范围：公共图书馆服务的免费范围，只能是基本服务。那么，基本服务的范围如何确定呢？对这一问题，目前公共图书馆界有一个大体一致的认识：①首先确定公共图书馆的基本职能，履行这一基本职能的服务即为"基本服务"。公共图书馆的基本职能一般由相应的图书馆法规、行政规章加以明确规定。②基本服务之外的服务即为"非基本服务"，非基本服务所需经费政府没有必须保障的绝对义务，故读者若想获得政府未给予经费保障的非基本服务，应该付费。需要说明的是，这种付费必须以读者自愿为前提。③由公共图书馆的公益部门性质所决定，提供非基本服务所收取的费用必须是成本费，不能有利润，而且还要遵守"非分配约束"原则，即不能把所收费用用于职工或其他利益相关人的福利。

（三）自主选择权

自主选择权是指读者在利用图书馆过程中，选择获取何种内容、何种形式的知识和信息，应该由读者自己来决定，而不受他人或组织的约束，这种干预包括法律的、道德的和意识形态的限制。

1. 自主选择权的内涵

读者以阅读的需要为目的，对阅读的内容和方式不应该受到来自他人或组织（包括图书馆员、图书馆、政府）的支配和安排，甚至人为地设置障碍的干涉或限制，而应该由读者自己来决定，即自主选择知识和信息而不受干预的权利。

2. 人权的体现

众所周知，人们在民主社会里应该同时享有自由表达意见或思想观点的权利（表达自由）和获取、利用、传播信息的自由权利（信息自由）。表达自由和信息自由之间是一体两面的关系，即没有表达自由，获取、传播、利用信息便成为无源之水，而无获取、传播、利用信息的信息自由主体，表达自由便成为无的之矢。从这个层面上说，表达自由和信息自由两方面构成了知识自由，作者、记者、出版商等知识生产者更专注于维护表达自由的权利，图书馆则依靠自身传播知识的使命而更注重维护人们的获取、传播、利用知识或信息的信息自由的权利，两者有所区别。随着时代及信息的快速发展，越来越多的国际组织、地区或国家法律确认表达自由和信息自由为人的基本权利，所以由两者构成的知识自由也应被认作是人的基本权利（人权）。

表达自由和信息自由构成知识自由，而表达自由和信息自由已被世人普遍认定为是一项人权，因此，图书馆维护读者的知识自由权利，是一种维护人权的行为。这体现出图书馆维护知识自由的合理性。

（四）参与管理权

读者参与图书馆的管理，是图书馆民主管理的基本表现。所以，读者的参与管理权也可以叫民主管理权、民主参与权。

图书馆是读者权益保护的客体，图书馆的具体服务过程需要受到有效地监督。图书馆管理工作的好坏程度，直接关系到保护读者权益的实施。由于读者在利用图书馆的过程中，相对于图书馆馆员可以更多地发现图书馆工作的不足之处。因此，保障了读者参与图书馆的管理，即对图书馆工作批评、建议、监督、检举的权利，就会使图书馆与读者之间的联系更加密切，为图书馆工作建立了良好的民主建设的基础。由于读者有权参与管理图书馆，也有必要监督图书馆的具体工作。如果馆员在服务过程中产生了不符合图书馆道德规范的行为，读者应该且可以通过恰当的渠道，提出批评、建议。图书馆及其主管部门应予以认真对待，及时反馈给读者解决方案。如果产生了严重侵犯读者权益的行为，那么读者便应该积极通过法律程序，向相关法律部门提出检举、诉讼。这些都是读者维护切身利益的方式和手段。从另一个角度讲，读者应该承担的义务是与读者享受的权利紧密相关的。由此可见，读者要自觉遵守图书馆的各项规章制度，做文明的读者，不做损害图书馆的事情。只有读者行使好自己的权利，承担起相应的责任和义务，才能更好地保障了图书馆为读者提供的服务功能，提高了读者享受服务的质量水平，促进了图书馆事业的生命力与活力。

1.读者参与管理权的内容

读者参与管理权主要包括以下方面：批评和建议权、申诉和控告权。

（1）批评和建议权：读者是公共图书馆的主权者，因此，当图书馆及其工作人员出现不当言行时，读者有对其改进工作提出建议的权利。批评和建议的行为，其实也是参与管理的表现形式，因此，图书馆及其工作人员有需要倾听读者的批评和建议的义务；公共图书馆应当建立畅通的读者监督机制和沟通机制，及时听取并回应读者建议和意见。

（2）申诉和控告权：读者作为公民，当公共图书馆在内的公共部门侵害自己的合法权益时，有向有关部门提出申诉、控告或者检举的权利。可见，申诉、控告或检举的权利属于行政或法律救济权利。申诉、控告或检举的权利，是宪政制度下公民应具有的一项基本权利。

2.图书馆保障读者参与管理权的措施

读者参与管理作为一种程序民主制度，必须建立健全程序保障制度，才能有效实施。为此，图书馆应当建立畅通的读者监督机制和沟通机制，及时听取并回应读者建议和意见。对于我国的公共图书馆管理活动，保障读者参与，首先应该保障制度性参与，为此应该建立有相应的制度机制，其中最重要的是要建立、健全理事会决策制度、信息披露制度、听证制度、救济制度和回应机制。

（1）理事会决策制度：参与图书馆事务的决策活动，是读者参与权的最重要内涵。而理事会决策制度，是读者参与图书馆决策的最适宜制度安排。理事会决策制度是现代公共图书馆内部治理结构的最根本特征。公共图书馆内部治理结构指在一个特定的图书馆或图书馆系统中管理主体之间的权力分享机制，一般情况下，这种权力分享机制表现为决策层、执行层、监督层相分离又相协调的内部管理体制。在内部治理结构中，图书馆理事会处于决策层地位，即由理事会来行使决策权；执行层由馆长及其副职组成，负责执行理事会的决策；监督层由政府监督部门、社会监督部门和理事会内部监督部门构成，负责监督理事会决策行为和执行层的执行行为。

（2）信息披露制度：信息披露是为了保证读者的知情权，"知情"是"参与"的前提条件。因此，建立信息披露制度是读者了解、参与、监督图书馆管理活动的必要条件。公共图书馆应该按照"公开为原则，不公开为例外"的原则，及时公开应公开的信息。公共图书馆管理中的信息披露的内容（即必须披露的信息内容）包括：图书馆发展规划，财务年报，机构设置情况及各机构负责人名单，规章制度，馆长工作报告，接受社会捐赠、资助情况及使用情况，其他需要公布的重大事项等。

（3）听证制度：有关图书馆管理与服务的重大政策的制定、变更、修改、撤销等事项，在提交上级主管部门核准审批之前，应该经过公开听证，广泛听取读者及其他利益相关人的意见。听证制度是保证图书馆政策反映和满足民意的重要制度形式，是图书馆决策能够做到广泛参与、集思广益、民主决策的重要而有效的途径，因而应该广泛而又经常性地应用于图书馆政策的制定、变更、修改、撤销等过程之中。

（4）救济制度：没有救济，就没有权利；权利救济，是权利实现的必要环节。对读者参与管理权的实现来说也是如此。所以，救济制度是否健全，直接关系到读者参与权能否实现及其程度。权利救济分为行政救济和法律救济两种途径。公共图书馆是公益法人/事业法人，因此当图书馆做出违背法律、法规而侵害社会公益行为时，读者可以提起公益诉讼（包括行政复议和法律诉讼两种形式）；当图书馆做出侵害读者个人权益的行为时，读者有权提出行政复议或法律诉讼请求。当然，救济制度的健全，不完全取决于图书馆，而主要取决于国家或政府的有关法律、法规的健全，对图书馆而言主要是承担应诉的责任和执行行政裁定或法院裁决的责任。

（5）回应机制：读者参与图书馆管理的过程，是图书馆与读者之间的互动过程，而互动需要有回应环境。图书馆对读者诉求的回应机制是否健全，将直接影响到读者参与的积极性以及读者参与管理权实现的质量。

（五）个人信息权

个人信息权是指个人信息受到保护的权利。随着科技高度发展，个人活动的私密性愈加难以保证，个人信息也愈加容易被他人获取和利用，个人的信息权利愈加易被侵犯。公共图书馆必须在法律上肩负起保护个人信息的责任，不得向他人泄露读者个人信息，也不得利用读者个人信息从事与公共图书馆业务无关的活动，特别是商业活动。

1.个人信息权的内涵

"个人信息"指的是自然人的姓名、出生日期、身份证号码、户籍、遗传特征、指纹、婚姻、家庭、教育、职业、健康、病历、财务情况、社会活动及其他可以识别该个人的信息。

读者个人信息指的是读者利用图书馆的过程里产生的信息，既包含可识别读者身份的个人自然资料，如姓名、身份证号、职业、兴趣、联系方式等，也包含读者利用图书馆的行为信息，如查询、阅读、外借时产生的记载记录。

个人信息保护法保护的对象是个人信息，被保护的个人信息权利，也就是个人信息主体的权利。个人信息主体的权利，一般包括保密权、知情权、选择权、更正权和禁止权。

个人信息能否得到有效保护，关键在于个人信息管理者或处理者是否负责任地按照法律规定的个人信息处理原则行事。处理个人信息应遵守的原则主要包括以下几方面：一是目的明确原则。二是公开透明原则。三是质量保证原则。四是安全保障原则。五是合理处置原则。六是知情同意原则。七是责任落实原则。

2.保护读者隐私权

在图书馆行业话语中,个人信息权一般对应于"读者隐私权"。图书馆保守读者秘密,是图书馆保障读者隐私权的职业责任和法律责任。从法律的意义上说,图书馆保守读者秘密,实际上是尊重和维护人的隐私权的守法行为。

自然人享有的私人生活安宁与私人信息不被他人非法侵扰、知悉、搜集、利用和公开的一项人格权。读者隐私权是读者利用图书馆的过程里发生的隐私权。它是民法中隐私权的一部分,具体表现为,读者利用图书馆馆藏资源、基础设施和得到服务时,有权利对个人资料、图书馆活动资料等不愿意或者不应该被他人知晓或干涉的隐私性信息,受到保护而不受侵害。

二、读者的义务

权利与义务的关系是辩证统一的关系,任何人在享受一定权利的同时,也必须承担相应的义务。这是不言自明的道理。我们强调"读者的权利",绝不意味着读者可以随心所欲,为所欲为。而是读者也应有义务遵纪守法,爱护图书,以主人翁的态度热情关心图书馆建设。在我国,对读者的义务强调较多,许多图书馆都在使用规则上明文规定了读者的义务。

(一)遵章守法

1.遵守图书馆规章制度

图书馆规章制度是图书馆行政主管机构或图书馆所制定的各项规则、章程、制度、标准、程序、办法等的总称。图书馆制度的确立,目的在于维护和保障社会公众获取信息与知识的机会和分配公平,促进图书馆信息资源保障体系的公正性、图书馆信息组织的稳定性和图书馆信息服务效率化。我国宪法在公民基本权利和义务第五十三条明确规定:"中华人民共和国公民必须遵守宪法和法律,保守国家秘密,爱护公共财产,遵守劳动纪律,遵守公共秩序，尊重社会公德。"图书馆属于公共事业组织，图书馆财产属于公共财产，图书馆所制定、发表的读者服务组织制度如借书制度、阅览制度、图书赔偿办法、复印复制制度等等属于公共秩序，其目的就是在不违反法律的前提下，维护和保障社会公众公平获取信息与知识的机会，因此，"遵守图书馆规章制度"属于公民作为读者的法定义务。

2.遵守读者行为规范

读者行为规范是指公民作为图书馆读者，在利用图书馆资源过程中，其受思想支配而表现出的言行举止是否符合现代社会的公共道德准则。我国宪法第二十四条、第五十一条要求公民必须履行"遵守行为规范"的义务，并且规定公民在行使自由和权利的时候，不得损害国家的、社会的、集体的利益和其他公民的合法的自由和权利。图书馆制定的《读者文明公约》或者《读者行为规范》，其目的就是保障读者在享受图书馆自由和权利同时，"不损害国家的、社会的、集体的利益和其他公民的合法的自由和权利"。因此，根据宪法推导原则，"遵守读者行为规范"同样是宪法规定的、公民作为读者应该履行的法定义务。

3.诚守读者信用

诚实守信无论从道德的角度还是从法律的角度，一直被视做人基本的原则。读者诚信行为体现读者在图书馆利用资源过程中，自觉遵守图书馆的各种合理的规章制度、维护社会公德、为保护好共有的资源、维持良好的学习环境等方面所作出的种种努力。但是，近年来，随着开架借阅和全方位开放服务的实现、开放时间的延长，读者在图书馆享受服务的自由权相应扩大的同时，各种违章行为也相应增加，给图书馆管理工作带来了严重的困扰。图书馆服务观念与模式的变化，对读者来说，也是一种诚信的大考验。作为图书馆的读者，在享受各种权利的同时，有义务自觉遵守图书馆的各种规章制度。

4.恪守信息道德与伦理

信息道德与伦理指调整人们之间以及个人和社会之间信息关系的行为规范的总和。狭义的信息道德与伦理是指涉及信息开发、信息传播、信息加工、分析、管理和利用等信息活动方面的伦理要求、伦理准则、伦理规范，以及在此基础上形成的新型的伦理关系。信息道德与伦理并不简单地等同于伦理道德,其判断标准必须与信息时代这个环境相吻合。网络世界的发展客观上要求建立信息道德体系,信息道德是所有信息人都必须遵循的行为准则,是保证虚拟世界有序发展的道德底线。因此,读者利用图书馆过程中必须履行"恪守信息道德与伦理"的义务。

（二）关爱尊重

1.关爱图书馆

读者关爱图书馆,包括三个方面:关注图书馆、爱护图书馆和参与图书馆建设。关注图书馆指的是读者应该积极主动地了解图书馆的制度、资源及发展变化。爱护图书馆指的是读者应该维护图书馆的公共利益,包括声誉、设备、图书资源、环境等一切标的物,对于故意破坏图书馆公共财产应该坚决予以制止,并且及时向图书馆反馈读者建议。参与图书馆建设指的是读者应该对图书馆资源建设、服务工作以及图书馆管理及时提供反馈意见。在服务工作参与上,馆员可不失时机地向读者学习专业知识,读者也可经常领受到馆员丰富的隐性知识和超值服务,将读者的满意度与图书馆工作的建设紧密结合,这样图书馆的地位就会与日俱增。在读者参与管理上,图书馆各项业务法规的建设,各项规章制度的建设,各项服务项目的设立能否满足读者的利益和要求,读者有权也有义务参与评价。

2.尊重他人

尊重他人包括两个方面:一是尊重馆员;二是尊重其他读者。在图书馆的构成要素和工作链中,馆员是最具活力、最积极的因素。图书馆搜集、收藏的文献都要通过图书馆员的活动,再服务于读者和用户,图书馆一切职能、工作、服务理念都要通过具体操作层面的馆员才能得以实现。如果馆员得不到应有的尊重,容易产生职业疲倦感,职业疲倦感产生的典型症状是创新力丧失、工作热情下降,那么最终损害的还是读者的利益。读者在享受自由与平等权利的同时,有义务尊重其他读者。读者在行使自由与平等使用图书馆权利时,要以不妨碍其他读者自由和平等使用图书馆的权利为前提。

（三）合理使用

1.合理使用图书馆信息资源

合理使用，是指公众为了学习、引用、评论、注释、新闻报道、教学、科学研究、执行公务、陈列、保存版本、免费表演等可以不经版权人许可，不向其支付报酬而使用其作品的权利。图书馆一向以最大限度地满足信息用户对馆藏信息的充分利用为活动宗旨，其信息传播具有无偿性和广泛性，这与版权法所保护的信息的有偿性和限定性产生了矛盾与冲突。合理使用是解决这一矛盾与冲突的唯一方法。正是因为有了合理使用的存在，才使得图书馆能够在版权法的条条框框下充分地开展信息服务，促进版权信息地充分传播和为公众所利用，同时又不违背版权法，从而也保护了版权人的利益。

2.合理使用图书馆设施、公共财产

公共图书馆设施是图书馆的建筑和各类设备的总称。从当代公共图书馆现实与发展的意义上看，它包括三个方面：图书馆馆舍、图书馆设备和公共文化服务平台。

（四）文明利用

1.保持安静

图书馆是学习的场所，学习的质量是与读书环境相关联的。在图书馆、阅览室这一环境中，读者所直接接触的周围的环境因素，叫做学习的外环境。读者本身所具有的心理、生理素质及其学习方法，构成了学习的内环境。环境对人心理、生理的影响，是通过内环境的作用来实现的。环境的安静直接影响读者的学习心情、效率与效益，因此，读者在自由与平等利用图书馆的过程中，相应的有保持安静环境的义务，具体包括：不在图书馆大声喧哗；接打电话时以不影响他人学习为前提；进入图书馆时自动将手机调为振动；走路脚步尽量放轻等。

2.维护阅读环境

创造优美的借阅环境，是提高读者服务质量的重要方面，也是图书馆建

设的一项重要内容。从另外一个角度来看，维护图书馆阅读环境也是读者应尽的义务。阅读环境不仅包括普通的物理环境，还包括藏书环境。目前，图书馆普遍采用开架、开库借阅的管理模式。这种管理模式极大地方便了读者，降低了拒借，开阔了视野，进而激发了读者的阅读欲望。但是这种管理模式也大大地增加了工作人员的劳动强度，乱架、错架严重，工作人员每天要花很多时间收书上架，势必影响馆员咨询和深层次服务工作的开展。因此，实行开放式的管理模式，要求读者协助维护藏书环境。读者进入到阅览室或书库阅读、选书，其阅读的权利得到了保障，但这时也必要履行相应的义务。

3.维护图书馆设施

随着自动化、网络化、数字化的高速发展，计算机等自动化设备在图书馆的应用越来越广泛，另外，目前图书馆工作人员来操作的复印机、缩微复印机、打印机等，也正在逐渐过渡到由读者自己操作。就目前状况而言，图书馆的经费均较为紧张，将价值不菲的仪器设备引进图书馆是很不容易的。因此，作为管理人员和读者都有义务倍加爱护、精心使用，保证这些仪器设备的正常运行，进而使读者更有效地利用图书馆。总之，现代图书馆要求读者有极强的责任心，履行维护图书馆设施的义务，严格按规程使用图书馆的仪器设备。我们可以看出，图书馆要实现"一切为了读者""读者第一"的目标，让读者成为图书馆真正的主人，就必须给读者以权利；而图书馆要改进服务工作，保持正常的阅读环境，又必须给读者规定相应的义务。在实际工作中，我们既不能光强调"权利"而忽视了"义务"。也不能只强调"义务"而不据"权利"。这样将两者有机地结合起来，才能使馆藏文献得到最大的利用，使图书馆发挥出更高的社会效益。

第四章　图书馆的读者教育

图书馆读者教育的目的是帮助读者了解文献知识、馆藏和服务，掌握检索和利用方法，增强情报意识，提升文献需求表达能力，并利用各种工具和渠道获取文献和信息。这是一项普及、实用的综合能力培养，对图书馆的文献资源开发和教育职能具有重要作用，旨在提升读者的信息获取意识、检索能力和信息素养。

第一节　读者教育概述

一、读者教育

（一）读者教育的定义

目前对于读者教育的定义尚无确切的定论。作为学术界研究的课题，国内外的专家学者从不同角度对读者教育进行了定义，并提出了各自的观点。

瑞典 N.菲埃乐勃兰特等著的《图书馆用户教育》一书中指出：读者教育涉及整个信息和交流过程，其中的一部分是指读者与图书馆的相互接触。这应该是一个连续的过程，即从中小学图书馆和公共图书馆开始，并有可能扩展到高校和专门性图书馆。每一次去图书馆，不论是否同图书馆工作人员接触，正式或非正式的形式，都将具有教育价值。就图书馆而言，读者的教育工作旨在使这种价值发挥出最大的效益。读者教育在图书馆的目标中位于中心的地位，是为了有效地利用情报资源。

读者教育是图书馆读者工作的重要组成部分之一。它是一项普及性、实用性的综合能力教育，旨在帮助读者开发利用文献资源并实现图书馆的教育职能。

读者教育是现代社会中文献激增和对文献情报需求多样化的结果。在早期的参考咨询和阅读辅导等活动中已包含了一些与读者教育相关的内容。从20世纪60年代开始，一些国家开始开展大规模的有组织的读者教育活动。这些国家通过法令规定、建立专门机构进行规划、组织和协调等方式，不仅在大学和研究生教育中开设相关课程，还在中小学阶段进行教育，旨在从小培养情报意识和利用文献情报的能力。一些发达国家还广泛采用现代化手段推广读者教育。

在中国，早在30年代就有个别高等学校开始开设参考工具书和专业文献利用课程，这也是中国读者教育的先驱之一。在50年代，一些图书馆参考国外经验，开始宣传图书馆学和目录学知识。少数高校也开设了某些专业文献的讲座或课程。到了70年代，更多的图书馆和情报机构开始举办文献检索培训班，文献检索和利用方面的课程在更多的高校，尤其是设有图书馆学系或专业的院校得到开设。1984年教育部和1985年国家教委相继发布文件，规定全日制普通高等学校的图书馆应为本校学生开设"文献检索与利用"课程（公共课或选修课）。全国高等学校图书情报工作委员会在组织筹划、师资培训、教材编写、经验交流和学术研究等方面进行了大量工作。到1990年6月，约有70%的高校开设了"文献检索与利用"课程或讲座，出版的教材超过100种，约有130万大学生接受了这项教育。同时，一些成人高校、中等专业学校和中学也开设了相关课程或举办了讲座。许多公共图书馆、科研机构、工厂、矿山和企事业单位的图书情报部门也通过培训班、讲座等方式进行读者教育，取得了良好的效果。

读者教育采用多种方式，包括学校课程设置、培训班、讲座、自学、个别辅导、参观、展览、宣传品或指南提供、讨论会、知识竞赛等。教学内容主要包括文献学基础知识、文献类型、文献情报检索语言、检索工具、检索方法、各类型工具书的使用法、专业文献检索与利用、计算机情报检索及数据库利用、图书馆使用法、文献的鉴别、选择、整理、情报分析与研究以及其他图书馆学、目录学、情报学知识。实习活动在教学中占一定的时间比例，图书馆应提供所需的教学和实习文献资料以及相应的设备设施，有条件的图书馆还可以专门配备实习室。

读者教育需要根据不同读者的特点、需求和接受能力，分阶段、分层次、多途径地进行。它应该是连续性的、阶段性的传授或辅导，随着读者知识水平、情报意识和需求的提高而进行。读者教育的工作者通常是具有经验的图书馆员或其他文献情报工作者。在高等学校中，图书馆学和情报学系（专业）的教师也可以担任读者教育工作。图书馆可以使用调查、测验、咨询等方法来评价各阶段的教育效果，重点衡量受教育者所获得的能力。

（二）读者教育的意义及作用

1.增强读者图书馆意识，提高馆藏文献利用率

通过对读者进行图书馆知识教育，普及文献检索方法，可以让读者充分认识和了解图书馆，同时激发他们对阅读的需求和利用图书馆的热情。只有激发更多社会大众的读书热情，才能使更多人成为图书馆的读者，进而实现馆藏文献信息的充分利用，降低文献信息资源的浪费，使图书馆事业进入良性循环。读者数量的增加是社会对图书馆需求旺盛的体现，只有当政府和公众对图书馆给予支持，图书馆事业才能蓬勃发展。随着读者数量的增加，图书馆事业会变得更加兴旺发达，从而得到更多的资源和支持。这将形成良性循环，进一步促进图书馆事业的繁荣。

2.提高读者信息素养增强自学能力

在信息社会中，随着知识和信息更新的速度加快，个体读者获取、利用和加工信息的能力越来越重要，这成为制约其发展的关键因素。个体读者的发展水平越来越多地取决于他们不断利用文献信息进行自我学习和自我教育的能力，而不仅仅依赖于他们原有的知识水平。在信息时代，一个在信息海

洋中却无法应对的人很难有所作为。著名科学家笛卡尔说："最有用的知识是关于方法的知识。"在借阅工作中，我们经常遇到一些读者没有明确的借阅目标，对阅读筛选标准模糊不清，不知道如何开始查找他们所需的文献。作为图书馆的工作人员，我们应该引导和教育这些读者，提高他们对各种文献信息的查找、识别、评价和选择能力，以便选择最适合他们需求的读物。

3.交给读者开启知识宝库的钥匙

世界正处于信息"爆炸"趋势，文献信息浩如烟海。教会读者使用各种检索工具，掌握检索文献的方法和技能，让读者具备相应信息意识和信息能力，加上读者本已熟悉专业，更能提高信息资源使用价值的最大化。

4.发挥文献信息社会和经济效益

图书馆帮助读者使用各种文献信息检索工具，以产生新的文献信息和实现其使用价值。通过教授读者使用方法和步骤，图书馆帮助读者收集、鉴别、分析和提炼有效的论述和理论知识。这些知识可以解决工作、学习、生活和科技等方面的问题，最终目的是为社会和经济提供有益的知识信息服务。

5.有助于文献信息资源的开发利用

除了向读者提供文献的借还服务，图书馆还有其他重要的工作。图书馆进行深度开发馆藏文献，包括开展专题服务、编制文摘、索引、综述和评论，以便向读者提供更全面的信息。在现代信息社会中，这些工作突显了图书馆的价值。为了开展这些工作，图书馆需要通过读者教育，让读者充分了解图书馆的功能和服务项目。这样，图书馆作为一座信息宝库，将能够得到社会大众的充分利用。

6.图书馆日新月异发展的需要

图书馆的发展经历了从仅为少数人提供服务的藏书楼到为大众提供服务的文献信息中心的转变。它从最初以收藏书刊为主，逐渐发展成为以电子资源和网络资源为主体的多媒体信息机构。同时，图书馆的服务也从封闭式转向开放式，并提供联机远程的信息服务。当代图书馆以全新的面貌迈入新世纪，各个图书馆通过网络连接在一起，信息资源数字化和虚拟化，传播渠道网络化，信息运作管理电子化和自动化，信息处理服务社会化和全球化已逐步形成。这个变化是如此之大，如此之快，以至于许多读者来到图书馆会发出这样或那样的疑问，"这些东西是干什么用的？怎么用？"等，图书馆的咨询压力越来越大。把对个别用户的逐一回答集中起来，加大咨询力度，延伸咨询的功能，这就需要图书馆积极地使用读者教育这个手段，来帮助读者了解、应用图书馆的新资源、新设备、新服务。读者教育要跟上，使读者成为现代图书馆的能动的和主动的读者，而不是望而生畏的逃兵。当前我国的图书馆正在融入现代化的洪流，以网络中心、图书馆为连接中心的信息基础设施给建设现代化图书馆创造了良好的"硬件"，但如果没有读者教育的"软件"，图书馆则只能是一台缺少动力的机器。

7.知识经济社会的需要

21世纪进入知识经济时代，其基本特征是不断创新的知识、快速产业化的高新技术以及软件产品和无形资产比例的增加。知识经济是一种知识密集型、智慧型的全新经济形态。在这个时代，科学技术，尤其是信息产业等高技术，成为经济增长的主要因素。它对我们现有的生产方式、社会生活、思维方式以及教育、管理和领导决策等方面都将产生重大影响。

为了自由地开发和应用信息，读者必须掌握文献信息资源，并了解资源的分布情况以及网络上文献信息资源的范围。当有信息需求时，读者应主动地与相应的信息对接。

二、读者教育的现状

（一）读者教育现状

就目前而言，我国的读者教育工作正处于向纵深发展的有利时期，但与发达国家相比，无论深度和广度方面都有一定的差距，与时代发展对人才的培养要求还不相称，主要表现在：

1.到馆读者人数减少，文献利用率低

读者是图书馆服务的对象，也是图书馆生存和发展的重要保证。近年来，许多图书馆通过多种方式筹措资金，增添现代化设备，改进服务手段，拓宽服务领域，力求吸引更多的读者来到图书馆。尽管这些努力取得了一定成效，但整个公共图书馆系统的服务人次却呈现整体下降的趋势。具体表现在图书馆读者到馆率大幅下降，图书馆文献利用率也逐年降低。

上海曾进行过一次调查，结果显示在 10 万名科技人员中，只有 1% 的人善于查找国外专利资料。这个数据反映了我国公民在文献检索知识方面的匮乏。即使在我国的科技文化中心上海，情况也是如此。这说明我们需要更多的努力来提高公民的文献检索能力。

2. 对读者教育认识不够，读者工作有待加强

在一些图书馆界面中，对内部事务的处理过于烦琐，而对服务对象的重视程度相对较低。图书馆界普遍认为，学术性和业务性最强的分类和编目工作是公众最不了解的事情。在大多数图书馆中，外借和阅览部门的工作人员中，临时工和学历较低的人员比例总是相对较高。这实际上反映了图书馆界对读者服务工作的一种倾向性看法：认为读者工作不需要太多高深的知识，读者教育工作可以有也可以没有。这种情况的主要原因是，有关读者教育工作在图书馆读者服务和图书馆事业发展中的意义和作用并未引起足够的重视，反而被忽视了。

3. 多数公众缺乏对图书馆的了解

现实中存在这样的情况：相当一部分人对图书馆很陌生，不知道图书馆的位置和用途，当他们在学习或工作中遇到问题时，也不知道可以去图书馆寻求帮助。有些人想要利用图书馆资源，却不知道如何进入图书馆，进入后又不知道如何查找他们需要的文献资料。当他们向工作人员咨询时，常常得到的回答是自己去找。经历了几次类似的情况后，他们会产生畏惧心理，从而不再热衷于来图书馆。

4. 全面性读者教育薄弱

在我国，只有高校才开设图书馆入馆教育、文献检索与利用等课程，但能够进入高校的人毕竟是少数。绝大多数公民对图书馆的认识基本是空白的。此外，文献检索是一门实践性很强的学科，虽然高校学生在学习中可能接触

到一些文献检索的理论知识，但实际应用时会遇到很多实际问题。

（二）读者教育薄弱的原因

（1）读者教育在我国文献信息界基本上没有形成专门的科目，其研究的重视程度有待进一步提高。

（2）全国的读者教育没有形成完整的教育体系，在整体上存在着"断层"现象，即没有学前和中小学读者教育层次，在职人员的读者教育比较薄弱，高校的读者教育没有形成明显的教育层次或阶段，开课率和听课率有待进一步提高。

（3）读者教育的目标和目的，理论上研究不够，实践上下功夫较少。

（4）师资力量不足，经费无保障。

（5）读者教育的评价工作还没有引起应有的重视。

第二节　读者教育的基本原则与方法

一、读者教育的基本原则

图书馆读者教育工作的重要目标是使读者了解和充分利用图书馆资源，以发挥文献信息资源的最大效益。为了确保读者教育活动取得良好效果，应遵循以下原则。

1.计划性原则

读者教育是一项长期、连续的工作任务，图书馆需要根据国家、地区、单位以及主要读者群体的具体情况和需求，制订长期规划和短期计划，以确保教育工作的有效性。在组织读者教育活动时，应该严格按照设定的目标，有计划、有步骤地进行组织工作。同时，及时进行工作效果的评估和反馈，根据评估结果调整工作措施和手段，以提高读者工作的效率。

2.广泛性原则

图书馆和其他文献信息部门作为社会教育机构,承担着重要的社会教育职责,旨在提高整个社会的素质水平。因此,它们在开展读者教育方面的范围应该覆盖全体公民。具体进行读者教育活动时,不仅要教育现有读者,还应加强对潜在读者的教育,以鼓励他们成为图书馆的正式读者。

3.针对性原则

图书馆等文献信息部门进行读者教育的对象是具体的读者用户,不同类型的图书馆的用户群是不同的,而相同类型图书馆的读者自身的差异是错综复杂的。受年龄、性别、文化教育水平、职业、工作经验、情报行为等个人因素的影响,读者对文献信息的利用能力和利用效果都会有明显的差别。读者教育的内容以及方式、方法,不仅会受到一定时期内科技发展水平的制约,而且也将受到不同地区、不同类型以及读者个人素质等因素的影响。

4.灵活性原则

针对读者教育的方式和方法,确实需要根据多个因素进行综合考虑。其中包括读者的数量、文化程度、个人素质,以及他们方便接受图书馆等文献信息部门教育的程度等。在具体实施时,可以根据情况选择一种方式,也可以采用多种方式的组合运用。这样可以更好地适应不同读者群体的需求和特点。在安排读者教育的内容时,应以相应的学科体系为基础,使读者获得系统的知识和技能。这种系统性能够帮助读者建立起完整的知识体系,并理解不同知识之间的关系和逻辑。在采用具体的教学方式时,循序渐进的原则非常重要。通过由浅入深、由易到难的逐步学习,读者可以逐渐深化自己的知识和理解。这种渐进式的学习过程可以帮助读者更好地掌握和应用所学知识。

二、读者教育的方式

读者教育是随着读者知识水平、情报意识、情报需求的提高而进行连续性的、阶段性的传授或辅导。读者教育工作者多是文献情报机构中有经验的图书馆员或其他文献情报工作者,在高等学校,也可由所在院校的图书馆学情报学系（专业）的教师担任。图书馆可以采用调查法、测验法、咨询法等评价各阶段的教育效果，着重衡量受教育者所获得的能力。开展读者教育，普及利用图书馆的知识，增强读者的信息能力，可以采取多种形式。

1. 现场指导

以帮助的方式对读者进行现场指导，这种最普遍传统的面对面教育形式是一种最容易的读者（用户）接受且最有成效的方式。

2. 媒体宣传

如：展览会、信息发布、图书馆知识电视讲座、广播讲座、电视大奖赛及教育性和艺术性的公益广告等。媒体教育法用户面最广，对于某方面知识的普及效果很好。编写《图书馆读者指南》等小册子，利用板报、宣传栏等向读者介绍文献检索知识，为读者利用图书馆提供"拐杖"。

3. 设立电子教室

设立电子教室，开展在线服务，让读者通过上机学习多媒体检索知识。

4. 组织各种读者活动

通过组织各种读者活动，让读者互相交流、互相学习、互相帮助，这种方法针对性强，往往会收到意想不到的效果。这种形式主要是针对图书馆的新读者群，如入学新生。目的是让读者尽快地熟悉图书馆，包括图书馆的环境、文献分布情况、目录设置情况、服务项目、规章制度等。使读者有机会认识图书馆的工作人员，促进他们积极主动地寻求图书馆工作人员的帮助。但是这种形式主要是给读者感性认识，极不便于详细介绍读者教育的内容，也不便于解决读者个人随时遇到的专门问题。

5. 学校课堂教育

课堂教育主要是高等学校开设"文献检索与利用"课，这是高等院校唯一的一门培养学生情报意识、获取文献信息能力的课程。在高校图书馆一般都面向大学生和研究生开设了文献检索课程，文献检索课的开设有助于增强大学生的情报意识，使学生了解各自专业及相关专业的基本知识，学会常用检索工具、数据库和参考工具书的使用方法，懂得如何获得与利用信息，增强自学能力与研究能力。教学内容主要是文献学基础知识，文献类型，文献情报检索语言、检索工具、检索方法，各类型工具书的使用法，专业文献检索与利用，计算机情报检索及数据库利用，图书馆使用法，文献的鉴别、选择、整理，情报分析与研究及其他图书馆学、目录学、情报学知识等，其中实习（实践）活动应占一定的时间比例，图书馆一般要提供教学和实习所需的文献资料和设备设施，有条件的还专门配备实习室。

6.FAQ 方式（常见问题解答）

FAQ 方式是一种网络咨询服务方式。是参考咨询人员搜集并汇总读者咨询过程中经常遇到的、带有普遍性和典型性的问题，进行详细解答并分类编排，汇集成数据库，提供网络查询的服务方式。常见问题的内容十分广泛，如参考咨询部门的联系方式与咨询方式，馆内服务台位置、电话、网上咨询方式，用户使用图书馆的联机目录查询系统，馆际互借服务，代查代检服务，查新服务，专利检索服务，标准检索服务等。FAQ 方式实际上就是一部图书馆使用指南，可免去读者直接提问的麻烦，是一种节约时间和人力且效果显著的网络咨询服务形式。他不仅能够帮助用户方便快捷的获取答案，也能够帮助读者更多地了解图书馆的服务内容及注意事项。

7.专题讲座

为了应对读者在使用图书馆过程中普遍遇到的问题，图书馆可以根据读者的需求，围绕特定主题开展读者教育活动和讲座。这些讲座的内容通常涵盖以下方面：馆藏资源与服务指南、电子资源的检索与利用、常用软件的使用指南等。专题讲座的主题多种多样，例如馆藏文献资源与服务方式，馆藏目录体系及检索方法，电子资源介绍，中、外文电子图书、报刊数据库使用技巧，中、外文常用工具书介绍，特种文献资源的检索与利用，学位论文查询，中外标准文献（数据库文献）的检索与利用，中文专利文献（数据库文献）检索，电子资源的综合利用，网页与网站开发方法与技巧，常用工具软件安装和使用简介，本馆未收藏的常用电子文献资源及其获得途径等。通过这些专题讲座，图书馆能够向读者提供有针对性的指导，帮助他们更好地利用图书馆的资源和服务。这些讲座涵盖了多个方面的知识和技能，旨在提高读者的信息素养和文献利用能力，使他们能够更加高效地获取所需信息。

三、读者教育的方法

图书馆读者教育的方法有多种,各个图书馆在开展读者教育的实践活动中,应注意从自身的主客观条件出发,有的放矢,做到系统性与针对性相结合,主要包括如下几个方面。

1. 授课法

授课法是图书馆读者教育中最常见和主要的教学方法之一。通过听觉和视觉的双重效应,授课法能够有效传授知识,帮助读者在较短时间内系统地掌握相关的图书情报知识和提高文献信息的检索技能。它是实现读者教育计划和目标的重要手段。然而,授课法作为一种被动的教学方式,不利于培养读者的感性认识和动手能力。特别是对于"文献检索与利用"等课程,仅仅采用授课法是远远不足够的。必须结合其他教学方法,尤其注重指导读者参与具体的实践,亲自进行文献检索和利用,才能达到事半功倍的效果。通过辅助教学方法,如实践性的实习,读者能够更好地理解和应用所学知识。这种实践性的教学方法能够培养读者的实际操作能力和解决问题的能力。因此,在图书馆读者教育中,应该结合授课法和其他教学方法,注重实践和亲身体验,以提高教学效果。

2. 个别教育法

这是一种传统的教育方式,最初被图书馆采用。它可以及时解决个别读者在使用图书馆过程中遇到的困难,具有很强的针对性。然而,这种教育形式缺乏系统性,无法为读者提供全面的知识。

3. 视听法

近年来,在图书馆读者教育中,视听介质的应用越来越广泛。这些视听介质包括电影、录像带、磁带、幻灯片和录音带等。1982年,INFUS出版了《用户教育的视听教学方法:注视目录》和《用户教育和图书馆学方面的视听手段和计算机辅助教学软件的目录》,为这一领域提供了新的参考材料。视听介质的应用具有灵活性,既可以用于小组教学,作为讲课或讲习班的补充说明,也可以用于个别辅导和备课,还可以进行重复播放。它可以随时使用,无论教师或图书馆员是否在场,学生都可以自主使用。磁带和幻灯片易于播放和收藏。在小组教学时,放映速度可以由讲课者控制;在个人使用时,学生可以自行控制播放速度。

4.资料法

印发资料是一种书面形式的教育方式,适用于那些没有参加集中培训的读者,也可以作为参观图书馆或讲座的补充材料。这些资料的内容可以有深有浅,可以是专题性的,也可以是系统性的。然而,这种方式的普及性很强,无法针对每位读者的不同特点进行个别设计,同时也依赖于读者自身的积极性和阅读能力等因素。因此,如果读者不够积极或材料设计不当,很容易达不到理想的效果。

5.利用互联网多媒体

图书馆读者教育可以充分利用互联网的交互性特点,因地制宜、因时制宜,以节省人力成本并提高教学效果。自20世纪90年代以来,新的信息技术、信息网络和电子出版物不断涌现,传统的手工书本式教学已无法满足培养读者掌握信息知识的目标。图书馆读者教育需要从网络、通信和数据库检索等方面全面讲授信息检索知识,使读者具备信息检索和利用的能力。

通过利用互联网,图书馆读者教育可以及时掌握最新的学科研究动态,并相应地补充和更新教学内容。互联网上存在大量的信息检索工具,能够方便快捷地找到所需的信息。不仅可以检索到网上的新信息内容,许多传统的工具书也有网络版可供使用,这可以弥补现场讲授的不足。相比购买原版书籍,网络版的使用更加经济实惠且便于检索。通过应用互联网和网络版工具书进行图书馆读者教育,读者既能学习检索方法,又能了解国外工具书的最新进展。

第三节　读者教育的内容和层次

一、读者教育的内容

读者教育旨在提高图书馆用户的文献情报意识和信息获取能力。通过读者教育，图书馆和情报部门可以帮助潜在用户和现实用户培养信息意识，使他们具备较高的信息素质。这包括培养用户独立、及时、准确地获取所需信息的能力，使他们能够充分利用图书馆和情报部门的文献资源，从中获得最大的收益。读者教育的主要内容包括以下几个方面。

（一）文献信息机构基本情况的教育

介绍文献信息机构的基本情况是读者教育的重要内容之一。通过介绍本地区主要的文献信息机构的分布、馆藏文献的特点、范围和服务项目，可以帮助读者了解可供利用的资源和服务。这包括向读者介绍各个文献信息机构的位置、开放时间、馆藏类型（如图书、期刊、报纸、数据库等）、数字资源和电子资源的提供情况，以及相关的服务项目（如参考咨询、文献传递、培训课程等）。通过这些介绍，读者可以尽早了解并利用本地区的文献信息机构，以满足他们的信息需求，并提高他们的信息获取能力和利用效果。

（二）文献信息基础理论基本知识的教育

提高全民信息意识是开发利用信息资源的关键，也是我国经济发展的重要任务之一。在读者教育中，对文献信息的基础理论、基本知识和作用进行教育是必要的。通过教育，读者可以了解信息的本质、来源、传播和利用方式，破除对信息的神秘感，认识到信息是社会生活中普遍存在的重要社会现象。此外，读者教育还应强调信息与科技发展、经济建设的相互关系和相互促进作用。教育内容可以涉及信息在科研活动中的重要作用，以及对个人知识的增值效果。这样的教育目的是激发读者的信息需求,增强他们对信息的重视和利用意识。通过提高读者的信息意识,可以使他们更加主动地获取、评估和利用信息资源,促进信息资源的开发利用水平的提升。同时,也有助于推动我国的经济发展,因为信息的及时获取和有效利用对于创新、科技进步和经济竞争力的提升至关重要。

（三）文献信息利用教育

利用文献是读者获取文献的目的和重要环节。读者教育的一个重要内容就是向读者介绍如何有效地利用文献。在读者教育中,可以向读者介绍治学方法,包括如何选择适合自己研究目的的文献信息,如何收集、分类、编目和整理文献信息。这些方法可以帮助读者在海量的文献资源中迅速找到所需信息,提高信息的获取效率。此外,读者教育还应涵盖文献信息资料的分析研究和科技写作的技巧。通过学习如何分析和研究文献信息,读者可以深入理解其中的内容和观点,为自己的研究提供有力支持。同时,掌握科技写作技巧可以帮助读者有效地表达自己的研究成果,提升学术写作能力。

（四）如何利用图书馆教育

对于如何利用图书馆,针对新入馆的读者进行培训是非常重要的。这样的培训旨在让读者熟悉图书馆的基本知识和技能,以便更好地利用图书馆资源。集体培训通常包括以下三个方面的内容。一是图书馆概况介绍,如各个部门的业务范围、工作流程、规章制度等;二是馆藏文献的介绍与宣传,丰富的馆藏资源是图书馆为用户提供的最快捷、最确定的资源,但很多读者对图书馆文献资源不了解,仅仅能够利用图书馆资源中很少的一部分,这一方面造成巨大的浪费,另一方面,自己的需求却得不到满足,因此,参考咨询员理应承担对本单位的宣传工作,对馆藏资源进行宣传,提高图书馆的知名度;三是图书馆服务内容与形式的介绍与宣传,随着参考咨询工作的深入开展,图书馆提供的内容越来越多,图书馆应让读者了解这些服务,相信参考咨询员的能力。

（五）信息资源检索原理、方法与技能教育

科技工作者通常通过阅读文献来获取信息。为此，他们需要掌握文献检索的原理和方法。读者需要了解文献检索的基本原理、技能和常用工具，以及数据库和计算机检索的基础知识，以顺利获取所需的文献信息。

数字图书馆的发展给读者带来了一系列信息技术方面的困难。很多咨询问题涉及网络信息搜索技术、数据库检索技术、阅读器下载与安装以及网络连接等。因此，图书馆应主动为读者提供关于信息资源的使用方法和技巧的培训。这既有助于读者树立利用馆藏资源的意识，也使他们了解不同类型资源的特点和使用方法，特别是电子资源数据库的范围、数据量和检索途径。读者还应掌握这些数据库的检索方法，并体会到利用计算机进行文献检索的优势。此外，应介绍互联网上的免费资源。在筛选和整理网上信息资源后，将一些免费数据库介绍给用户。

（六）读者宣传辅导教育

宣传辅导是图书馆教育职能的体现。它包括宣传读者、辅导读者及培训读者三方面的内容。

1.宣传读者

宣传是图书馆对读者进行科学管理的基本手段之一。在文献流通和情报传递的过程中，宣传工作起着重要的作用，因为它能够引导和指导读者。宣传的目的是在了解和研究读者阅读需求的基础上，积极向读者介绍文献的形式和内容。宣传的内容包括先进的思想、科学知识、职业技术以及广泛的文化信息。它能够及时展示读者最关心和最需要的文献资源，吸引读者利用图书馆的各种图书文献和资源。通过宣传，图书馆的资源能够得到最大限度的利用。

2.辅导读者

读者辅导工作旨在根据对读者及其阅读需求的了解，提供有针对性的帮助和指导，以促进读者更好地获取知识，提高阅读能力和效果。尽管宣传辅

导活动可以面向大众,但无法满足每个读者的特殊需求。因此,图书馆还需要通过阅读辅导工作,根据不同读者的具体情况,为他们提供差异化的服务。

3.培训读者

图书馆的文献是否能得到充分利用,与读者是否具备使用文献的技能密切相关。因此,对读者进行培训至关重要。读者培训主要从两个方面着手。首先,培养读者的情报意识,激发他们利用图书馆的欲望,使他们自觉地认识到图书馆是他们的良师益友,以及终身学习的场所。其次,提高读者利用图书馆和检索情报的技能,以便他们能够熟练地使用图书馆的资源。

二、读者教育的层次

随着社会文献信息资源的共建共享网络不断发展,图书馆的读者群体不断扩大,每个社会成员都成为图书馆馆藏文献信息资源的需求者。然而,由于从事不同职业、文化程度、个人喜好和素质等因素的差异,人们获取文献信息的能力各不相同,这决定了他们的文献需求层次也不同。随着社会分工越来越细化,人们对文献信息的需求呈现出多元化和个性化的趋势。因此,对读者进行教育应根据他们的不同情况分层次地、有针对性地提供知识和技能。通过不同的方式进行读者教育,以满足他们的需求。

1.初级形式

初级形式的教育对象主要针对那些对图书馆不甚了解或缺乏基本检索知识的读者以及消遣娱乐型读者。教育内容主要有:图书馆概况、读者规章制度、图书馆信息载体类型、服务项目、图书排列方法、读者目录组织方式、方法及常用工具书介绍等,目的是让读者了解图书馆并掌握一定的文献检索技能。

2.中级形式

这一层次的教育对象已初步掌握了利用图书馆的知识,且有一定的阅读目的,但缺乏快速检索文献的能力。其教育目标是培养读者能够以专门的目的,从读者目录、期刊索引和主题索引中查询文献情报和查找参考书的技能,能够从不同馆藏目录查询到所需书刊的其他载体形式,进行网上图书的预约和续借及个人借阅情况的查询，通过网上所提供的相关内容，学习如何查询联机目录、光盘检索的使用等计算机网上服务系统，使其对计算机网络检索知识有基本的了解，懂得可以在参考咨询员的指导、协助下利用现代化手段快速获取信息。

3.高级形式

这一层次的读者教育主要存在人力、物力较为充沛的图书馆，一般的中小型图书馆难以胜任。受高级形式教育的读者主要指科研技术人员、专家、学者等高级知识分子。图书馆不仅要教会他们能够选择最合适的检索工具快速获取信息，更重要的是培养他们具有处理信息能力，具体内容包括熟练使用图书馆检索工具和各种工具书，熟悉网上导航器及搜索引擎的使用，从网络上快速采集到出版社发送的电子图书、公用数据库和共享软件等电子信息，掌握事实查询、背景情报搜集方法、图书和期刊论文查找方法、引文分析法等鉴别信息质量和筛选信息的技能，以查找科学研究的热点，进行学科发展预测，确定学科核心信息源，通过 E-mail 相互提交查询和互借需求等。

第四节　阅读推广服务

一、阅读推广

（一）阅读推广的含义

"阅读推广"一词来源于英文的"Reading Promotion"，也有人将"Reading Promotion"翻译为"阅读促进"。自 1997 年以来，"阅读推广"逐渐成为国内图书馆界、出版界的一个常用词、高频词。按照字面理解，"阅读推广"无非就是为推动全民阅读的实现而开展的所有引导阅读、激励阅读的活动的统称。

随着《公共文化服务保障法》《全民阅读"十三五"时期发展规划》《全

民阅读促进条例》《公共图书馆法》等国家层面法律法规的颁布与实施，赋予了阅读推广新的内涵。

（二）阅览推广的特点

1.文化传承性

阅读推广是利人利己、利国利民的长远兴邦之计，关乎民众的文化内涵和国家的竞争力，任何组织形式的阅读推广者都需要树立高度的文化自觉意识。

2.公众参与性

阅读推广是面向最广泛人群开展的文化传播活动，各个领域、各个层面的人都需要被涉及，参与的人越多、被影响的人越多，社会效益就越突出。

3.社会公益性

以谋求文化传播、知识服务的社会效应为目的，坚持开放、平等、非盈利的精神，并有必要面向阅读有困难的人重点开展服务。

4.定位多向性

不同阅读推广主体对阅读推广的定位有所不同，例如：政府是作为发展战略而部署；企事业单位是作为组织文化而培育；学校是作为教育手段而组织；图书馆是作为事业而开展；个人是作为爱好而参与。

5.主动介入性

阅读推广者一般要组织不同规模的读书活动，主动激发、引导、促进读者读书，并可以主动了解读者的阅读需求，以促进、影响读者的阅读选择。

6.成效滞后性

阅读推广活动作用于社会个体之后，社会个体要经过思考、实践之后方有成效，而这种成效还是隐性的；再转化为社会成效，这个环节更是难以观测和量化。

二、图书馆阅读推广

在阅读推广大潮中，图书馆因为是体系成熟、布点广泛、资源富集、专业化程度高的文化基础设施,所以自然而然地成为阅读推广的一支核心力量。但是,因为图书馆的阅读推广和新闻、出版、广播、电视行业的阅读推广有所不同,所以图书馆界常用的一个词是"图书馆阅读推广"。

学术界目前对图书馆阅读推广的定义尚未形成统一共识,学者们从不同角度进行了界定。范并思认为,阅读推广是一种新型的、介入式的图书馆服务,其目标人群是全体公民,重点是特殊人群。该推广活动具有活动化和碎片化的特征,主要目的是让不爱阅读的人爱上阅读,让不会阅读的人学会阅读,帮助阅读有困难的人跨越阅读的障碍。于良芝等提出,图书馆阅读推广通常指图书馆开展的旨在培养一般阅读习惯或特定阅读兴趣的活动,包括图书宣传推介和读者活动。

图书馆阅读推广的关键要素是"创意""策划"。这是近些年所有参与图书馆阅读推广活动的同行的同感,大家普遍认识到,阅读推广和以前的图书馆新书推荐等活动的最大区别,就是其活动的创意性;不管是成立跨部门团队还是成立新部门,大家都感觉这个团队、这个部门很像公司里的广告设计和创意部门,所开展的阅读推广活动,只要创意到位了,就意味着成功了一大半,创意是阅读推广的前提。正因为如此,图书馆的行业组织特别重视阅读推广的创新,教育部高等学校图书情报工作指导委员会正在组织全国高校图书馆的"首届阅读推广创意大赛",分省、分行政大区的决赛已经结束,2015年9月份在武汉进行总决赛;同期在苏州举办的出版界、图书馆界2015年全民阅读年会也将阅读推广案例大赛作为重头戏。

图书馆阅读推广的本质是通过聚焦的方式将读者的注意力引导到小范围内有吸引力的馆藏。推广活动将锁定一小部分具有吸引力的馆藏进行宣传和推荐,这是图书馆阅读推广的核心内容。在高校图书馆等机构中,可以根据学校的教学科研和学科建设情况进行选择,也可以通过读者调查或馆员的猜想和推理来确定推荐的馆藏内容。这些推荐可以涵盖新书推荐、好书推荐、优秀博士论文成书推荐等不同形式,都是将读者的注意力引向馆藏中具有吸引力的一小部分。

对于确定哪些馆藏具有吸引力,很大程度上取决于图书馆员挑选馆藏的独特角度和文案的巧妙宣传。有些国外图书馆通过将封面颜色相同的书籍集中放置在显眼位置，例如将红色、黄色、绿色封面的书籍放在一起推荐给读者，从而引发读者的兴趣。还有一些图书馆会挑选从未借阅过的书籍，以"谁都没有借过的书"为主题进行展览，激发读者的挑战欲望，提高这些书籍的借阅率。清华大学图书馆每月根据重大历史纪念日和重要时事，选择相关馆藏，在显著位置设置"专题书架"，方便读者了解历史和现实情况，受到师生的赞赏。这些活动都遵循了"舍大取小"的原则，推广部分馆藏，因此都属于阅读推广的范畴。

阅读推广的直接目的是提高图书馆馆藏的流通量和利用率。只有在达到这个目的后，才能进一步发挥培养读者阅读兴趣、阅读习惯以及提高阅读质量、能力和效果的间接作用。不同于报刊、电视和网络可以推广全国出版社出版的任何一本书，图书馆需要推荐自己馆藏的图书。如果图书馆选择推广一批年度新书，那么在推荐之前，必须先检查馆藏目录，尽快补充缺失的新书，或者边推广边补充。否则，推荐的书籍本身图书馆都没有收藏，读者将无法利用。对于图书馆来说，这样的做法会产生自相矛盾和误导读者的问题。

总体而言，图书馆阅读推广主要通过创意形式提高读者的阅读兴趣，通过提供良好的空间和氛围帮助读者养成阅读习惯，通过科学的馆藏发展政策保障读者的阅读质量，通过海量馆藏带来的压迫感和信息素养教育帮助读者提高阅读能力，通过有序、完备的馆藏组织提升读者的阅读效果。这些方面共同构成了图书馆阅读推广的综合工作。

三、图书馆阅读推广服务

（一）图书馆阅读推广的分类

就图书馆阅读推广的外延或图书馆人对阅读推广的认定而言，图书馆阅读推广是图书馆营销和新型阅读服务的统称。

1. 图书馆营销

图书馆营销是一种新兴的图书馆服务，在中国也被称为图书馆宣传推广。其目的是让公众了解图书馆的存在和服务。虽然图书馆营销与读者的阅读行为没有直接联系，也不能直接促使公众形成阅读意愿或提升阅读能力，但它可以让公众了解图书馆的定位、地点和服务内容，从而在一定程度上促进公众利用图书馆进行阅读。进入新世纪以来，图书馆营销得到了快速发展。1994年，《公共图书馆宣言》修订发布时，《公共图书馆宣言》中没有出现"营销"的概念。2001年，国际图联发布《公共图书馆服务发展指南》，该指南是《公共图书馆宣言》的配套出版物，宣言中不曾出现的"营销"成为指南第6章的主要内容。只是由于担心图书馆人无法接受"营销"的概念，marketing当时被译为"宣传"。2010年该指南修订为《IFLA公共图书馆服务指南》出版，公共图书馆营销内容独立成为第7章，进一步强化了公共图书馆营销的理念。图书馆营销与图书馆推广既有联系也有区别，《21世纪图书馆营销：现在正当时》有专门章节讨论图书馆的推广和营销的关系，认为营销并非推广，但推广应该和营销策划匹配。图书馆营销与严格意义上的阅读推广有较大差异，但图书馆界往往仍将其当成阅读推广。

2. 新型阅读服务

图书馆的绝大多数服务都与阅读相关，因为阅读是图书馆的核心活动。传统上，图书馆主要提供文献和信息服务。然而，现代图书馆的阅读服务形式多样，不再局限于传统的安静、稳定的环境。图书馆开展各种形式的阅读活动，例如有声阅读、讲故事、绘本阅读等，旨在为那些阅读能力有限或对书面阅读不感兴趣的人提供阅读服务。图书馆还组织阅读交流活动，如读书沙龙、兴趣小组、读后感交流、书评写作等，以提供读者之间的互动交流。此外，图书馆还开展手工制作、创客活动、展览和表演等形式，使读者在实际操作中接触阅读，并通过舞台表演或观摩他人的表演来增进对读物的理解。知识竞赛、作文比赛、猜谜等竞赛活动可以促使读者扩大阅读范围并提升阅读理解能力。讲座和展览活动则以生动形象的方式将知识传递给更多的人。这些服务的目的都是促进公众阅读，帮助他们提高阅读兴趣和能力，属于阅读推广的范畴。

3.阅读疗法服务

阅读疗法服务是一种特定领域的阅读服务，它将阅读作为一种手段，通过文献内容的学习、讨论和领悟来促进身心健康、辅助治疗疾病。阅读疗法服务可以治疗心理疾病，培养人生观，并有助于节约医疗成本等方面的益处。图书馆作为一个公共场所，提供阅读疗法服务可以让读者进行阅读治疗，而无需担心隐私泄露、精神压力或其他顾虑。然而，传统的阅读疗法也存在一些固有的局限性。其中，王波指出了对象可塑性需求、阅读习惯对阅读疗法的影响、阅读疗法的辅助性质、感性非定量分析的挑战、阅读水平和趣味的主观推断、不合理想法的依据、治疗师素质的重要性以及读物情志归属的差异等八个方面的局限性。为了克服这些局限性，杨桦引入了人体生理信号测量技术，并在大学生群体中进行了阅读疗法实验。通过定量、客观的手段来辅助判断阅读水平和兴趣，分析过程中的情绪波动，以减少不合理想法的产生和读物情志归属的偏差风险，并降低对治疗师素质的依赖。这种实验探索了阅读疗法的新型服务模式。因此，阅读疗法服务在图书馆中的推广和实施有助于提供更有效、客观和科学的阅读疗法，为读者提供身心健康和治疗效果更好的服务。

（二）图书馆阅览推广的实施

1.明确主旨

任何阅读推广主体进行阅读推广活动时，无需做到面面俱到、人人兼顾，而是应明确主题、准确定位、设定目标、展现独特特色。阅读推广活动的主旨可以围绕优秀传统文化传播，也可以展示时代精神，并结合所面向对象的特点。确定阅读推广主旨前，应进行前期调研，了解推广对象的阅读状况、需求、期望和兴趣。

2.创造条件

高质量的阅读环境对于阅读至关重要。在开展阅读推广活动时，各种相应的硬件和软件是必不可少的基础，也是全民阅读事业可持续发展的重要保障。因此，阅读推广者需要思考如何善于利用阅读资源。阅读推广活动与许多因素都直接或间接相关，包括书刊、经费、物资、场地、人员、网络、时间、活动方式、管理制度、管理机构、相应法律法规等。在争取相应资源和创造性利用资源时，不能忽视这些因素。

3.周密运筹

阅读推广活动的效果在很大程度上取决于优秀的方案和精到的运筹，创意魅力、资源调配、步骤实施、投入成本、读者响应是开展阅读推广活动有机相联的几个关节点。在处理阅读推广活动中千差万别的各种问题时，应坚持以"读书"为核心，在"拢人"上动脑筋，在"实效"上做文章，在"求新"上想办法，在"持久"上下功夫。俄罗斯的莫斯科每一年通过地铁出行的乘客多达24.9亿人次，为了方便读书，地铁在站台内建起了"虚拟图书馆"。乘客可在站台上通过移动终端扫描代码，浏览虚拟图书馆的书架，免费下载俄罗斯经典文学著作。类似的设计也被应用在城市700辆公交车、有轨电车、无轨电车上，广受好评。

4.协作推进

阅读推广的多元性决定了社会各界的组织和个人都有责任和可能开展阅读推广活动。无论是国际组织、各级政府、社区、家庭、个人，还是教育机构、出版社、书店、图书馆、企事业单位、民间团体、服务业、媒体等，都需要以开放的视野、宏观的高度和先进的理念，在阅读推广过程中加强交流、相互合作，形成联盟，实现资源、方法和成果的共享。努力开展机构协作和个人协作、内部协作和外部协作、区域协作和跨地协作、行业协作和跨界协作、单项协作和全面协作、松散协作和紧密协作。

举例来说，《共同推进智慧城市全民阅读全面战略合作协议》于2014年9月10日由东方网和上海图书馆签署。东方网已在上海布设了数千台智能终端机，遍布各大商场、政府机构、交通枢纽、高校、便利店等地。而"全民阅读"频道在智能终端机和移动APP上开设，为读者提供书目检索、图书推荐等服务。上海图书馆还提供电子书的在线查阅接口功能，并定期推荐优秀电子书籍，为读者提供在线阅读和下载等服务。

5.打造品牌

优秀的阅读推广活动不仅能够实现预期的阅读推广目标,还能够形成文化品牌,提升人们对阅读内涵的理解、阅读价值的认知、对阅读效果的信任和对阅读活动的参与度。品牌的持久要素在于其价值、文化和个性。作为阅读推广主体,应积极寻求阅读推广品牌的支撑点,探索阅读推广品牌建设的规律,通过有意识的个性化品牌打造,使人们在参与阅读推广活动时获得收益。以中国深圳市为例,其推出的"深圳读书月"活动是我国第一个经济特区深圳的文化名片。自创办以来,已成功举办了18届,直接和间接参与人次达到1.06亿。"深圳读书月"始终坚持积极提升阅读理念,持续创新活动项目,以人为本贴近市民,形成了政府倡导、专家指导、市民参与、企业运作、媒体支持的五位一体阅读推广模式。在第15届读书月中,主题为"接力民族精神,创造文明生活",共举办了718项主题活动,其中重点主题活动有55项。创新项目包括编辑出版读书月纪念图书《高贵的坚持》、深圳读书月15年回顾展等纪念性活动,以及广场换书大会、全国打工青年读书征文大赛、年度十大童书评选、编印发布《深圳阅读地图》(反映书城、书吧、图书馆、社区图书室等)、领导荐书、讨论《深圳经济特区全民阅读促进条例》等活动。这些举措使"深圳读书月"活动形成了政府、专家、市民、企业和媒体五方面的合作模式。

6.提升自己

为了开展高质量的阅读推广活动,需要依靠高水平的阅读推广主体,而这些主体最终表现为具体的阅读推广人员。阅读推广人员是阅读推广活动方案的策划者和执行者,他们的素养和能力直接影响着阅读推广对象的态度以及阅读推广活动的实施效果。阅读推广实质上是一种服务,理论上来说,服务者的素养应当接近、等于或者大于被服务者的素养,这样服务活动成功的几率就会增加。因此,作为阅读推广人员,必须在几个方面不断提升自己的能力:首先,要热爱阅读,具备深厚的阅读积累,能够给读者提供有参考价值的意见;其次,要了解读者,善于沟通,赢得读者的信任;还要具备策划和组织能力,能够充分获取和调配阅读推广所需的资源。设立"职业阅读推广人员制度"有助于强化阅读推广人的责任感，提高阅读推广活动的专业水准。

四、阅读推广的经典案例

（一）阅读推广的时间规划与实施

图书馆在阅读推广方面采用了多种成功模式。有些图书馆将阅读推广纳入其日常服务流程，打造了常态化的阅读推广服务模式；而有些图书馆则以特定的时间段为契机，打造了阶段化的阅读推广品牌活动。

1.阅读推广常态化是指将阅读推广活动贯穿全年的日常服务中，持续不断地开展各种阅读活动。沈阳师范大学图书馆采取了常态化的阅读推广模式，通过建立"一个核心，多方合作"的合作模式，将图书馆作为核心，协同校内其他相关部门的力量，有条不紊地安排全年的阅读推广活动。该图书馆设立了专门的阅读推广部门，负责策划读书季、毕业季、迎新季、文化季等四季活动框架，并结合节假日的特点和热点进行创意设计，同时借助新媒体手段，真正将阅读推广融入到日常工作中，使活动无处不在，阅读无时无刻不可见，从而取得了良好的推广效果。

2.阅读推广阶段化是指在日常的阅读服务基础上，结合特定的时间段，开展具有特定主题的阅读推广活动。厦门大学图书馆以毕业季为契机，开展了具有主题性的阅读推广活动。每年在大学生毕业季，图书馆为毕业生准备了一份特殊的礼物。他们利用文案设计、大数据挖掘和分享互动模式，收集和整理学生四年阅读记录和图书馆使用情况等数据，并将其融入到一个名为"圕·时光"的故事中，故事分为缘起、初恋、故事、书单、告别、留言六个章节，通过这个故事向即将离校的毕业生展示他们的阅读足迹。"圕·时光"活动取得了成功，并且还制作了一系列互动纪念品，并推出了"圕·之旅""圕·遇见"等系列活动，从而打造了一个完整的活动品牌。这一系列的活动影响和吸引了大学生，让他们对图书馆和阅读产生留恋和热爱之情。

3.西南交通大学图书馆创新地将游学与阅读融入假期活动中，开展了暑期的"阅读训练营"活动品牌,将阅读与旅行结合起来,形成了假期阅读的推广形式。该活动分为报名、游学和总结三个环节,时间跨越了7至9个月,贯穿整个暑假期间。这项活动在校内外引起了强烈的反响,并已成为校园阅读推广的品牌活动。

4.阅读推广碎片化是指利用读者在学习、工作和生活中零散的时间段,通过互联网途径开展特定主题的阅读活动。江苏大学图书馆以阅读疗法推广为主题,成功开展了一系列活动。活动包括志愿者招募、疗法阅读辅导、利用碎片化时间进行阅读、生理信号测量以及自我心得交流等环节。这些活动得到了学生读者的一致好评。

(二)阅读推广的模式

1.专业阅读推广

清华大学图书馆与校研究生会合作举办的"科学研究训练营"活动是一项有益的探索,旨在推广专业文献资源,提高专业文献的利用率,以满足高校读者的专业需求。该活动主要针对低年级研究生和高年级本科生,通过邀请青年学者、资深学者、学术杂志主编、图书馆馆长等专家进行培训,涵盖图书馆资源揭示与分享、青年学生科研经历分享、英语研究论文写作、科学研究文献调研、高质量论文写作与发表等内容。这一活动将科研训练与数字阅读相结合,兼具趣味性和专业性。通过严格的专业评审和设置丰富的奖项,激励学生的学术志趣,提升他们的文献写作能力,并加强学术资源的推广与使用。同时,通过提升学生的信息获取和使用能力,进一步提高他们的科学研究水平。

2.经典阅读推广

"经典阅读"是哈尔滨商业大学图书馆成功的经验之一。该校以图书馆为中心,设立了由副校长、馆长、专家和教授组成的"经典阅读指导委员会",负责策划、协调和推广全校的经典阅读活动。该委员会以"经典阅读"为主题,结合经典阅读沙龙、经典书目推介、经典图书展览、专题学术讲座、名篇名著朗读、读书知识竞赛等多种形式开展经典阅读推广,形成了一系列阅读活动品牌。其中，经典阅读沙龙是定期举行的活动，每月一次。活动按照确定主题、提供原文、发布通知、阅读思考、导读讨论、报到存档等系统化流程进行，以确保活动的质量和效果。此外，该校还持续开展经典图书推介、名著影视欣赏、读书征文、阅读指导、移动图书馆体验、奖励读书标兵等常规经典阅读活动，以在校园中掀起"读经诵典"的热潮。

第五章　图书馆现代资源提供的服务

第一节　文献传递服务

一、文献传递服务

（一）文献传递服务

文献传递服务是图书馆提供给用户的一种服务，通过某种方式将用户所需的文献从文献源传递给用户。具体来说，用户告知图书馆他们需要的特定已知文献，图书馆以有效的方式和合理的费用直接或间接将文献或替代品传递给用户。这项服务遵循著作权法规定，在允许的范围内，主要传递期刊文章，也可以包括标准、专利、技术报告和学位论文等。任何读者都可以向图书馆申请文献传递服务。

文献传递服务分返还式和非返还式两种。传递方式包括 E-mail、Ariel、Web、FTP、FAX、普通邮寄、特快专递或者自取等。

（二）提供文献传递服务机构的类型

随着计算机及因特网的快速发展，文献数据原件除了通过馆际互借方式取得，亦可利用文献供应机构或厂商所提供的文献传递服务取得。文献传递的机构，归纳成以下 7 种类型：

1.一般商业性文献传递服务

许多一般商业性公司提 Web 版的文献传递服务，涵盖所有学科领域数千万期刊文献索引。

2.专门商业性文献传递服务

有些商业性文献供应者则专注于特种类型的文献。

3.出版者

许多商业性和学会出版社提供其出版期刊的文献传递服务。

4.数据库提供者

许多公司依图书馆所订购或使用的数据库，提供全文文献传递服务。

5.国家图书馆馆藏

许多国家的国家图书馆都有馆藏的检索和全文文献订购传递服务。

6.付费的信息服务

许多学术和公共图书馆以申请者付费为原则，提供文献传递服务。目前各图书馆间合作的馆际复印/互借，即是提供付费的信息服务。

7.信息中介商

一些信息中介商专注于研究服务，另一些则专注于文献传递服务。有些小型信息中介公司雇佣人员到区域图书馆复印文献，提供全文文献传递服务，而大型信息中介公司则自己拥有核心馆藏，并利用各国主要研究图书馆的工作人员来提供全文文献传递服务。

二、文献传递服务机构

21 世纪以来，文献传递服务在中国得以迅速发展。中国文献传递服务的代表主要有国家图书馆、三大图书馆联盟（CALIS、CSDL、NSTL）和上海图书馆。

1.国家科技图书文献中心（NSTL）

NSTL（National Science and Technology Library）是国家科技图书文献中心的简称，是国内最早的联盟式虚拟科技文献信息服务机构。它于 2000 年 6 月 12 日由科技部、财政部等五个部委联合成立，并以文献传递服务为主要业务。同年12月，NSTL网络服务系统正式启用。NSTL采用"统一采购、规范加工、联合上网、资源共享"的运行机制，旨在建立一个国家级的科技文献信息资源保障与服务体系。NSTL网络服务系统作为对外服务的主要平台，通过互联网向全国用户提供全方位的科技文献信息服务。

2.高校图书馆文献传递系统（CALIS）

CALIS（China Academic Library & Information System）是中国高等教育文献保障系统的简称。作为国家支持的高校图书馆联盟，CALIS的目标是在教育部的领导下整合国家投资、现代图书馆理念、先进技术和高校的丰富文献资源与人力资源，建设中国高等教育数字图书馆为核心的教育文献联合保障体系，实现信息资源共建、共知、共享，为中国高等教育提供最大的社会效益和经济效益。高校图书馆馆际互借和文献传递系统是中国高等教育"211工程"总体规划中的公共服务体系之一，于2004年开始运行。截至2010年底，已有200多家图书馆部署和开通了CALIS馆际互借和文献传递系统，其中近100家正式使用该系统。自系统运行以来，各图书馆之间的文献传递量逐年增加，据不完全统计，2009年文献传递总量接近25万篇。

3.中国科学院文献传递系统（CSDL）

CSDL是中国国家科学数字图书馆（Chinese National Science Digital Library）的简称。2002年启动的联机联合编目服务系统是CSDL的重点建设项目之一，标志着中国科学院文献资源联合保障体系已经初步形成。CSDL联合服务系统以联机联合编目服务系统的数据为基础，为科研人员提供以中科院范围为主的馆际互借和原文传递服务，科研人员通过该服务系统可以方便地查询、获取全院各文献机构及国内主要文献机构收藏的中西文图书和期刊资源。

4.中国国家图书馆文献提供中心

中国国家图书馆（以下简称"国家图书馆"或"国图"）文献提供中心成立于1997年。作为国家图书馆信息服务的主要窗口，中心以充分利用文献资源、推动改革开放、发挥国家图书馆职能为宗旨，凭借国家图书馆丰富的馆藏资源和资深馆员的专业能力，为政府、企业和个人提供文献服务。

目前，国家图书馆文献提供中心采取多种方式，包括文献提供、定题检索、馆际互借、文献快递和网络传输，为中央国家机关、重点教育、科研机构以及社会公众提供全方位、多层次、多渠道的信息服务。截至2010年，国家图书馆文献提供中心总的文献提供量达到7万件（册），其中文献传递量为3.5万篇。

5.上海图书馆文献提供中心

上海图书馆丰富的馆藏资源是文献提供服务的基础。1995年，上海图书馆与上海科学技术情报研究所合并，大大充实了馆藏科技资源，其中包括专利、标准、科技报告等科技文献，这些是文献传递的重要内容。近年来，上海图书馆开发了馆藏科技报告数据库、标准数据库、AIAA报告数据库等，对科技资源进行了整合和揭示，并与文献提供服务实现了无缝链接，为文献提供工作和服务带来了便利。

2003年，上海图书馆文献提供中心成立时，年原文传递量不到5000篇；2008年，原文传递量超过2万篇；2009年，原文传递量达到22044篇；2010年，受国家图书馆价格下调的影响，上海图书馆的文献传递量略有下降，为18541篇，文献满足率近90%。

6.国内其他文献传递机构

近几年来，国内文献传递还有一些以各地高校联盟为代表的文献传递联盟。尤其是在CALIS的鼓励和带动下，我国高校图书馆联盟的建设工作取得了长足的发展，北京、上海、广东、江苏、天津、河北等省、市都形成了特色鲜明的高校图书馆联盟，其中"北京地区高校图书馆文献资源保障体系"（BALIS）是最具代表性的。BALIS是2007年建立起来的北京高校图书馆联盟体系，其开展的原文传递服务经历了三年多的探索和发展，目前已达到了一定的规模和水平，对北京高校师生的学习和科研工作提供了很大帮助。

三、文献传递的运作模式

（一）国外文献传递的运作模式

1.国家集中型传递模式

文献传递在不同国家和地区存在多种模式。模式的形成受多方面因素的制约，通常并不存在绝对的单一模式，而是多种模式并存。在英国、法国和加拿大等地，倾向于采取集中型的传递模式，其中一个国家级图书馆或文献中心集中提供本国文献的基本保障，并向国外提供文献传递服务。大英图书馆文献提供中心（BLDSC）是这种集中文献传递的代表机构。每年，BLDSC接收约300万份申请（其中约1/3来自国外），其中约90%的文献来源于其自身丰富的馆藏资源，以满足用户需求。该中心收藏了超过47000种常用连续出版物，大部分本国用户的资料申请可在8至24小时内交付给用户。BLDSC凭借几十年的积累，以其独特的海量馆藏和优质服务成为全球最大的文献提供机构之一。加拿大科学技术信息研究所也是集中型文献传递模式的代表之一。

2.馆际合作型的传递模式

在美国，则开创了另外一种模式。这种模式采取由许多图书馆共同组成并共同支撑的这样一个超大型的馆际联合机构，这个馆际联合机构可能是国家型的，也可能是区域型的。这种模式最成功的范例要属 OCLC （Online Computer Library Center）。OCLC 在 1993 年推出它的网上文献传递服务，在它的书目和文献数据库里所有的记录都提供了收藏馆的信息，以方便用户通过 OCLCILL 进行馆际互借。在图书馆管理系统提供的馆际互借子系统中，建立了专为用户设计的一种新的集中与分散相结合的文献传递联机信息服务系统。该系统拥有统一的终端用户界面，用户只需简单的操作就可以完成联机查询的整个过程。

OCLC 提供数据库访问，并允许用户通过文献供应商、动态信息中心或使用 OCLCILL 系统的其他图书馆直接以电子方式订购文献。一旦请求发送，

OCLC 会自动将其请求轮流发送到潜在的借阅单位，直到得到满意的响应为止。凭借技术支持，OCLC 已成功将传统的文献传递服务过渡到互联网网络化服务。其会员范围已扩展到全球 170 多个国家和地区的几万家图书馆，成为具有全球意义的图书馆联合机构。在中国，CALIS 作为代表的文献传递系统也采用了类似的服务模式。

3.其他传递模式

上述两种模式都属国家公用体系，另外还有许多不属于国家公用文献传递服务的服务机构，比如著名的科罗拉多州研究图书馆联盟系统公司（Knight Rider Information）的 Uncover 系统。这个公司推出了新的动态的万维网站 Uncover Web，让用户能更简便地访问一流的文献传递和最新资料通报的服务机构。系统收录 18000 多种期刊的目次和 80000 多篇论文，同时它的 Uncover Express 系统能快速高效地在 1 个小时内把文献传递给用户。费克森研究服务公司（DAWSDN）以最先进的技术为基础，推出了 Faxon Finder 与 Faxon Express 研究服务系统。该系统结合了代理商提供的期刊目次数据库，并实现了自动化的预订过程和客户报告系统。H3SCD 信息服务公司与多个图书馆签订合作协议，推出了就地的文献传递服务，其中包括 EBSCD doc 服务。该服务使用户能够直接访问全球众多馆藏资源，并创造了一种全新的图书馆、文献传递机构和用户共享文献资源和获取信息的模式。

（二）国内文献传递的运作模式

文献传递服务模式，是指文献服务馆与用户馆之间进行文献传递服务的工作方式。主要有集中式、无中介和分布式、有中介两种：

1.集中式、无中介服务模式

集中式指以提供服务的馆为中心，获取服务的用户馆要在服务馆的馆际互借系统中去开户，并在用户馆系统的读者网关上提交文献传递请求。该模式下，每个用户馆要到至少一个服务馆去开户，而且只能到开户的服务馆去获得服务。若文献传递网中的另一个服务馆才能满足该用户馆的传递请求，需通过开户的服务馆去代为转发请求，否则要到多个服务馆开户才能直接获得服务。如 CASHL、NSTL、LCAS、国家图书馆。

2.分布式、有中介服务模式（服务馆模式）

在该模式下，参与成员馆需安装相同的馆际互借与文献传递系统，并通过协议机构互相传递请求，无需在对方馆内开设账户。换句话说，每个成员馆都可以向安装了馆际互借与文献传递系统的其他成员馆提交请求。在这种模式下，成员馆可以利用本地的用户服务网关收集用户的传递申请，并通过协议机构转发请求，无需登录其他服务馆的用户服务网关或手动提交请求，因此推荐对外请求数较多的成员馆采用这种模式。在该模式下，每个成员馆都安装了系统，可以直接向其他用户馆提供集中式服务，也可以间接向其他用户馆提供分布式服务，因此被称为服务馆模式。在这种模式下，服务馆将原文传递给请求馆的馆际互借员，然后由馆际互借员交给用户。

第二节　数字应用体验服务

作为读者服务的合理延伸，将用户体验服务模式与图书馆服务相结合，是图书馆读者服务的创新，它不但拓展了图书馆读者服务的服务内容与服务方式，还能够体现"以读者为中心"的图书馆核心价值，为读者提供更加优质的服务。

一、用户体验服务概述

（一）用户体验服务概念

用户体验是由唐纳德·诺曼等人于 20 世纪 90 年代提出并推广的概念。国际标准化组织（ISO 9241-210）将用户体验定义为人们对于使用或期望使用的产品、系统或服务的认知印象和回应。用户体验包括使用前、使用中和使用后的各个方面，涵盖了情感、喜好、认知印象、生理和心理反应、行为和成就等。用户体验服务最初应用于经济领域，是从服务中独立提取出来的。它通过各种方式与用户互动，创造独特的感知价值，提高用户对产品或系统的忠诚度。

（二）图书馆应用现状

在国外图书馆界，从 2000 年开始，美国国家科学基金（NSF）资助的国家科学数字图书馆（NSDL）项目就一直非常重视图书馆在数字服务方面的用户交互问题，不但提供了多个门户以适应用户的个性化需求，还设立了交流门户用于用户与用户、用户与图书馆员的交流互动。荷兰公共图书馆协会资助的"数字化青少年图书馆"在 2008—2012 年间开展了青少年在不同情境下的信息行为研究，为数字环境下的青少年图书馆网站的交互提供支持，麻省理工学院图书馆则开展了用户体验的实践，设置体验馆员和体验小组参与图书馆日常业务管理。

在国内，图书馆界对用户体验服务进行了一系列研究。其中，王世伟教授提出了体验图书馆的概念，并对其进行了定义和描述；朱小玲提出了体验式服务的概念和实施措施；杨燕玲在《关于高校图书馆的体验式服务》一文中提出了体验式服务的评价标准；王培林提出了图书馆体验服务的方式。除了理论研究，国内的各个图书馆也开始应用和实践相关概念。例如，杭州图书馆音乐分馆和中国人民大学多媒体体验中心通过以多媒体资源为重点，为读者提供全方位的体验服务。此外，图书馆的网络服务也是提供体验服务的显著特点，通过建设网站来提升用户在网络上的体验效果。

二、用户体验服务模式设计

在现代技术条件下，用户体验服务属于现代图书馆服务的一部分，可以与图书馆诸多业务领域相结合，为读者提供各种基于体验的图书馆服务。以国家图书馆数字图书馆体验区为例，将用户体验服务模式与数字图书馆相结合，为用户提供包括个性化服务、参与式服务、情感式服务、自助式服务和人性化环境在内的各类体验服务和环境，其设计维度包括服务内容、服务形式、服务对象和技术手段四个方面。

（一）服务内容

服务内容是图书馆开展用户体验服务的核心。整体上来看，图书馆服务内容包括文献实体服务、书目信息服务、参考咨询服务、信息检索服务和网络化知识服务五个形态，主要集中在知识、信息的提供、导航与开发上，而将用户体验服务引入图书馆服务，是对图书馆服务的内容创新。图书馆数字图书馆体验区包含数字图书馆推广和普及、资源检索与揭示、图书馆功能体验、情感体验和社会体验五部分。

1.图书馆的推广与普及

随着数字图书馆的建设和发展，特别是国家数字图书馆工程和数字图书馆推广工程的推进，图书馆馆藏资源的类型和获取方式发生了变化。因此，对于大多数图书馆来说，通过多种推广手段从不同角度向社会公众介绍数字图书馆变得至关重要。数字图书馆体验区首次将用户体验服务模式与国家数字图书馆建设成果展示结合起来，通过多种互动体验方式来推广和普及数字图书馆、国家数字图书馆工程和数字图书馆推广工程。该体验区介绍了数字图书馆的概念、组成和特点，以及国家数字图书馆工程和数字图书馆推广工程的相关情况。在提供图书馆用户体验服务的同时，全面展示了国家数字图书馆的建设成果。

2.资源检索与揭示

资源的检索与揭示是图书馆的基本职能之一，也是图书馆用户体验服务的一项重要内容，包括资源检索和资源揭示两个方面，这两个方面都属于交互体验的过程，直接影响用户体验的效果，因此国家图书馆数字图书馆体验区利用文津搜索系统和 OPAC 联机公共目录检索为读者提供简单快速的检索工具和丰富全面的资源揭示系统，资源揭示的范围覆盖国家图书馆已有的纸质实体资源、数字化自建资源、多媒体资源、外购商业数据库和数字化的古籍善本等。

3.图书馆功能体验

数字图书馆体验区提供环境体验和业务体验两个功能。环境体验通过场景设计，利用声音控制、灯光控制、影片控制和系统控制等手段，为读者打造一个逼真、形象的人性化体验环境。业务体验则通过设置体验岗位，招募志愿者参与体验区的日常管理和业务活动，让他们了解图书馆、认识数字图书馆体验区，并熟悉各种工作流程和管理规范，以提升数字图书馆体验区的品牌价值。

4.情感体验

情感体验指读者在享受图书馆服务时潜在的情绪或情感，数字图书馆体验区情感体验的主要内容，就是针对具有不同情感共性的读者人群，提供符合其心理期望的情感式体验服务，如在提供图书馆用户体验内容中加入怀旧情感体验、求知情感体验和娱乐情感体验等服务，能够有效地提升读者用户群体的情感认同度，增加图书馆读者忠诚度。

5.社会体验

数字图书馆体验区重视读者与社会的互动关系。当读者的体验目标超越功能和使用价值，包括表达自己的知识价值、社会观价值和世界观价值，并希望得到社会认可时，这成为一种需求。为满足这部分读者的需求，数字图书馆体验区通过开展用户体验服务，提供了一个交流平台。例如，在体验区内的"每日课堂"空间区域，提供特定的素材和主题，以促进主题讨论，让读者能够充分交流，满足他们在社会体验方面的需求。

（二）服务形式

服务形式是开展图书馆体验服务的有效手段。传统图书馆服务形式以"藏书建设"为主，为读者提供借阅服务，其服务形式主要包括外借、阅览和馆际互借等，而用户体验服务强调以读者为中心，通过体验、互动等多种服务手段提升读者用户的参与热情和情感认同。与传统图书馆服务形式相比，图书馆用户体验具有多样化的服务形式，以数字图书馆体验区为例，服务形式包括讲解服务、自助服务、多媒体展示、多媒体互动和主题活动等。

1.讲解服务

每天都会进行至少两场专为普通读者设计的讲解服务，包括场馆讲解、主题活动讲解和读者讲座等。场馆讲解主要向到馆读者介绍体验区的各个展区的建设背景、服务内容和方式，并引导读者参与实际的互动体验。主题活动讲解主要是为了配合体验区举办的各类读者活动而提供的临时性讲解服务。读者讲座则利用体验区的"每日课堂"，定时定点地进行读者培训。

2.自助服务

图书馆自助服务就是在图书馆提供必要的条件下，实现读者自行完成书目查询、办卡与充值、资料阅览和自助问询等过去只能由图书馆管理员手工操作才能完成的相关事宜，为了提高读者的自助服务体验，数字图书馆体验区提供了多种自助服务方式，包括自助检索机、自助办卡机、触摸屏资源浏览系统和读者自助问询服务系统等。

3.多媒体展示服务

多媒体展示是一种利用网络、传统媒体、电视媒体和投影灯等方式展示信息的手段，包括动画、影片和互动程序等形式。在数字图书馆体验区中，多媒体展示是开展用户体验服务的重要方式之一。体验区主要通过两种方式进行多媒体展示：动态数据和影片。动态数据展示向读者展示国家数字图书馆和数字图书馆推广工程的实时数据，包括资源建设和使用情况、用户注册、在线和访问情况、国家图书馆的实时借还书情况，以及数字图书馆推广工程的进展情况等内容。多媒体影片展示主要向读者展示数字图书馆资源的建设成果，数图工程业务子系统，以及国家图书馆提供的各类特色数字资源服务和多媒体资源试听服务。

4.多媒体互动服务

数字图书馆体验区采用了多种多媒体互动方式，包括报纸触摸屏、虚拟阅读站、数字电视、手持阅读器、智能移动终端阅读、二维码增强现实服务和电子沙盘互动系统。其中虚拟阅读站利用红外线翻书系统捕捉读者的行为动作，从而实现资源的浏览；二维码增强现实服务则通过扫描读者在体验区内拍摄的二维码,在增强现实系统显示屏上使图书里的文字或插图"活"起来。

5.主题活动

为了充分提高读者用户参与体验服务的热情,数字图书馆体验区定期举办各类主题的读者活动。

(三)服务对象

服务对象的研究是情感式服务的基础。为了提高图书馆用户体验的效果,数字图书馆体验区的用户体验服务除了面向大众读者,还对不同读者群体进行研究,以满足特定读者群体的体验需求。不同读者群体通常具有一定的共性,包括群体心理。不同文化背景、社会阶层和职业特点的群体心理存在个性差异,这些差异会在不同服务对象对用户体验的认知、理解和感受上显现出来。例如,不同年龄段的读者对互动体验的参与热情有所不同,不同学历背景的读者对互动体验的内容和理解也存在差异。图书馆开展用户体验服务的内容会对某些特定的用户群体产生较大的影响,同时图书馆的用户群体特征也会反过来影响图书馆用户体验服务的开展和实施效果。为了吸引更多读者参与体验服务,在开展图书馆用户体验服务时,需要研究图书馆的服务对象,以满足用户群体的心理需求。

(四)技术手段

技术手段是营造人性化环境的必要条件。在现有技术条件下,图书馆常用的技术手段包括多媒体互动技术、数字媒体技术、智能技术、虚拟现实技术和网络技术等。

1.多媒体互动技术

多媒体互动技术是利用先进的视频动作捕捉系统和成熟的三维游戏引擎将传统空间转换为互动空间的一种技术。它主要依赖光电感应、图像识别和语音识别等技术,通过非接触方式实现人机互动。多媒体互动技术可分为两类:使用影像采集感应器和不使用影像采集感应器的多媒体互动技术。数字图书馆体验区应用了多媒体互动技术,通过摄像头图像识别技术和投影仪动作捕捉技术，在互动体验区内设置了增强现实、虚拟翻书和虚拟图书馆展项，提升了读者互动体验的趣味性。

2.数字媒体技术

数字媒体技术是通过现代计算和通信手段，综合处理文字、声音、图形、图像等信息，使抽象的信息变成可感知、可管理和可交互的一种技术。它在图书馆开展用户体验服务中承担着场景设计、形象设计、互动程序设计等重要职能。

3.智能技术

智能技术在数字图书馆中的应用领域包括智能信息访问、智能信息搜索、个性化信息服务、信息代理、语义网和社会网络应用等方面。这些应用主要依赖软件、硬件和网络设施，并使得机器在人机交互场景中能够更准确地理解人类行为并做出正确反应。数字图书馆体验区通过一些代表性平台，利用智能信息访问与搜索平台、智能终端设备和移动互联网，以及 P2P 和自适应流媒体技术，以双向互动的方式向读者展示智能技术在图书馆中的应用与发展前景。

4.虚拟现实技术

虚拟现实技术是计算机仿真技术的一个重要方向，主要包括环境模拟、感知、自然技能和传感设备等方面。通过虚拟现实技术，图书馆能够在用户体验场所生产视觉、听觉、触觉，甚至是嗅觉和味觉的多种感知，同时对人类的运动方式做出实时响应，并将结果通过交互设备反馈到用户的感知系统中，完成与用户的互动体验过程。

5.网络中控技术

网络中控技术是利用通用的 TCP/IP 通信协议，通过以太网连接中央控制器和各种终端设备，实现对终端设备的管理与控制。为了提升读者的互动体验效果并方便设备的管理与控制，数字图书馆体验区采用了网络中控技术建立了一套网络中控系统。该系统由中央控制器、中控平台、计算机、多媒体设备、灯光照明设备和以太网组成。通过该系统，可以对计算机、电视机、投影仪和多媒体影片进行控制，同时也能够对照明设备进行控制，以便根据实际需求营造不同的体验氛围。

三、国家图书馆应用实践

（一）空间布局

国家图书馆数字图书馆体验区分为若干个主题展区，包括文化工程展示区、数字资源展示体验区、数字图书馆互动体验区和新技术探索体验区等，每个主题展区各有特点，具有不同的功能。

1.文化工程展示区

该展区以介绍和宣传为主要目的，利用多媒体设备和移动互联技术进行展示。展示内容主要包括近几年国家数字图书馆工程和数字图书馆推广工程的建设成果。内容涵盖国家数字图书馆的概念、主要特点，以及数字图书馆推广工程的建设目标、历程和成果等方面。同时，利用数据通信技术将各地方图书馆推广工程的建设情况实时汇总，并在展示屏幕上显示，包括虚拟网/专网联通情况、硬件设备情况、用户情况、应用服务情况以及资源使用和推广情况等。

2.数字资源展示体验区

该展区主要展示近几年来数字资源的建设成果，展示内容包括数字化形式的图书、期刊、报纸、论文、古籍善本、音乐和影视等。随着数字图书馆建设的不断深入，大批珍贵的历史文献以文字、图片、声音和影片等资源数字化的形式加以保存和利用，其表现形式、获取方式和传播途径也与以往不同，数字资源展示体验区通过动画播放、屏幕展示和试听体验的方式向读者演示各类数字资源地获取和使用，使广大读者能够轻松地利用各种数字资源。

3.数字图书馆互动体验区

该展区中的所有展项都以互动体验为主要特点，利用各种互动体验设备提供数字条件下的图书阅读新方式。这些设备包括触摸屏阅读、虚拟阅读、数字电视、手持阅读器和移动智能终端等。此外，该区域还设有"每日课堂"讲座和多种自助服务设备，帮助读者轻松、便捷地了解和完成各种图书馆业务。

4.新技术探索体验区

新技术探索体验区主要用于探索和推广当今最新技术，以举办读者活动的形式不定期地展示新技术与图书馆结合的方式和方法，举办的活动主要以新技术环境与图书馆服务相结合、现代信息技术条件下数字知识获取新形态和各类技术在图书馆中的应用等内容为主题。

（二）资源组成

国家图书馆数字图书馆体验区以数字图书馆建设成果为资源基础，以数字图书馆推广工程建设成果为重要展示内容。

1.国家数字图书馆工程

国家图书馆作为国家数字图书馆工程的服务中心，涉及数字资源的加工、存储、检索、传输和利用等全过程。它包括资源采集与获取系统、数字资源加工系统、数字资源组织与管理系统、数字资源发布服务系统等多个核心业务系统。资源类型包括图书、期刊、报纸、论文、古籍善本、音乐和影视等。其中，数字化的甲骨文、古籍善本、各类民国文献和"志鸟专藏"等特色资源是最具代表性的。截至2015年底，国家图书馆的数字资源总量为1160.98TB，长期保存量为1041.18TB，服务量为734.52TB。这庞大的数字资源量为数字图书馆体验区提供了丰富的资源基础。

2.数字图书馆推广工程

数字图书馆推广工程是重要的数字文化建设工程，其目标是实现数字图书馆的服务惠及全民。截止到2015年10月，数字图书馆推广工程覆盖全国40家省级图书馆、479家市级图书馆，服务辐射2900多个县级图书馆，资源总量超过10100TB，其丰硕的成果成为数字图书馆体验区的重要展示内容。

第三节　图书馆自助服务

自助服务是现代化图书馆的重要标志和发展趋势之一。它让读者根据自身需求，通过智能设备和计算机网络技术，按照规定的流程完成以前由图书馆员负责的各项服务活动。公共图书馆的自助服务包括文献自助服务、自修室座位自助登记、自助检索上机、自助文印服务以及通过网络、手机、短信和电话进行的其他自助服务。

一、图书馆自助服务

自助图书馆是一种现代化的图书馆服务方式，也被称为"无人值守图书馆"。它以自动化处理为核心，利用网络通信、计算机和门禁监控等技术，为读者提供智能化的图书借还服务。自助图书馆拥有多种名称和表述，例如无人服务图书馆、图书自助服务站、微型自助图书馆系统等。在自助图书馆中，读者可以独立完成图书的借还，无需图书馆工作人员的协助。这种服务方式不仅解决了读者在开馆时间受限的问题，还体现了图书馆人性化的服务理念，提升了图书馆的服务形象和水平。

（一）服务理念

作为现代科学技术与以人为本理念结合的自助图书馆，完美地诠释了免费、快捷、平等、开放的服务原则，将传统的"被动服务"模式转换为"主动服务"模式，使图书馆资源围绕读者展开，充分体现了"以读者为中心"这一服务理念。自助图书馆的服务宗旨是将图书馆资源实现最大化利用，使读者的阅读需求随时随地得到满足。自助图书馆以读者的需求为发展的驱动力量，对传统运行模式加以改革，对图书馆的社会价值和服务质量、理念起到了重新塑造的作用。另外，读者通过使用自助图书馆，可以摆脱过去主要依靠图书馆员的指导和意志完成信息咨询、图书借阅归还等服务模式，可以完全按照自己的爱好和意愿进行图书的选择和利用，这也是人性化的另一种体现。

（二）服务模式

1.馆内读者自助

许多图书馆为了提供全天候的服务，设立了专门的空间或附属建筑用于放置自助设备。读者可以利用这些设备进行图书馆的检索、借阅和归还等服务，使得图书馆可以进行24小时的自助服务。尽管这些设备在图书馆或附属建筑内提供了独立的24小时服务，但它们仍然依赖于图书馆或附属建筑的存在，因此缺乏完全的独立性。

2.ATM式自助图书

ATM式自助服务设备可以根据图书馆的具体服务而定制，这种设备通过还书就可上架借出的功能可以有效减少人力和物力成本。低成本和网点化铺设是其主要优势，但是这种设备也存在着可供选择的图书资源较少，服务内容较单一（仅包括借还功能）等局限性。

3.漂流亭式自助图书

传统的图书漂流是指在图书馆公共位置放置的图书，读者无需进行借阅手续即可自由阅读。而漂流亭式图书馆则是传统方式的延伸和补充，它结合了RFID技术和图书漂流，能够辨别多种证件，有效提高图书的利用率。然而，漂流亭式图书馆提供的服务相对单一。

4.24小时街区自助图书馆

24小时街区自助图书馆不仅能够为读者提供图书借阅、归还、办证、检索、预约等基本服务，而且集成了RFID、条形码技术，在架图书对读者而言一目了然。24小时街区自助图书馆可以提供更为全面的服务功能，也可以实现网点化建设，但是这种自助图书馆所依靠的RFID设备受限于技术、物流等方面的支持。

服务类型包括独立自助图书馆服务区、图书馆ATM、图书漂流亭、街区

24小时自助图书馆等几种。自助图书馆系统由自助图书馆服务机、图书馆监控中心和物流管理系统等组成,其中自助图书馆服务机是核心。自助图书馆能够完成大部分图书馆业务流程,包括申办新证、自助借书、自助还书、预约服务、查询服务、资源防盗、资金处理等。由于其功能强大且服务过程快捷便捷,在问世初期就受到世界各地读者的喜爱和赞赏。有专家认为自助图书馆是继实体图书馆和虚拟图书馆之后的"第三代图书馆"。

二、自助图书馆的系统和特点

(一)自助图书馆系统

对于自助图书馆起支撑作用的系统应该包括:基本服务设备、图书管理系统、馆内监控设备、图书损坏识别技术、RFID标签识别技术等。其具体功能如下。

1.基本服务设备

要实现与传统图书馆相同的服务功能,如图书借阅、归还、预约等,就需要依靠数据的管理和存储技术的支持来实现自助图书馆与总馆之间数据的完全共享。为保证图书提取、上架工作的顺利完成,坐标定位技术可以克服机械手臂无法精确定位这一难题,完成ATM式自助图书馆的图书提取和自动上架。

2.图书管理系统

为避免自助图书馆的满架或空架问题,需要实时监控馆内图书资源,控制图书的数量。图书管理系统可分析自助图书馆的图书供需情况和读者对图书资源需求的变化,并根据此进行资源调配。此外,图书管理系统还能在故障发生时自动发出警报。

3.馆内监控设备

馆内监控在自助图书馆中起着重要作用,包括防盗、视频监控和门禁控制等功能。它确保各项服务在自助图书馆正常运行时正常进行,同时在出现意外或发生私自带走图书等违规行为时能够自动报警。通过门禁上锁和视频记录，可以事后查看事件的全过程。馆内监控设备在一定程度上保障了自助图书馆的安全性。

4.RFID 标签识别

自助图书馆内的图书都贴有 RFID 标签，这种标签和条形码、磁条是同时存在的。可以使图书不局限在某一个自助图书馆内，能够在总馆和其他自助馆内自由流动，贴有 RFID 标签的图书具有更易被机器设备辨别的优势，方便图书的借阅、归还等工作。

5.图书损坏识别

图书损坏识别技术可以通过计算机进行控制，对损坏的程度是否需要报警可以由计算机进行设定。在识别过程中，在终端服务器上可以通过文字或者语音的方式，显示对图书损坏检测的评价和结果。

（二）图书馆自助服务的特点

自助图书馆作为一种新的服务模式，有着不同于传统图书馆的特点。

1.服务性

自助图书馆的发展初衷是让读者自主为自己提供服务，摆脱传统的馆员服务。读者可以根据自己的时间、兴趣和爱好等自主操作设备，完成图书的借阅和归还等一系列活动，并且其服务质量不亚于传统服务。这种自助式服务使读者完全摆脱传统图书馆服务的限制，可以根据自己的需求自主操作设备，不受时空限制，充分展现了自助图书馆的服务特点。在整个自助服务过程中，读者是服务的执行者和操作者，同时也是享受服务的对象和受益者，体现了主体和客体的相互关系和统一。

2.科学性

目前，自助图书馆广泛采用 RFID（Radio Frequency Identification）技术，这是一种非接触式自动识别技术。它通过发出的射频信号，在空间上进行无线接触信息传递，并通过传递的信息来实现对物体的自动识别。自助图书馆依靠这种技术为读者提供智能化的图书借还服务，从而实现图书馆的自动化服务。通过 RFID 技术，自助图书馆引入了全新的服务方式，提高了广大读者的满意度和便捷性。同时，科学运用 RFID 技术突出了人性化的服务理念，并推动了图书馆服务手段的不断创新。

3.自由性

传统模式下的图书馆由于受到开、闭馆时间的限制，无法满足读者对书籍的全时需求。读者需要根据图书馆的开放时间来满足自己的需求。这样读者的需求就有很大的限制性，因而这时候需要一种更加自由的服务，自助图书馆就应运而生。自助图书馆由于其采用的是人机模式，运行时间不再受到限制，读者可以更加自由地根据自己的即时需求来选择时间借阅书籍。这种全自由的 24 小时服务模式也是国内外图书馆发展的必然趋势。另外，自助图书馆使民众的阅读空间也变得更加广阔。它将有范围的传统图书馆扩大，为读者提供了一种无障碍的阅读环境。

4.高效性

作为一种全新的图书馆服务项目，自助图书馆在建设方面具有传统实体图书馆无法比拟的优势：占地面积小、建设成本低、展现效果快、建设周期短。这使得自助图书馆成为继传统图书馆和数字图书馆之后的"第三代图书馆"。自助图书馆更贴近读者的生活，选址、布局和交通等方面都体现出便利快捷的特点。此外，自助图书馆以无专人看守、自助办证、自助借阅和自助归还等便利条件呈现出形式上的特点。自助图书馆的运用大大提高了图书馆文献资源的利用率，并充分展现了自助图书馆工作的高效性。

5.广泛性

自助图书馆的推出后，受到越来越多读者的欢迎和使用，借阅量和阅读量明显增加。由于自助图书馆的便利性，许多读者选择在闲暇时借阅图书来充实自我和提升个人素养。自助图书馆的广泛应用超出了传统图书馆的范畴。这种广泛应用不仅提供了便捷的阅读平台给广大读者，还提升了图书馆自身的品牌形象，并对城市的文化事业建设产生积极影响。

三、自助图书馆的建设与维护

（一）自助图书馆的建设

自助图书馆的建设可以从政策有力支持、经费保障、自动化现状与整合、文献资源保障、业务调整保障、运营模式规划等方面进行思考。

1.政策有力支持

自助图书馆的建设和服务涉及社会的方方面面，包括项目建设及运营经费持续保障部门、布设区域的物业主管单位、资源提供及服务融合方的区域图书馆等。而作为公益文化单位，图书馆自身的推进力度与统筹权力却非常有限，因而需要地方政府制定相关政策来予以引导和规范。涉及自助图书馆的建设实施、布点规划、运营模式、绩效评估等各个层面。

2.经费持续投入

自助图书馆的资金投入包括一次性建设资金和年度运营资金。一次性建设资金用于启动自助图书馆的建设，而年度运营资金用于维持其正常运营，包括能源消耗、维护和物流等基本费用。虽然自助图书馆是一种节约型的服务设施，具有规模经济效益，但仍需要启动和运营资金的支持。在财政资金有限的情况下，地方政府通常会将主要财力投入到首要保障基本服务上，财政预算优先考虑最紧迫需要解决的问题。而自助图书馆提供的就近便捷服务具有一定的超前享受性。因此，自助图书馆的建设周期、延续性和运营保障对地方财政预算造成了很大的压力。在规划和建设自助图书馆项目时，图书馆应以实际需求为出发点，以持续保障资金为前提，结合地方财政和图书馆经费等实际情况，适度控制建设规模。同时，在后续运营过程中，选择适当的配送模式、网络组网模式和维护响应标准，以确保最高的运营投资效益比。

3.文献充足保障

文献资源的充足性、可读性和及时更新对自助图书馆的运行效益产生重要影响。图书馆可以通过资源储备与规划、资源调配与更新、资源整合与管理等方面来组织和建设文献资源。在项目实施前，图书馆应详细设计文献的采购渠道、品种配备和年度更新计划，以确保充足的文献资源储备，并制订长期规划来保障自助图书馆的文献资源。项目实施后，为确保在架图书的可读性，图书馆应及时更新文献资源，并制定可行的图书调配原则和下架滞架文献的策略。在全城统一服务后，中心图书馆需要统一整合其他成员馆的文献资源，包括入库办法、资产管理和流通管理等，以确保文献资源的财产安全。

4.与已有自动化设施的集成

自助图书馆的自动化设施整合包括RFID技术整合和应用系统集成。RFID技术可以显著提升图书馆的自助服务水平和文献管理效率。在采用条形码和磁条识别系统的图书馆中，如果打算升级到RFID系统，需要评估是否需要进行升级工作，包括RFID标签和加工、基础流通设施以及业务系统集成等方面的投入。应用系统集成的充分性对于项目后期的稳定运作和管理规范性至关重要。因此，在项目建设实施前，图书馆应重点考虑已有图书馆业务系统集成的内容、实施难度、实施过程和实施步骤等方面的问题，包括读者数据和业务数据的技术集成与互通，以及管理平台、资源平台和服务平台在图书馆内部业务流程中的平稳过渡。

5.与原有的业务体系的整合

自助图书馆的运行和服务投入后，图书馆的服务模式增加了馆外服务内容，并将文献资源以读者阅读需求为中心进行调整。为了顺利开展自助图书馆的各项文献服务，图书馆需要调整和变革原有的业务流程和部门组织结构。例如，建立专门的运营中心来协调和组织自助图书馆的相关工作，建立和完善预借书库，并制定预借送书服务规范等。通过业务重组，既保障了自助图书馆服务的高效性和顺畅性，也使其成为整个图书馆不可或缺的一部分。随着自助图书馆各项业务的持续推进和服务的深化，图书馆需要将其纳入远景规划范畴，以确保自助图书馆获得持续稳定的应用效益。图书馆需要做好重组和变革的准备，并且这种调整将随着自助图书馆的建设和服务规模的不断变化而持续进行。

6.建设运营模式的长远规划

深圳地区在早期进行自助图书馆的研制开发和试点建设时，采用了政府全额投资的模式进行实施。随着自助图书馆应用规模的扩大和管理服务经验的成熟，其他图书馆在引进自助图书馆时可以先进行试点，并制订长远规划。待自助图书馆品牌影响力和服务宣传效果得到充分展示后，可以考虑与企业、商业团体等共同投资建设和共同进行维护和运营，采用市场化的方式进行建设和维护。同时，可以探讨和试点自助图书馆的全外包运营管理服务模式，借鉴银行 ATM 系统的成功运营经验，租赁自助图书馆设施、采购第三方自助图书馆运营维护服务等整体模式开展自助图书馆的建设和服务。这样可以大大节约自动图书馆建设和运营的时间成本和人力成本。

（二）自助图书馆的维护

1.日常维护问题

考虑到人为破坏及天气情况的影响，对自助图书馆的日常维护就显得十分必要。为减少不必要的维护经费，专家建议在自助图书馆的普及推广过程中，应该加强对广大读者的辅导教育，使读者掌握其操作方法。对于天气等不可抗拒因素，可以在设计过程中采用垫高设备和防水装置等来避免。

2.技术问题

由于自助图书馆的监控、服务机和物流系统通过网络相互连接，存在病毒感染或恶意攻击服务机等风险，可能导致自助图书馆瘫痪。为此，专家建议采用 MPLS-VPN 加密专网技术，结合流量控制和服务等级划分，为读者创建专用虚拟网络，将自助图书馆服务机与关键核心网络隔离，确保自助图书馆运行的安全性和危机应对的可控性。

（三）自助服务体系

自助服务是一种读者服务方式，指在一定条件下，读者能够自主、灵活地完成以前由图书馆员完成的书目查询、藏书借阅、资料检索、文献复印等活动，根据自身阅读兴趣、需要偏好和研究重点进行自主服务。图书馆自助服务的发展与新技术的发展密切相关。例如，RFID 技术作为自助借还服务的基础，为图书馆的流通服务带来了全新的机遇，节省了人力和管理成本，为读者提供了 24 小时无间断的服务，是一种革命性的改进。而自助打印、扫描等服务则依赖于先进的设备和无缝的认证机制。

1.自助借还系统

国内最早启用自助服务的应该是 2005—2006 年落成的广东东莞图书馆和深圳图书馆新馆，目前国内规模较大的大学图书馆如北京大学图书馆、同济大学图书馆、中山大学图书馆、北京理工大学图书馆等，公共图书馆如中国国家图书馆、首都图书馆、杭州图书馆等都配备了多个自助借还终端。

2.自助图书馆

深圳图书馆新馆是 2006 年建成并开放的一座被誉为"第三代图书馆"的建筑。其中，城市街区 24 小时自助图书馆是该系统的亮点，由自助图书馆服务机、图书馆监控中心和物流管理系统构成。自助图书馆服务机是核心部分，包括浏览书架、电脑操作台、网络查询台、图书信息浏览屏、还书分拣箱和现钞验收机等设备。这个系统在很大程度上具备了图书馆的所有服务功能，并且更加高效、便捷。读者通过自助服务机和网络、物流系统可以获得几乎所有图书馆的服务，如申办新证、借书、还书、预约借书和预约取书等。同时，他们还可以查询馆藏目录和读者信息，并直接从终端访问各类数据库。

3.自助复印/打印/扫描服务

近年来，国内许多图书馆配备了自助复印打印设备，为读者提供了"无人管理"的自助式打印复印服务。这种服务方式既能节省图书馆的人力成本，也能减少读者排队等待的时间。同时，由于收费相对较低且采用自助结算模式，可以大大减少纠纷的发生。

一些大学图书馆如北京大学图书馆、清华大学图书馆、浙江大学图书馆，以及公共图书馆如中国国家图书馆和深圳图书馆，都采用了联创自助打印复印扫描系统。该系统引入了"自助式无人化"的管理模式，通过一卡通等身份认证和收费方式，实现对使用者、使用时间、内容和费用的精确控制。在接入网络的所有电脑上，为读者和管理员提供方便和经济的打印、复印和数字化扫描服务。

4.自助编辑制作服务

随着教学模式和学习方式的改变,大学对于学生独立或协同完成生动作品的能力、对于学生的多媒体制作和展示能力,都提出了更高的要求,所以有了"多媒体素养"的提法。为了完成课程的作业,同学们常常不仅需要提交一篇文字报告,而是要提交含有实验结果或创作效果的PPT、视频短片等,读者需要图书馆提供丰富的素材以及相关的设施,帮助他完成"作品"。

5.自助学习空间

高校图书馆可以将原有的电子阅览室、书库和自习室进行整合,按学科分类设置一些集资源、设备、人员和空间为一体的自助学习空间。这些学习空间除了要满足基本的学习环境需求,如舒适的光线、适宜的温度、通风良好的条件,还要提供多媒体计算机等辅助学习创作的设备,以及打印、复印、扫描和传真等外围设备。此外,还应提供丰富的纸质和数字文献信息资源,并配备经验丰富的馆员,随时为师生解决疑难问题。

(四)自助图书馆的工作流程

自助图书馆的设备包括:门禁系统、图书检测设备、视频监控设备和自助借还机。

1.门禁系统

用于对读者身份的验证。要进入自助图书馆首先要刷卡,刷卡器通过读取读者证的条码信息来识别该读者是否为本馆有效读者,并控制自动门的开启和关闭。

2.图书检测设备

图书检测设备是对图书出入馆时进行磁检测。自助图书馆使用的是可消充磁的安全磁条(EM-STRIPE),检测设备与自动门形成电控物理连接,自动门根据检测设备的检测状态(无磁状态或有磁状态)做出开门、锁门的响应。

3.视频监控设备

对自助图书馆内的情况进行监控,它可以由多个摄像头组成。当检测设备发出报警后,便启动与之联动的录影设备,从各个角度对室内的情况进行抓拍或录像。

4.自助借还机

自助借还机由触摸屏、激光条码扫描仪、消充磁设备组件和收据打印机构成。通过网线和接口软件，自助借还机与业务系统进行通信。读者在触摸屏上点击操作图书借还时，借还机几乎同时完成了对图书磁条的充消磁工作。借阅成功后，打印机会输出借书凭证。

第四节　图书馆空间服务

一、图书馆空间

（一）图书馆空间的演变

根据空间生产理论，空间的变化动力源于空间形态的演变和动态发展过程，即空间反映了社会实践和社会关系，人们在特定空间内的活动受到社会约束。社会发展的规律表明特定社会关系的发展必然伴随着社会矛盾，这些矛盾推动空间形态的变化，从而展现出一种动态发展过程。作为社会实践产物的图书馆空间也随着不同社会形态的运行而变化，并经历了从低级到高级、从简单到复杂的历史发展过程。

1."闭锁式"的储藏空间

在古代封建社会和小农经济模式的影响下，古代图书馆呈现出"闭锁"形态。这意味着图书馆主要由私人的"藏书室（楼）"组成，规模和结构与权力地位相匹配，仅供少数人使用，实行封闭的管理方式。由于当时社会经济和文化发展水平有限，原始文献载体珍贵且利用和传播困难，再加上封建社会的自我封闭特征，导致当时的图书馆仅仅是文献存储空间，功能单一，重视收藏而轻视使用，收藏的图书仅受到藏家兴趣的限制，形成了一个封闭的循环系统。随着封建社会生产力不断提高，文献载体发生巨大变化，文献的记录和传播得到发展，古代图书馆的藏书范围逐渐扩大到非统治阶级，私人藏书的范围也逐渐增大，推动了古代图书馆社会形态的进一步发展。

2. "开放式"的公共空间

近代社会中，图书馆经历了与古代图书馆不同的重大转变，展现了质的飞跃。它向社会大众开放，打破了封闭循环系统，开始探索为公众提供文献服务的理念。首先，图书馆作为社会文化机构确立了地位，除了储藏文献，还开始接纳社会公众的利用，发挥了社会教育、文献传播和文化遗产保存等多重功能；其次，图书馆根据不同类型和公众需求进行了分类划分，公共图书馆成为主流形式，图书馆空间摆脱了以收藏为主的模式，转向以利用促进收藏的模式；再次，图书馆的文献管理水平提高，管理手段丰富，文献目录学理论的应用使得文献整理更有序，图书馆之间的交流与合作推动了整体发展。

3. "高科技式"的互动空间

20世纪电子计算机的广泛应用与普及推动了信息社会的发展，也促进了图书馆向现代化转变。图书馆随之开启了现代化进程。随着信息社会网络化和信息化的快速发展，信息量剧增，加上电子文献形式的出现，对文献储藏空间提出了挑战，使得图书馆的储藏空间变得多样，包括实体空间和虚拟空间。同时，社会大众的需求也不断变化，他们希望图书馆成为自己生活中的"第三空间"，提供学习、交流、体验、休闲和舒适等多功能的空间场所。借助现代技术和科学管理手段的广泛应用，图书馆空间不仅提供藏书借阅的功能，还呈现出多功能、多样化和个性化等特点，与社会大众之间形成了高度互动的发展趋势。

（二）图书馆空间的转型

从图书馆空间的变迁来看，图书馆空间经历了"以藏为主"到"以藏促用"再到"以人为主"的空间发展过程，验证了空间生产理论提出的"空间既是社会实践活动的产出结果，又是下一次实践开始的依据"，空间生产成为推动空间转型的根本动力。关于空间生产的研究，有学者提出"空间"在生产时，与其他商品一样，可进行大规模、标准化的"生产"，那么空间在被不断复制的过程中就会带来空间更迭和特色消亡，就如同事物发展变化的过程一样，在内因与外因的共同作用下不断变化、不断寻求空间更迭来适应新的空间发展。

1.功能空间转变

随着社会的发展，图书馆不断创造各种功能空间，而这些功能空间又随着社会的变迁而发生转变。在图书馆空间的发展历程中，古代图书馆和近代图书馆的功能相对单一，主要以文献储藏为主。随着社会空间的进一步发展，图书馆的功能空间出现了新的分类，包括检索空间、阅览空间、加工管理空间等，这些功能空间的发展相对平稳。然而，进入信息时代后，电子技术和设备的应用正在改变图书馆的功能空间，甚至革新了传统空间设置的理念。以下是其体现之处：

（1）空间功能的消退：信息数字技术的广泛应用对人们的信息获取行为产生了深远的影响，并在图书馆空间的使用和利用方面得到体现，导致一些特定阶段的功能空间逐渐被取代或弱化。例如，计算机的普及使得图书馆的管理方式更加先进，传统的目录检索被计算机检索终端区所取代。另外，由于现代电子移动设备的使用，电子阅览室的功能空间也逐渐弱化。这些特定空间的功能消失或退化一方面反映了社会生产方式对图书馆空间功能的影响，另一方面也展示了图书馆功能空间适应社会生产关系的自我调整能力。

（2）空间功能的融合：当代图书馆处于泛在知识环境下，用户的信息获取形式趋向于通过网络技术快速取得并能接受自助式的服务模式。这就使传统图书馆的藏借阅功能空间与新时期出现的展示空间、休闲空间、交流空间等相融合，如藏阅空间中分散的网络检索空间、开放式学习空间中融入的休闲与交流空间、公共空间中的休闲阅读空间与展示空间的结合等。在这些融合的功能空间内，可根据不同需要随时调整空间的合并组合，并实现资源技术、人员组织、服务管理等与空间功能的高效融合，进而推进空间功能的不断发展。

（3）空间功能的拓展：在新技术、新设备和新理念的影响下，图书馆空间功能经历了突破和扩展，向综合化和开放化的方向发展，并引入了新的空间概念，如互动空间、创客空间和体验空间等。这些新功能的拓展主要表现在以下几个方面：首先，强调将信息技术与图书馆服务有机整合，将空间、资源和馆员融为一体，提供个性化服务和学习交流相结合的互动型服务空间；其次，利用图书馆空间，将个人、团体和组织机构的创意或创新思想通过实体空间向具有共同兴趣爱好的人们宣传、演示和展示，使每个参与者都能自由地进行知识分享、创意交流和协同创造，满足他们对获取新知识和技能的需求；最后，这些空间设置相对独立，配备先进的硬件设施，服务模式关注支持协作和提供辅助形式，通过关注用户学习习惯的变化，支持和辅助用户的学习过程，进而激发用户的学习思维。

2.空间特性转变

图书馆空间功能与图书馆建筑大小、藏书量多少无关，其旨在通过空间设置或空间创新来促进图书馆服务方式的改变、服务内涵的延伸，进而达到环境育人的目的。从某种意义上说，现代图书馆的空间已不再是围绕藏书、藏书量和收藏方式进行空间功能的划分，而是以空间表达、空间服务与用户实际需求相结合进行的空间分配，向开放式、多元化、人性化的空间服务场所转变。所以，图书馆空间特性的转变体现了空间形态变化的特点，具体如下。

（1）从封闭性到开放性：古代图书馆向现代图书馆的发展是图书馆逐渐从封闭走向开放的过程。开放是图书馆空间发展的重要转折点，使得图书馆的空间形式不再局限于小型的藏书楼，逐渐朝向通敞的大空间发展，并通过开放的空间影响图书馆建筑的表达，从而丰富了空间的层次。这种大空间不仅提供了灵活的空间组织，还满足了不同功能空间的置换需求。空间的开放性贯穿于空间功能布局、空间组织和空间管理等各个方面，为空间服务的发展拓宽了平台。

（2）从固定性到流动性：人与空间相互作用，空间限制着人的行为范围，同时人的行为也会影响空间设计。最初的图书馆空间仅为社会上层阶级所有，空间设计仅根据他们的偏好进行，体现了固定的阶级象征。而近现代图书馆的空间功能相对单一，如藏书和阅览空间仅限于藏书和阅读的功能。然而，随着社会的科技化、信息化和时代化进程，这种固定的空间功能正在被打破，图书馆的各个空间要素开始融合多样化的功能。在某种程度上，一个空间可以集合多种功能，各功能空间之间的界限模糊，空间属性相互交融，形成了流动的多元化空间氛围。这种流动的空间特性为图书馆的空间发展提供了更大的发展潜力。

（3）从标志性到媒介性：图书馆建筑常常是某个地区的地标性建筑，常与象征意义相结合，强调其独特性，因此以往的图书馆建筑注重外观设计。然而，具有标志性的图书馆建筑并不总能满足内部功能空间的需求，在一段时间内，外观特色和内部空间利用之间存在一种权衡，难以完美兼顾。然而，随着信息化社会的到来，繁杂的信息围绕人们，数字化的信息传播与利用使得图书馆的空间呈现出媒介性。图书馆不再仅仅依靠建筑外观吸引人们的注意，而是通过丰富的内部空间形态传递人们所需的信息或体验。这种空间媒介性通过视觉、听觉等空间设计影响着来馆读者的感官，满足读者的行为需求，同时也反映了现代社会科技与信息的吸引力。

（三）图书馆空间的划分

图书馆空间根据其功能属性和服务目标的不同，划分标志亦不同。

1.按照图书馆服务功能划分

按照图书馆服务功能，图书馆空间划分为十大功能类型，即藏书空间、阅览空间、学习空间、研讨空间、数字资源空间、视听空间、展示空间、自助服务空间、办公空间和休闲空间。

2.按图书馆建筑空间功能划分

按图书馆建筑空间功能，图书馆空间应包括信息资源获取区、信息交流区、信息研究区、学习区、信息素质教育区、信息控制区和休闲区，按照有利于读者信息利用、交流、协作与学习的"一站式"服务功能划分区域。

3.按照"空间"原理划分

根据对"空间"的解释原理，可以将图书馆空间划分为文献资源空间、信息行为空间和文献交流空间三个层面。文献资源空间是指存放图书、期刊、资料等社会文献的地方，具有权威性、开放性、持续性、公益性和普遍性，是专门为收藏社会文献而设的空间；信息行为空间是为满足社会成员阅读需求而设的专门空间；文献交流空间是文献资源和信息行为相结合形成的动态空间，用于与读者进行沟通和交流。人类社会是一个文献、信息和知识交流的大空间，而图书馆则是支撑这个大空间的基础设施。

二、图书馆空间服务

图书馆空间服务是图书馆整合自身的资源（电子、纸本、网络资源）、技术、人力和场地，为用户提供的全方位、个性化、人性化智慧服务，旨在促进读者自主学习，激发读者的灵感和创新思想，是图书馆改革与发展的方向。

（一）图书馆空间服务的形式

空间服务建设一般包含个人学习空间、协作学习空间、多媒体空间、新技术体验空间、创新空间、休闲学习空间以及研究空间等功能区域的建设。

1.个人学习空间

该空间是为了满足个人独立学习的需要而设立的，各个学习空间都以落地玻璃分隔开来，视野开阔，玻璃外是绿茵茵的草坪和生机勃勃的校园，这样既满足读者个人学习的需要，又能使其放松身心，在放松中实现创造。

2.协作学习空间

该空间旨在满足学生小组学习、研究和知识创造的需求。通常设有多个大小不同的小组讨论室或研讨室。为了方便用户的灵活使用，该中心配备了可移动和可重组的家具和设备，例如带有轮子的桌椅、可移动和固定的白板、投影仪、电脑等。这些电脑装有各种必需的学习软件。在国外，每所学校根据设立的目标不同，协作学习空间的辅助项目也会有所不同。有些学校设立了写作服务中心，提供写作指导服务，如指导学生撰写中英文论文、求职信、履历等；有些学校提供计算机技术服务，教授软件工具的使用方法、电子表格的技巧、演讲稿的制作和演示等；有些学校设立了同声传译室，训练外语学习者的双语切换能力；还有一些学校设立了戏剧表演室，培养学生的语言表达能力、交际能力和人文素养。同时，这些辅助学习室鼓励教师在此开设课程。国内的高校协作学习空间很少设立辅助学习项目，基本上只是借鉴国外学习空间的形式，设立不同数量和大小的研讨室。比如：北京大学图书馆，仅设立了多媒体研讨室，面积为65平方米，可容纳30~40人，开展学术讲座、研讨、会议、影视/音乐欣赏、论文答辩或其他学术交流活动；上海交通大学图书馆设有29间小组学习室，最大使用人数为8~20人不等，支持学术研讨、教学培训、讨论交流、创新赛事、社团活动等。

3.多媒体空间

该空间旨在激发读者对新媒体的兴趣，满足多媒体制作需求，提升创造力。国内部分高校图书馆设有多媒体空间，如中国人民大学图书馆。该空间配备了苹果工作站、缩微胶片阅读机、音视频编辑软件、55寸高清电视电脑一体机等设备，可用于缩微胶片阅读、音视频编辑制作与测试。读者在指导下进行小组讨论和合作，制作了高水平的宣传片、纪录片等。

4.新技术体验空间

该空间引进了世界前沿的新技术产品，让用户通过亲身体验，感知新技术，丰富知识，跟进时代潮流。在国内，也有部分高校设立该空间，如北京大学图书馆设有苹果产品体验区和数字应用体验区，提供基于各种品牌型号的电子书、平板电脑等最新数码设备的数字应用体验服务及图书馆新服务（移动图书馆、移动经典阅读、移动多媒体课程点播等）。

5.创新空间

创新空间是一个实验、创新、学习和思想交流的场所，提供材料、工具、设备和技术，促进动手性探索和参与性学习。高校图书馆构建创新空间，激发学生灵感，培养创新思维和能力，促进就业。国内少数高校图书馆开设创新空间，如清华大学、北京大学、上海交通大学。清华大学的x-lab提供多个领域的创业项目,培养学生的创造力。北京大学的创业训练营通过多种形式服务创业青年,帮助超过 20 万名学生。北京大学还成立了全球大学生创新创业中心,培育学生创新精神和优化校园创业氛围。

6.休闲学习空间

该空间是为学生放松心神、调剂学习而设立的多样服务区。空间通常设置有咖啡厅、观影厅、展览厅等,家具配备一般颜色较为明快、活泼,造型各异,其间区域放置有书籍和报刊等,这些都因学校而异。

7.研究共享空间

研究共享空间是为学校科研人员设计的学术研究场所,具有较强的学术氛围。它是学习共享空间服务的延伸,对图书馆技术人员、资源和设备要求较高,需要实力强大的高校才能创建。华盛顿大学图书馆将研究共享空间定义为一个协同环境,让学生和教师共同分享和讨论研究,并提供支持,涵盖搜集文献、写作、出版和申请科研基金等每个研究步骤;它也是一个让学生和教师合作进行课题研究的场所,提供演讲和研讨室,并帮助用户了解同行研究进展。

(二)图书馆共享空间的形式

1.信息共享空间

信息共享空间(Information Commons,简称 IC)是 20 世纪 90 年代在美国兴起的在共享式学习和开放获取运动背景下,以培育读者信息素养,促进学习交流、协作和研究为目标的一种创新服务模式。信息共享空间是一个经特意设计的学习、交流、创作和研究环境,是以最先进的计算机、网络和通信设备为基础,以丰富的知识库、电子资源和教育资源将校园内的学生、教师、技术专家、图书馆员、写作指导教师等联在一起,为读者提供一站式信息服务。

2.第三空间

奥登伯格从社会学角度提出社会空间可分为三个层次:家庭环境、职场环境和其他空间,如酒吧、美术馆、图书馆、书店、咖啡馆、公园等。这些其他空间被称为第三空间，是人们停留、消遣、交流、思考并自由释放自我的地方，也是人与信息、人与人交流的知识共享空间。图书馆的第三空间实现了从以书本为中心到以人为中心的转变。书本位注重静态信息，而人本位则强调动态知识交流。图书馆为用户提供平等、温馨、自由、互动的学习和交流空间，最大程度发挥了图书馆的社会公益作用。2009年，在意大利都灵市举行的国际图书馆协会联合会上，"作为第三空间的图书馆"成为备受关注的主题。

3.创客空间

创客源于美国硅谷人的"车库精神"，他们将创意从脑子变成现实，并通过网络共享源代码，让更多原创者自愿分享自己的创意。自1981年德国柏林出现全球第一家创客空间以来，创客空间的概念在世界各地传播并引起广泛讨论。创客空间被视为开放社区的实验室，融合了机器工厂、工作坊和工作室的元素，人们可以在这里共享资源和知识，制造各种物品。截至2012年4月，全球范围内已建立了超过500个创客空间组织。图书馆提供创客空间开创了新的服务类型，充分发挥了图书馆空间激发创新力的作用。

4.泛在空间

泛在图书馆是数字图书馆发展历程中提出的又一新概念，是以用户为中心、重构用户需求服务方式的图书馆服务新模式，主要体现在服务范围、服务对象、服务内容、服务功能、服务空间、服务手段和服务机制等的泛在化。泛在空间是由网络设施、硬件、软件、信息资源和人有机组成的新一代的知识基础设施。它是一个无所不在的、自然的、易于使用的学习环境，任何人都可以在任何地方、任何时间，以他们身边的便携式设备来获取他们所需要的信息资源。

（三）信息共享空间建构策略

1.图书馆信息共享空间的组织结构

信息共享空间通常由总服务台、电子阅览室、个人学习空间、小组学习空间和休闲娱乐空间构成。总服务台提供基本信息服务，包括服务内容、项目、图书馆制度和信息服务流程等;电子阅览室是读者获取信息的主要平台,配备多媒体计算机、打印机和其他多媒体设备;个人学习空间是读者独立学习和研究的专属区域,配备常用工具书和互联网接口;小组学习空间适用于专业学习和科研活动,通常由研讨室或网络小组组成;休闲娱乐空间是提供人性化阅读环境的区域,读者可以休息或享受多媒体娱乐。

2.信息共享空间的服务内容

信息共享空间主要提供的服务有以下几方面:①信息检索服务以及数据检索处理。图书馆工作人员为读者提供其所需的各种媒体资源、设备以及设备使用的技术指导。并根据学习者的需求,例如内容或是形式,提供信息。②读者培训。在信息共享空间中,读者不仅能够获得其所需要的信息,而且能够得到信息素养方面的培训。③参考咨询服务。图书馆工作人员应当为读者提供如何利用图书、期刊、报纸等信息资源的方法,帮助读者撰写论文,以及其他科研工作。

3.图书馆信息共享空间的构建策略

在建设信息共享空间时,应注意以下几方面内容:①树立综合服务理念。信息共享空间提供一站式信息服务,需以读者为中心,提供更人性化的服务。②树立可持续发展理念。在设计过程中,要因地制宜,注重质量,不盲目追求规模。③整合服务资源。利用信息技术将传统图书馆服务整合到一个平台上。④加强人才培养。引入优质人才并加强工作人员学习培训,借鉴成功经验。⑤加强质量管理。以读者需求为中心,通过质量评价发现问题并改进服务。

第六章　数字图书馆的服务

第一节　数字图书馆服务的特点

一、数字图书馆服务的特点

数字图书馆的目标是为用户提供数字化服务，包括传统图书馆服务的数字化实现，如在线阅读、下载、电子文献传递等，以及网站服务形式的浏览、查询、最新信息报道等。数字图书馆还提供信息库、教育环境、参考服务、个性化服务等服务平台。与传统图书馆相比，数字图书馆具有自身的特点，并在服务对象、内容和方式等方面通过高技术支持呈现出新的特点。

（一）服务对象社会化

数字图书馆通过网络连接各地，服务范围相应扩大到网络所连通的任何地方。因此，其服务对象已不再局限于传统图书馆的读者群。它的读者不分年龄、不受时空限制，只要拥有计算机终端并接通因特网，都可获得数字图书馆所拥有的所有信息资源。数字图书馆的用户已远远超过了传统图书馆中物理意义上的进馆人数。数字图书馆的服务范围已经由传统图书馆的一馆一舍模式转为向全社会开放，其服务对象的信息需求也从面向某个图书馆或文献情报中心而转向整个社会。

(二)服务内容数字化和多样化

数字图书馆采用计算机管理所有信息,将各种原始信息通过数字化技术转换为数字形式,并利用计算机网络和多媒体技术进行统一的存储、传输和管理。数字图书馆的资源不仅包括自身采集的文献,还包括通过网络获取的各种信息资源,如数据库、多媒体信息、网页和其他信息资源的链接。此外,数字图书馆还涵盖了包含信息和知识的产品以及具有知识的人。

(三)服务项目高层次化

数字图书馆的服务不再仅限于浅层次的文献借阅和参考咨询,而是注重知识增值和智能重组,提供个性化主动服务。数字图书馆致力于从提供文献转变为提供知识,实现从以书本为单位的低层次服务向以知识为单位的高层次服务的转变。通过知识化的信息提供,数字图书馆将为用户提供知识仓库和学术银行的功能。借助信息处理的知识化、智能化和全面的检索系统,数字图书馆能够为用户一次性提供特定主题的目录、论文、著作的全文、照片、图像、声音等各种知识信息,从分次满足转变为一次性满足用户需求的信息提供方式。

(四)服务手段网络化

高速且高效的网络传输为信息服务带来了崭新的变革,数字图书馆依赖网络发挥其强大的信息服务功能。数字图书馆的读者服务工作,包括网上学科导航系统的制作、网页制作与维护、数字化资源的宣传与推广、读者利用数字资源的培训、网上咨询工作、各种请求的处理和转换、数字资源的传递等,都是通过网络来实现的,图书馆与读者之间通过网络实现远距离交流,各类图书馆之间也是通过联网实现远距离网上合作的。数字图书馆信息资源上网,变独享为共享;信息服务进网,变手工服务为网络服务;信息服务机构联网,变单体为组合,即是一个全新的开放性网络服务系统。

（五）服务方式多样化和主动化

数字图书馆作为数字化信息服务的中间提供者，具备以下特点：首先，通过自身的 Web 站点向全球分布的读者展示丰富的馆藏信息，并提供信息服务；其次，利用网络和便捷的搜索引擎引导读者查找全球数字化信息资源；再次，数字图书馆不再局限于目录和文摘，而是提供全文信息浏览、数据软件下载、音频视频点播等多媒体信息服务；此外，通过电子邮件等方式提供专门的信息咨询服务。数字图书馆是一个将收藏、服务和用户集成的环境，支持数字化信息的生成、发布、传播、利用和保存。它提供主动型服务，随时发布和传播各种信息资源的消息，并为读者提供导航式和个性化服务。数字图书馆的服务模式从被动转变为主动。

（六）服务资源共享化

数字图书馆允许多个读者同时存取同一信息资源，不受资料实际存放位置或复本数量的限制；读者只要通过查问联机目录和检索数据库确认了所需资料，图书馆就可将以字符编码形式或电子页面图像形式存储的文献信息传输到远程读者的工作站，供读者浏览或经授权后打印。

（七）服务流程一体化

在网络环境下，一体化的服务流程是信息服务的理想模式。对读者而言，一体化的信息服务集合了咨询功能、文献检索功能和文献提供功能。读者通过登录数字图书馆网站，填写查询并提交后，数字图书馆服务器会根据用户要求帮助用户进行查找。通过数据转换，查询结果将呈现在用户终端上，从而完成整个流程。这种一体化的服务模式提供了更便捷的服务体验。

（八）服务的产业化

数字图书馆具备利用其信息资源优势实现信息服务的商业化和产业化。随着文献信息的数字化、多样化的服务手段以及计算机网络技术的广泛应用，数字图书馆已不再是传统意义上的文献信息存储和传递中心,而是现代的"信息中心",拥有各种资源、数据库和信息服务手段,具备实现信息服务产业化的基本条件。引入市场观念和效益观念,推动数字图书馆的信息服务向产业化转变,必将带来良好的经济效益。数字图书馆通过商业化和产业化的发展,能够更好地满足用户的需求。

二、数字图书馆服务的内容

数字技术提供了从根本改变图书馆的用户对象、开放时间,以及所提供的服务类型的可能性,因此数字图书馆相比传统图书馆,既扩大了服务的内容,又增强了服务功能。数字图书馆服务的内容可以概括为如下方面。

(一)检索服务

数字图书馆最基本的访问服务是馆藏检索。对数字化馆藏的要求是目录应与馆藏本身无缝连接。其中馆藏不仅包括各种数字化的馆藏信息,还包括各种数据库资源、镜像服务资源以及经过加工整理后的网络信息导航检索。

(二)参考咨询服务

数字图书馆的参考咨询服务是重要的信息服务内容之一。数字图书馆应加强与用户的联系,了解他们的需求,并开展参考咨询服务。在数字图书馆环境下,传统图书馆有效的参考咨询服务拓展为基于网络的交互式智能化咨询服务机制,主要采取以下形式:提供多层次的咨询服务接口,如 FAQ 链接、帮助手册、用户讨论组,以及通过电子邮件或网络论坛等方式实现用户与虚拟咨询员的在线或离线交流;对用户的网络信息检索过程进行现场智能化引导,在检索失败时提供解决方案和操作指导;针对用户的信息需求提供智能化推送服务,在检索过程中自动提供与用户需求相关的新资源、服务介绍和链接;设立交互式咨询台,直接解答用户输入的疑难问题。数字图书馆通过这些形式提供交互式参考咨询服务,以更好地满足用户的需求。

（三）信息筛选和选择型传播服务

信息选择性传播或定题信息服务在资源丰富性和方便、快捷、智能化等方面具有传统图书馆无法比拟的优势。数字图书馆充分利用现代信息技术和丰富的馆藏信息资源以及互联网信息资源，能够深入社会各个方面，了解用户的信息需求，并提供更高质量的定题信息服务和专题信息服务。通过电子邮件、网页和专用信息发送与接收软件等互联网信息推送技术，向用户定期提供事先选定的专题信息。筛选服务可以通过编制原始信息摘要来为用户提供增值服务。信息筛选可以利用数字图书馆的连接性能进行合作筛选。在筛选过程中，用户对馆藏信息进行评价，这些评价也可以被广大社区人们所分享。数字图书馆通过这些方式实现信息的有选择性传播和定题服务，为用户提供更好的信息体验。

（四）用户教育和培训

对用户进行教育和培训是数字图书馆信息服务的一项重要内容。数字图书馆将把正规、非正规和职业学习过程更紧密地综合在一起。数字图书馆提供了打破学校围墙的新机遇，使人们无论在哪里、无论什么时间想学习，都可以学习。除了提供丰富的学习内容，馆员还可以帮助用户获取寻找信息的技巧。数字图书馆支持合作性远程学习，并在帮助参与者准确提出问题、寻找相关材料以及解释和应用信息等方面提供中介服务。

第二节 数字图书馆的定题服务

一、定题服务

定题服务是信息工作机构根据用户对某领域信息的需求,选择性地传播相关信息的一种服务方式。它通过搜集、筛选和整理文献信息,围绕特定主题,以定期或不定期的形式提供给用户。定题信息服务充分利用社会的信息资源,并通过检索和查找,集中提供有关特定主题的文献、事实或数据。这些信息经过重新整理和加工后,可以大大减少用户查找文献信息的时间,提高信息利用的效率。

二、数字图书馆定题服务的特点

数字图书馆的定题服务是用户通过网络向图书情报人员提供所需信息主题,图书情报人员利用多种途径和技术方法提供用户需求的信息服务。在这个过程中,图书情报人员是信息检索和处理的主要负责者,用户只提供一定的内容和范围。这种服务需要图书情报人员具备专业知识、网络知识、检索技能以及分析、筛选、归纳和总结能力等多方面的综合素质。数字图书馆的SDI(定题服务检索系统)在资源丰富性和服务手段的便捷性、快速性、智能化等方面具有传统图书馆无法比拟的优势。它主要利用互联网信息推送技术,如电子邮件报送、网页报送和专用信息发送与接收软件报送等方式,定期向用户提供预先选定的专题信息。该服务的特点主要包括:

(一)信息流动由 Pull(拉)向 Push(推)转换

在数字图书馆环境下,SDI 由传统的被动服务模式转向主动服务模式,即由 Pull 向 Push 转变，实行信息主动推送服务模式，在传统的 Client/Server SDI 结构中，信息的传输是按照"拉"（Pull）的模式进行的，服务器所提供的服务是被动的。而在数字图书馆系统中，服务器把信息"推"（Push）给客户和系统。Push 技术在 SDI 中的应用使信息的搜索和发送过程更加个性化、智能化，它一方面可以主动将重要的适时信息立即推送给用户，避免 Pull 方式中的信息滞后现象；另一方面大大减少了用户的重复操作，使得 SDI 中用户和情报人员之间的信息流动更加畅通。

（二）更好地为用户提供信息挖掘服务

在数字图书馆的 SDI 中，信息人员必须在对信息资源的充分发掘、加工改造、扩展开拓、功能放大、发明创造的基础上，才能为用户提供满意的信息。对任何一个特定用户的特定需求来说，数字图书馆中的任何一个信息库都可能是异构数据库，如何从中将最有针对性的信息找出来，必须借助数据挖掘技术。利用数据挖掘技术来改革传统的 SDI 服务方式可以说是数字图书馆 SDI 服务的一个重要技术标志。

（三）SDI 的个性化得以充分体现

SDI 是图书情报机构中典型的个性化信息服务方式。传统的文献信息服务依靠卡片式和书本式的目录索引及文摘检索工具，通过手工检索为用户提供文献信息服务。这种服务方式单一、被动且落后，受到时间、空间和服务对象数量的限制，无法真正实现个性化信息服务，也无法满足用户的需求。而在数字图书馆的 SDI 中，这些问题得以改善。采用数据挖掘、智能信息推拉、网页动态生成、智能代理等技术，使用户能够更快、更准确地从信息资源中获取所需的最新信息。同时，信息服务人员根据用户的信息需求，更及时、更针对性地向用户推送实用信息，充分展现了 SDI 个性化信息服务的特点。

三、数字图书馆定题服务的原则

以满足用户信息需求为工作重点的数字图书馆定题服务是在搜集信息的基础上,通过科学的方法和利用专门的知识,从研究的角度进行信息分析,为用户提供科技决策、科学管理的信息保证和科学决策的依据、建议和方案等的一种具有高附加价值的深层次知识服务。要做好数字图书馆的定题服务,必须考虑到以下几个原则。

(一)主动性原则

必须了解国内外科技发展战略和研究开发动态趋势,从文献研究的角度了解国际科技的发展热点、态势和科研进展情况,主动搜集有关文献并积累相关知识,选择具有前瞻性、针对性,并与国际接轨的服务课题,主动出击,寻找信息需求用户,努力将潜在用户转化为现实用户。

(二)用户原则

用户原则是根据不同用户的需求,在充分了解用户信息需求的基础上,提供满意的服务。然而,在实际工作中,用户通常只提出一般性的信息需求,缺乏对深层次需求的充分表达和设想。只有通过与用户的反复交流,才能提供令用户满意的服务。在实际操作中,检索系统利用智能推理机制和知识库与用户交流,不仅要理解用户明确表达的信息需求,还要为用户提供有参考价值的检索方案,以提供更有价值的信息。

(三)信息搜集原则

1.准确性

搜集准确的信息是提供定题服务的关键。当代科学技术的高度发展,一方面,导致科学研究越来越专业化;另一方面,学科之间相互渗透交叉,这种跨学科的发展趋势,势必引起科研人员和管理人员知识结构的改变,使之对相关学科信息产生需求,进而扩大其所需信息的学科范围。

2.及时性

定题服务的一个重要目的就是能够快速地为用户提供最新、最准确的信息服务，这就要求数字图书馆系统能够及时搜集各种形式存在的最新信息。

3.全面性

在信息搜集过程中，不仅要搜集本馆所藏信息资源，还要检索各种网络数据库，或通过共享检索其他图书馆中的信息资源，因为丰富的资源是开展定题服务的基础。

四、数字图书馆中定题信息服务的实现

数字图书馆的定题信息服务实现过程如下：用户提出信息需求→数字图书馆在线服务部处理→确定检索词→搜索相关网页→选择并进入相关网页→下载相关信息资源到本站点→整理用户所需信息资源→编辑成一个或多个方案→提供给用户。这个信息服务过程对于复杂的在线信息（包括部分离线信息）进行分析、筛选，提取有用的知识，并进行智能重组。

以上是数字图书馆为特定用户提供定题服务的一般过程，作为一个服务项目，还须注意以下问题：

1.定题服务用户的选定

即使有现代网络环境的支持，馆员不可能也没必要对每个用户都提供定题信息服务，而应根据其服务宗旨，有目的地选择有价值的用户群。为了正确制定检索策略，需要了解用户的职业、研究领域、信息需求等情况。

2.课题的选择

选题恰当是保证定题信息服务成功的关键，走好这一步，必须做深入细致的调查研究，掌握课题的价值。如高校图书馆可对全校的科研课题做一个深入细致的调查，了解哪些具有攻关性，哪些关系到领导决策，哪些是需要提供定题服务的。

3.建立用户提问档，分析所获信息

通过网络通信技术，可以建立用户提问档案来处理所获得的信息，尤其

是用户的信息需求。这些档案包括用户账号、姓名等个人资料，提问词以及构成的布尔逻辑表达式等，以便于存储、分类和检索。同时，可以收集和分析用户的相关信息，如所需服务的形式（如文摘、索引）、喜欢的网站和经常使用的数据库等，以制定合理的检索策略。这样利用网络通信技术，可以更有效地处理用户的信息需求。

4.注意反馈信息的收集

定题服务不仅需要搜集相关资源，利用网络通信技术，及时提供符合用户需求的网上信息资源，使用提问档得到检索结果，传递给用户。同时还要通过网络收集用户反馈信息，主要包括用户提问档的更改意见以及其他建议等。并且利用存储过的提问档对更新后的信息资源进行检索、分析，再把检索结果传递给用户，实现信息跟踪服务，不断满足用户需求。

第三节 数字图书馆的个性化信息服务

一、数字图书馆个性化信息服务的内涵

个性化信息服务是根据用户的知识结构、信息需求、行为方式和心理倾向等，有针对性地为用户创建符合其个性需求的信息服务环境。这种服务以用户为中心，在网络上提供定向化的预定信息和服务，并帮助用户建立个人信息系统。

数字图书馆通过网络为基础，以用户为中心，开展动态的特定信息服务活动，满足用户的兴趣、爱好、习性和专长等个性需求。

个性化信息服务的核心是以用户为中心，尊重用户，研究用户的行为和习惯，为用户选择更符合其需求的资源。其目的有两个：一是让用户能够根据自身的兴趣、爱好和需求定制所需的信息和服务；二是信息提供者根据用户的个性和特点主动选择并传递最重要的信息和服务，并根据需求的变化，

灵活地调整所提供的信息资源。

数字图书馆的个性化信息服务包含以下三个方面：首先，个性化信息服务的基础是读者能够轻松登录与其需求相匹配的数字图书馆系列，即数字图书馆馆藏的个性化。其次，读者可以根据自己的习惯、兴趣、爱好和信息利用任务，定制个性化的界面，便捷地获取所需的信息资源和服务。第三，数字图书馆及其工作人员针对读者的个性和特点，主动选择并提供重要的资源和服务，并根据读者的需求变化及时更新信息服务。个性化信息服务的宗旨是尊重读者的需求和选择，体现读者之间的差异，并为他们提供不同的信息服务。

二、个性化信息服务的基本要素

个性化信息服务的基本要素包括个性化信息服务中的具体应用、用户建模、信息过滤和信息分流、系统的体系结构及用户模型的评价标准等。

（一）具体应用

个性化用户的具体应用从广义层面上来说，可以分为两类：对情报信息资源的个性化入口和过滤与排序。

1.个性化入口

个性化入口就是对用户提供网络或信息系统的个性化。主要应用于个性化网站。它允许用户用简单的词或主题词列表来指定自己的科研项目或感兴趣的主题。个性化入口在电子商务领域是十分普遍的。

2.过滤和排序

过滤和排序是个性化信息服务活动中研究的重点。其内涵是指对信息文档根据用户概貌进行相关度量的排序，过滤掉相关度量少的文档信息。过滤和排序是一个提高返回信息与用户需求信息相匹配的精确度量的过程。

（二）用户建模

用户建模的目的是为了识别用户的信念、目标和计划，以提供个性化的服务。该过程包括以下步骤：首先，识别当前用户，获取用户的个性化信息反馈。这可以通过两种渠道实现：隐性的用户信息反馈和显性的用户信息反馈。隐性反馈是通过系统记录用户的访问路径、停留时间和文档长度等信息，并通过分析日志文件总结用户的需求特征。显性反馈需要用户直接参与，提供评价或建议来评估当前的文档页面。将这两种方法结合应用可以取得良好效果。其次，将当前用户的用户模型加载到系统中，如果不存在该模型，则按照缺省方式创建一个用户模型。最后，在用户与系统的交互基础上更新模型，以形成更适合当前用户使用的个性化系统。

（三）信息过滤

每个用户都有自己特定且长期有效的信息需求。通过将这些信息需求构成过滤条件，可以从资源流中提取符合需求的内容，这就是信息过滤。信息过滤可以在以下几个层次上进行：首先，对资源流中的资源进行标注，使用有限个分类标注符号，用户的信息需求可以表示为分类标注符号的一个子集。这种过滤过程是机械的，不需要智能操作即可完成。其次，允许用户使用不受限制的关键词来描述信息需求，在资源流中进行匹配检索，并过滤掉不符合要求的内容。第三，用户无需做任何事情来描述自己的信息需求。

（四）信息分流

当用户规模和信息资源规模都非常庞大时，对每个用户单独实施信息过滤将会导致效率浪费。原因是不同用户的需求存在交叉和重叠，对用户需求的判断也会相互交叉。为了提高效率，可以将不同的信息需求组合成一个便于共享的结构，并在实施信息过滤时进行统一的优化调度，这就是信息分流。信息分流需要在数据结构和算法上进行精巧处理。对于特定的用户群体，最理想的结果是平均分流时间最短。

（五）体系结构

体系结构研究的重要问题就是用户建模放在什么位置，是系统的服务器上，还是客户计算机上，或是处于两者之间的代理服务器上。这与上述的信息分流有关，如果要进行信息分流，一般要将用户模型放在服务器上，否则进行信息分流就比较困难。

（六）用户模型的评价标准

一个用户模型的基本评价标准包括。

（1）粒度分为两种：一是每一个用户一个模型；二是一些用户共用一个模型，即类用户模型。

（2）修改能力：用户模型可以是静态的或动态的，一个静态模型在与用户的交互过程中不发生改变，而动态模型一旦学习到新的信息就及时修改。静态模型可以被预先嵌入到一个系统中，或者在系统的初始会话阶段由用户建立。动态模型在整个交互过程中即时获取或修改。

（3）时效性：用户模型可以是短期的或长期的。短期模型建立在当前交互过程中，当前交互过程结束后，可以被放弃。长期模型可以从一个交互过程保持到另一个交互过程中。

（4）模型的数量：指单模型系统和多模型系统。单模型系统是指一个用户只有一个模型。多模型系统是指一个用户可以有多个模型。

三、数字图书馆的个性化信息服务

数字图书馆的个性化信息服务可以从如下几个方面体现。

（一）个性化的界面设置

个性化界面设置涵盖了个性化网页外观定制、栏目布局和内容模块选择等方面。个性化网页外观定制可以包括网页和主题的颜色、网页字体、问候语和刷新频率等的定制；栏目布局则确定了选定栏目在个性化网页上的布局方式和排列顺序，例如在一些网页中可以选择两列或三列方式布局，并设定栏目的上下左右位置和顺序；内容模块选择则是对各项信息和服务模块的具体内容进行定制。这些个性化设置可根据用户的喜好和需求来进行个性化定制。

（二）个性化信息环境

传统图书馆提供的资源和服务适用于各个层次、专业和地域的用户，缺乏个性化定制。而数字图书馆的个性化信息服务机制旨在为用户提供量身定制或由用户自定义的资源和服务，以满足其特定需求和任务的针对性需求。为实现真正的个性化信息服务，数字图书馆需要从信息提供者的角度出发，为用户主动创建个性化的信息环境。个性化信息环境是指在数字图书馆的环境下，读者可以利用提供的工具和机制构建自己的个人馆藏，以满足特定读者和任务的需求，并提高检索效率。在数字图书馆的个性化信息环境中，读者可以申请账号并登录个性化界面，提交多个检索策略来形成描述文件。数字图书馆会利用软件或工具从资源库中提取满足需求的信息资源，创建特定用户的个人馆藏，并定期更新和检索信息资源，将检索到的信息自动分配到个性化信息环境中。

（三）个性化的信息快报

个性化信息快报是数字图书馆提供的一种服务，根据用户提供的检索条件，及时向用户通知资源库中的最新信息。数字图书馆的个性化信息快报服务方便用户进行自定义检索。由于不同用户在检索过程中具有不同的习惯和技能，他们可能使用不同的词汇来表达相同的专业概念，并对检索结果的选择和排序方法有不同的偏好，这体现了用户的个性化需求。个性化信息快报服务应充分支持用户在检索策略、检索方法和检索结果处理方面的个性化要求。

四、数字图书馆个性化信息服务的实现方式

（一）数字图书馆个性化信息服务的技术基础

由于数字图书馆信息服务的特点和个性化信息服务的特殊性，决定了我们在开展数字图书馆的个性化信息服务过程中必须具备相应的技术基础，建立起相应的技术支持系统。在构筑个性化信息服务技术基础的过程中必须正确处理好以下几个问题。

1.信息分类问题

分类问题涉及两个方面：一是系统内部对信息的分类。由于数据库中存储了大量信息，因此需要对其进行分类，以便于信息的管理和查询。目前，在网上使用的一些常见分类方式，所采用的分类方法类似于图书馆的分类方式，具有广泛的涉及范围和通用性。二是用户的个性化分类。每个用户对信息所属类型的理解不同，因此他们对所需信息的分类方式也各不相同。因此，数字图书馆信息服务系统应该提供一种由用户自主决定的分类方式，以满足用户的个性化需求。

2.信息搜索问题

关于信息搜索，目前主要有两种方法：一种是按照常用的、传统的搜索引擎方法进行搜索。这种方法是通过搜索引擎等大型信息服务商提供的索引信息来获取相关信息的链接。这种方法适用于大型信息服务商，但查询方式有限，满足需求的精度较低，对智能查询的支持程度较低。另一种方法是使用智能代理技术进行信息搜索。目前，主要的浏览器和信息检索工具还没有智能搜索功能。

3.安全与隐私保护问题

安全包括用户使用安全和系统管理安全。前者主要包括用户授权和身份认证管理，以保证只有合法的用户才能进入系统，而且用户的账号不被泄露和盗用。后者包括数据库安全管理、数据加密等，以确保用户个人信息安全。隐私保护需要制定完善的隐私保护政策，提供设定用户隐私公开程度的工具

和运用保证隐私不外泄的保护技术。

（二）数字图书馆个性化信息服务的模式

目前提供的个性化信息服务主要通过个人定制或系统预测的方式实现。个人定制是指用户可以根据自己的目的和需求，在特定的系统功能和服务形式中自定义信息的来源方式和展示形式，并选择特定的系统服务功能。系统预测是通过分析用户提交的访问习惯、栏目偏好等信息，自动组合出对用户有用的最新资料，并将其发送给用户。

1.电子邮件服务模式

通过电子邮件进行个性化信息服务具有多个独特的优势。首先，操作简单，用户可以通过电子邮件获取信息，无需掌握复杂的计算机知识和检索技巧。其次，可以实现定时发送，根据用户指定的时间和优先级发送邮件。第三，电子邮件具备群发功能，可以同时向所有用户或部分用户发送指定的邮件。最后，在电子邮件下载完成后，用户可以脱机浏览，节省通信时间和费用。

2.即时呼叫服务模式

即时呼叫服务模式是一种专门供点对点信息传递的个性化服务系统。这是一种集电话、传真机、计算机等通信办公设备于一体的交互式业务系统。用户可以通过电话接入、传真接入、拨号接入和访问站点等多种方式进入系统，在系统提供的帮助下访问系统的数据库，获取各种信息或完成相应的事务处理。

3.页面定制服务模式

在网络世界中，信息以页面为基本单位。用户通过页面上的链接进行索取，点击链接即可获取感兴趣的页面。页面服务模式可分为静态页面服务和动态页面服务。静态页面是网络信息的基本组织形式，系统使用 HTML 语言将信息组织在一个或多个固定的页面上提供。而动态页面则是用户通过选择特定条件提交给网络服务器，服务器根据条件从数据库中选择符合要求的页面并提供给用户。随着信息技术和数据库技术的发展，人们更倾向于使用动态页面，因为它能提供更高级的智能交互功能，同时减少服务费用和时间消耗。

4.信息推送服务模式

该模式目前主要分为两大类：一类是借助电子信箱，并依赖人工参与的信息推送服务模式。另一类是由智能软件完成的自动化信息推送服务模式。应用信息推送技术建立网络传播站，通过智能化的代理服务器从海量信息中不断分拣出用户所需要的信息。

第四节 数字图书馆用户培训

数字图书馆对用户提出了更高的素质要求，从而改变了图书馆用户的特点。受过良好教育的用户能够熟练地利用网络获取所需的各种信息，而一些教育程度有限的用户在网络环境下获取信息相对困难。这种用户环境对数字图书馆建设提出了新的要求，即在了解用户情况和需求的基础上，定期进行用户教育和培训。通过向用户介绍新的信息技术，传授信息获取的途径和方法，逐步改变用户对获取和利用信息的传统习惯，帮助用户更好地利用数字图书馆资源。

一、数字图书馆用户培训的原则

众所周知，用户培训的目的不在于把用户训练成能够专门从事信息传递中介的图书情报工作人员，而是为使他们能够积极地利用信息，能够正确地表述自己的情报需求。不要求他们全面掌握图书馆学、目录学、情报学理论，而只是要求他们具有获取与利用他们所需要信息的能力。用户接受培训，并非希望将来以此为职业，而是为了能有利于满足自己的信息需求，即"学"是为了"用"。符合这一目的的培训，用户才乐于接受。

(一) 针对性原则

用户是在特定社会条件下形成的，而不同的社会环境会对用户的信息意识和信息利用能力产生不同程度的影响。这些影响因素包括国家、地区、城乡差异、行业、种族和家庭条件等多个方面。用户培训的目的并非改变用户的基本社会条件，而是尊重历史和现实，适应客观环境，并根据用户的实际接受能力，针对其具体情况进行相应的教育和引导。

(二) 循序渐进原则

用户培训的目标是让用户能够主动、熟练地利用文献与情报，这是一个伴随知识和信息需求的不断增长才能逐步深化的渐进过程。只有具有前期奠定的深刻感性认识基础，才能有中期的知识与技能提高，也才能有后期的自如运用。对用户培训来说，循序渐进意味着要对不同用户，按其年龄、知识水平、需求程度等分阶段地培训，要有针对性，使其从感性认识上升到理性认识。

(三) 适用性原则

用户培训的实质是将满足知识需求的方法和技能传授给用户，使其能够主动满足自己的需求，从被动满足转变为主动满足。这种满足是建立在用户具有一定需求的前提和动力基础上的，驱使他们采取相应的行动，实现他们的愿望，并进一步产生新的需求，再接受培训，再次实现自我满足。在这一过程中，确定一定的信息需求是关键，只有满足一定的信息需求后，用户的培训才能取得较好的效果。

(四) 效益性原则

数字图书馆用户培训要讲究效益，而且要以社会效益为主，经济效益为辅；要以短期效益为主，长期效益为辅。让用户在不断满足自己信息需求的过程中，培养自己的信息素质。

（五）超前性原则

数字图书馆用户培训对用户来说是先学后用的问题，对培训工作来说是帮助用户解决未来在信息检索中可能遇到的问题。因此，在选择培训内容时，应遵循效益原则，不仅限于传授经验和事实，还要适度选择具有预见性的内容；在选择培训对象时，不仅要培训现有用户，还要重视潜在用户的培训，以便更多的潜在用户能够成为现实用户。

二、数字图书馆用户培训的方法

数字图书馆是一种新生事物。如何使其被充分了解并得到广泛应用是数字图书馆能否健康发展的关键。进行数字图书馆用户培训，一方面要使用户正确使用它；另一方面，要让更多的人了解它，即把潜在用户转变为现实用户。下面介绍几种有效的培训方法：

（一）当面辅导培训法

这是指数字图书馆工作人员在接受用户询问时，根据实际情况，面对面向用户解释相关知识、使用方法和技巧，通过实际操作让用户获得服务和信息，并掌握一定的使用技巧。这种结合实际的用户培训方法简单易行，效果显著。它不需要专门的培训组织、大量培训人员和设施；可以进行个别辅导或集体辅导；既解决当前问题，又指导未来，避免用户遇到类似问题。这种方法对数字图书馆工作人员的责任心、专业素养和职业道德要求很高。

（二）书面辅导培训法

这种方法是指有关部门把事先准备好的书面材料分发给用户。用户通过自学得以对数字图书馆全面了解。这种方法对有一定自学能力和信息活动体验的现实用户是有效的。

（三）办班集中培训法

这种方法是根据用户的不同类型，分别举办专门的短期学习班、讲习班、研讨班、训练班、强化班等各种形式的培训班，让用户在短时间内掌握数字图书馆的使用方法，并能够通过利用数字图书馆提高自己的业务工作。这是用户培训活动中常常使用的方法，这种方法的主要优点是能够在短期内有效地培训更多的用户。

（四）用户交流培训法

与之前的方法不同，这种方法中培训者和培训对象都是用户自身，他们通过相互交流、学习和互助来全面了解数字图书馆。例如，组织用户经验交流会、报告会、用户协会、用户联谊会和有奖竞赛等，都可以作为用户交流培训的具体形式。这种方法的优点在于培训形式多样灵活，通常能带来出乎意料的效果。

（五）媒介培训法

这种方法是通过运用某种媒介向用户进行宣传教育。如电视讲座、广播讲座以及融教育性与艺术性于一体的公益广告等。媒介培训法因其受众面广，对某方面知识的普及提高有很强的功效。

（六）参观培训法

参观培训法是一种用户培训方法，即有关机构根据教学要求组织用户亲自参观数字图书馆，了解其内部结构和运行机制，以获取相关知识。该方法的优点在于：首先，它能提高知识信息传递的速度。研究表明，相比听说，视觉观察通常能使人记住 1 倍以上的内容。实地参观比观看图像更能迅速传递视觉信息，使人获得准确、生动、实际的感性知识。其次，用户可以了解到最新的进展情况。现场参观能够及时跟踪发展动态，避免教材的滞后性。

（七）网上实时帮助

用户在使用数字图书馆查阅资料时，根据用户的信息需求内容，实时帮助用户分析出最佳检索词，构建最佳检索表达式，久而久之，培养出用户独立检索的能力。这种方法易于被用户接受，在帮助用户解决实际问题的同时，也对用户进行了培训。

第七章 网络提供服务

第一节 移动图书馆服务

一、移动图书馆

移动图书馆是指依托比较成熟的无线移动网络、国际互联网以及多媒体技术，使人们不受时间、地点和空间的限制，通过使用各种移动设备灵活地进行图书信息查询、浏览与获取的一种新兴的图书馆信息服务。

移动图书馆是数字图书馆的一个分支，它具备数字图书馆的一般特征，同时还具备"可移动"的特征。这种"可移动"的特征表现在普通用户和读者可以不依赖于PC端，而是能够通过手中的便携数字阅读设备来浏览、下载、阅读和欣赏数字资源的一整套系统。移动图书馆可以管理的除了传统意义上的报纸、图书、杂志资料，还有音频和视频文件。

（一）移动图书馆的特点

移动图书馆作为移动通信技术与图书馆深入结合的产物，有鲜明的技术优势。它将移动互联网的移动联通性与图书馆所提供的服务相融合，为图书馆工作打开了一个全新的局面。

1.实时性和移动性

由于移动通信网络的移动性，移动图书馆能够摆脱时空的限制，实现随时随地的互联,显示出移动媒体的 3A 特性(Anyone、Anywhen、Anywhere)。任何人在任何时间、任何地点都可通过移动终端获得信息,不但方便读者,而且能提高图书馆的服务效率。

2.交互性

由于手机具有双向交互功能,用户可通过手机短信的形式进行咨询,实现馆员与用户之间的实时交流。同时,用户也可通过手机上网查询图书馆的馆藏书目,实现预借和续借的自助服务,体现服务的交互性。

3.主动性和个性化

用户不再被动地接收信息或知识,而是根据自己的需求对信息进行选择,订制自己感兴趣的信息。移动图书馆让用户拥有更大的自主性和随意性,图书馆的服务也由被动服务向强调用户个性需求的主动服务转变。

4.满足某些特殊群体的需求

对于没有时间或行动不方便的读者来说,移动图书馆的电子终端可以供用户随时阅读和收听;特殊人群可以不用到图书馆来,通过移动设备就能获取图书馆的信息资源。

(二)移动图书馆建设的意义

移动图书馆的建设是图书馆在移动技术、网络技术、云计算技术等方面发展的必然趋势,具有深远的意义。

1.整合数字图书资源,实现应有的经济价值

数字资源整合是移动图书馆的重要特征。一方面,整合功能的实现,确保了各种数字资源及时有序地传递到移动终端,客户可以借助各种移动终端进行检索与浏览。另一方面,移动图书馆借助移动终端,向读者及其他受众群体提供相关服务时必然会产生网络资源获取的费用,既维护了移动图书馆的公益特色,又实现了数字资源的经济价值。

2.及时更新各种知识存储,拓展读者阅读范围

移动图书馆借助互联网、移动终端等传播优势,实现数字图书资源的查询、检索、存储、阅读。一方面,移动图书馆不仅以传统的文字、图片方式

存储传输信息，而且通过音频、视频等方式存储传送，方便读者获取。另一方面，移动图书馆能够最大限度地拓展读者阅读视野，及时更新各种知识，不断适应社会发展，满足各种信息领域的读者需求。

3.加速服务与管理信息化进程

移动图书馆加速服务与管理信息化进程。一是实现了图书馆的自动化管理。移动图书馆通过信息化网络设置和数字化资源分配，促进信息快捷、高效传播，完成资源共享、馆际互动、管理互通的基本要求。二是加速图书馆信息化的进程。移动图书馆借助多样化的服务手段拓展了信息服务范围，提升了图书馆文献资源存储容量。三是提高了管理人员的信息化技能。现代信息技术与图书馆的有机结合，发挥了图书馆管理人员桥梁与导航的作用，促进大数据技术与移动图书馆工作人员知识结构的有机融合。

二、移动图书馆服务

（一）移动图书馆的服务模式

移动图书馆的服务模式主要有 SMS、I-Mode、WAP、J2ME、IDB 等几种服务模式。

1.SMS 服务模式

SMS（Short Message Service）也称为短信服务，实质上是一种短信的存储和转发服务。发送人的短信通过 SMS 中心再转发给接收人，短消息并不是点对点的，而是始终通过 SMS 中心进行转发。如果接收人处于未连接状态(可能电话已关闭)，则消息将在接收人再次连接时发送。由于早期的移动通信技术主要以短信服务最为普及，因此 SMS 模式相对较为成熟，移动图书馆的建设也是从手机短信开始。图书馆采用 SMS 模式主要包括下行业务和交互式业务，下行业务主要用于读者被动地接受图书馆发送的消息，包括开放时间、新书通报、预约提取通知、图书到期提醒、图书馆讲座、图书催还等。交互业务是指读者利用手机向一个特定的服务号码以短信方式发送服务请求。主要包括证件挂失、续借图书、查询个人借阅信息、咨询问题、查找文献、提出建议等方面。由于短信服务模式对硬件要求低，实现容易，几乎所有开展移动图书馆业务的馆都支持该业务。目前，我国国内绝大多数的移动图书馆都能利用手机短信进行推送服务和定制服务。对于第一种推送类服务，主要推送的服务内容有：图书馆新闻动态、会议讲座通知、图书到期通知、图书逾期通知、图书归还通知、预约图书提取通知、新书到馆通报等；定制类服务的内容主要有：书目查询、图书预约/续借、参考咨询、建议留言等。

2.WAP 服务模式

WAP 是无线应用协议的简称，是一种向移动终端提供互联网内容和先进增值服务的全球统一的开放式协议标准，目前最高版本为 WAP2.0。WAP 最大特点是系统结构的灵活性和协议的开放性，并可利用开发语言的优势，开发出更具交互性的服务界面。采用 WAP 网站可以提供比 SMS 模式更为丰富和强大的功能。WAP 技术已成为被大众广泛接受的无线联网方式，用户可以通过掌上终端设备访问图书馆的 WAP 网站，享受目录检索、查询开馆时间、存取电子期刊论文等服务。目前国家图书馆、北京大学图书馆、清华大学图书馆、上海交通大学图书馆、复旦大学图书馆、西安交通大学图书馆、四川大学图书馆、兰州大学图书馆等纷纷开展了 WAP 服务，是目前国内图书馆比较普遍使用的一种服务模式。

3.J2ME 服务模式

根据 Sun 的定义：Java ME 是一种高度优化的 Java 运行环境，主要用于消费电子设备，如移动电话和视频电话、数字机顶盒、汽车导航系统等。1999年，在 Java One DeveloperConference 大会上，正式推出了 Java ME 技术，Java 语言的特性就是与平台无关，而 Java ME 技术正好将这个特性移植到小型电子设备上，使得不同的移动无线设备可以共享应用程序。J2ME 是一种高度优化的 Java 运行环境。J2ME 开发是继 WAP 之后又一崭新的移动开发模式，采用 J2ME 开发通用的移动图书馆平台，可以较为完善地解决 WAP 的不足，系统功能、交互性等方面均有较大提升，遗憾的是目前并不是所有的手机都支持 Java 虚拟机。

4.IDB 服务模式

IDB 信息服务方式，其原理是通过无线网络，利用移动终端的上网功能，在互联网上直接获取互联网上的信息。

（1）移动通知、通告：随着"移动性"的逐步推广，这种异于传统图书馆的存在更富个性化，图书馆可以依据读者的个人定制来推送阅读服务，读者也可以及时了解自己的阅读情况，比如图书订阅信息、图书到期通知等。

（2）移动阅读：移动图书馆是以电子资源的方式来实现阅读服务，结合计算机网络技术，在门户网站提供下载链接，一旦下载在移动阅读终端设备内，用户就可以随时随地享受阅读。最后是移动查询。这是将传统服务与新技术相结合的典型功能，在查询服务中，读者可以利用移动设备，在 WiFi 环境下，或者利用 4G 在线访问图书馆系统，查询到可借数目、所借图书、已借数目的到期时间、超期罚款等信息，甚至可以查询到馆藏位置，进行在线图书的预约。

（二）移动信息服务的模式

1.聊天服务模式

在网络环境下，图书馆利用 QQ 及其相关组件（如 QQ 群等），构建一个馆员与读者之间双向交流的渠道，使图书馆能够及时了解读者的需求和对图书馆的建议，使读者能更准确地利用图书馆的信息资源解决问题。它既可以是图书馆内部互动交流的平台，又可以作为信息发布的平台，还可以成为馆员与读者沟通，进行学术研究、数字化参考咨询的平台，可以进行信息报道、资源推荐、读者培训、文献的代查与借阅等。

2.博客服务模式

图书馆建立自己的博客后，馆员们就可以把自己工作实践中的经验、想法、学术研究等记录到博客上与读者和其他图书馆员分享；读者可以把自己利用图书馆的心得、感悟、要求、建议记录到博客上与图书馆员和其他读者分享。正是博客这种广泛的参与和互动，使得读者之间、读者与图书馆之间、图书馆员之间都可以相互交流，碰撞出思想的火花。

图书馆博客可以渗透到图书馆业务的各个领域，成为图书馆与用户交互的重要平台。业务包括读者服务书目导读、信息导航和知识过滤、参考咨询服务、读者培训等。

3.微信公众平台服务模式

通过微信公众平台，个人和企业都可以打造一个微信的公众号，并实现和特定群体的文字、图片、语音的全方位沟通、互动。

微信公众平台是一个开放的平台，向注册公众号的用户开放 API 接口，任何机构都可以开发并构建基于开放接口的第三方服务平台，实现和机构应用的无缝对接。微信官方为开发者提供了翔实的开发文档和代码示例，保证了开放接口的顺利搭建。通过这种开放平台的方式，用户可以实现实时消息管理、用户管理、消息群发管理、素材管理、品牌设置等常规功能。

4.掌上国图服务模式

国家图书馆移动服务于2008年12月22日启动，经过试运行后，目前已经形成利用短信、WAP、快讯等多项移动新技术，逐步建成了移动数字图书馆、短信服务、WAP 网站、国图漫游以及手机阅读等服务模块，"掌上国图"服务正式向读者开放，为读者提供更方便、更快捷的图书馆移动服务，同时也为我国图书馆移动服务提供了先进的发展理念与经验模式。

5.APP 服务模式

随着科技水平的不断提高与进步，智能手机、移动平板设备的大量普及，针对移动互联网终端而开发的应用软件逐渐增多，读者可以直接下载安装图书馆定制的移动设备应用软件。使用移动终端上安装的定制软件能够获取最新的图书馆信息资源，其访问原理与 WAP 服务基本一致，不同的是图书馆 WAP 服务平台界面变成了手机应用软件的界面，操作上更为快捷方便。

北京大学图书馆为了方便读者在图书馆体验区的各种安卓系统的平板电脑上体验图书馆的部分服务，特别开发了一个叫作"北京大学图书馆"的 APP，点击这个 APP 可以快速查看北京大学图书馆的最新消息、阅读推荐书目、多媒体课件等内容。

三、超星移动图书馆

超星移动图书馆是专门为各图书馆制作的专业移动阅读平台，用户可在手机、Pad等移动设备上自助完成个人借阅查询、馆藏查阅、图书馆最新咨询浏览，同时拥有超过百万册电子图书，海量报纸文章以及中外文献元数据供用户自由选择，为用户提供方便快捷的移动阅读服务。

超星移动图书馆依托集成的海量信息资源与云服务共享体系，为移动终端用户提供了资源搜索与获取、自助借阅管理和信息服务定制的一站式解决方案。

（一）超星移动图书馆的特点与技术优势

1.基于元数据的一站式检索

系统应用元数据整合技术对馆内外的中外文图书、期刊、报纸、学位论文、标准、专利等各类文献进行了全面整合，在移动终端上实现了资源的一站式搜索、导航和全文获取服务。

2.适合手机的信息资源

充分考虑手机阅读的特点，超星移动图书馆专门提供了 3 万多本 E-pub 电子图书和7800多万篇报纸全文供手机用户阅读使用。

3.云服务共享

超星移动图书馆接入功能强大的云共享服务体系，平台提供24小时云图书馆文献传递服务，无论是电子图书还是期刊论文，都可以通过邮箱接受电子全文。系统接入文献共享云服务的区域与行业联盟已达78个，加入的图书馆已有723家；24小时内，文献传递请求的满足率为中文文献96%以上，外文文献85%以上。

4.个性化服务体验

通过设置个人空间与图书馆OPAC系统的对接，实现了馆藏查询、续借、预约、挂失、到期提醒、热门书排行榜、咨询等自助式移动服务，并可以自由选择咨询问答、新闻发布、公告（通知）、新书推荐、借书到期提醒、热门书推荐、预约取书通知等信息交流功能。

（二）超星移动图书馆实现功能

1.在线一站式检索图书馆书、刊、论文等文献信息的功能

移动图书馆的功能主要是通过手机等设备查找并且获取图书馆资源。在图书馆数字资源应用中需要解决的数据库资源统一整合的问题在移动图书馆中依然存在。目前已经有数据库商推出了 WAP 版服务，但数量极少，即使将来各个数据库都具有 WAP 网站服务，仍然可通过手机等方式查找资源的统一检索问题。如果有一个基于元数据一站式的搜索引擎，就可以为用户提供方便的检索体验，能轻松获取资源，也可以避免在 WAP 服务中实施跨网关检索的新的技术难点。超星将读秀、百链这样的元数据检索引擎运用到移动图书馆，使移动查找资源、移动获取资源，更快为用户接受。

2.解决了本馆资源与本馆没有资源获取

在全文资源获取方面，超星移动图书馆通过代理服务器的方式实现了用户通过手机等移动终端访问、获取到所有图书馆已经购买的资源全文。同时，通过图书馆购买的百链具有的文献传递功能，用户能够通过超星移动图书馆检索到全国 700 多家图书馆的全文资源，在这些资源中，本馆没有的就可以通过文献传递的方式获得。读者只需要通过手机发送一条文献传递的请求，填写自己的电子邮箱，申请的全文资源就会被发送到用户的电子邮箱当中。

3.全球最大的中文电子图书和学术视频提供商

图书馆目前的资源主要是书、报、刊，其文件格式主要有 pdf、html、txt 等，这些格式很容易移植到手机上。只有电子图书一般情况下都是加密格式的，需要用各个厂家提供的专业阅览器才能阅读，想通过手机阅读不同厂商的书必须得到各个厂家的许可，而超星作为最大的电子图书和学术视频提供商，超星移动图书馆平台，就有着他人不可比拟的电子资源与版权资源优势。

第二节　图书馆 VPN 服务

一、VPN 简介

VPN（Virtual Private Network），即虚拟专用网，是一门网络新技术，它是在 Internet 网络中建立一条虚拟的专用通道，让两个远距离的网络客户能在一个专用的网络通道中相互传递数据信息。VPN 为我们提供了一种通过公用网络安全地对企业内部进行远程访问的连接方式。一个网络连接通常由三个部分组成：客户机、传输介质和服务器。VPN 同样也由这三部分组成，不同的是 VPN 连接使用隧道作为传输通道，这个隧道是建立在公共网络和专用网络基础之上的，如 Internet 或 Intranet。

（一）VPN 分类及其技术特点

根据用户使用情况和应用环境不同的特点，VPN 技术大致可分为三种典型的应用方式，即远程访问虚拟网（Access VPN）、企业内部虚拟网（Intranet VPN）和企业扩展虚拟网（Extranet VPN）。远程访问 VPN 是指在远程用户或移动用户与公司、企业内联网之间的 VPN。企业内部 VPN 是指在一个组织内部如何安全地连接两个相互信任的内联网，要求在公司与分支机构之间建立安全的通信连接。企业扩展 VPN 指企业与外部供应商、客户及其他利益相关群体间的企业网通过公共网络构建的虚拟专用网来提供灵活安全的连接。VPN 将公众网可靠的性能、丰富的功能与专用网的灵活、高效地结合在一起，是介于公众网与专用网之间的一种网。VPN 技术具有以下特点：

1.安全通信

安全问题是 VPN 的核心问题。VPN 使用了四个方面的技术来保证通信的安全性，这四项技术分别是隧道技术、加解密技、密钥管理技术和用户与设备身份认证技术，以保证信息在传输过程中不被篡改、复制。

2.节约成本

VPN 可以充分利用现有网络资源，提供经济、灵活的联网方式，大大减少网络维护和设备的费用，为客户节省设备、人员和管理所需的投资，降低用户的通信费用，不必租用长途专线建设专网。

3.覆盖地域广泛

Internet 可以很方便地通过 VPN 设备或软件构成各分支机构及总部间的 VPN。

4.可扩展性强

网络配置简单，无需增加太多的设备，容易扩展。应用 VPN 技术可以很方便的增加或减少用户。可以灵活地增加 VPN 节点，而不会对原有网络造成较大的调整。

5.便于管理

可以将大量的 VPN 网络管理，如安全管理、设备管理及 VPN 隧道管理等工作交由 ISP 或 NSP 来统一实现。由用户负责查验访问权、网络地址、安全性和网络变化管理等重要工作，具有较好的安全性。

（二）常见 VPN 实现方法

在具体的应用中，实现 VPN 技术主要有三种方案：硬件平台 VPN、软件平台 VPN 和辅助硬件平台 VPN。

1.软件平台 VPN

利用软件公司所提供的完全基于软件的 VPN 产品来实现简单 VPN 的功能，甚至可以不需要另外购置软件，仅依靠微软的 Windows 操作系统就可实现纯软件平台的 VPN。特别从 Windows 2000 系统开始对传统的 2IPsecVPN 全面支持，不仅可以提供原来 PPTP 隧道协议 VPN 的方案支持，而且还提出了新的 L2TP 隧道协议 VPN 方案，使 VPN 的应用得到前所未有的推进。

2.专用硬件平台 VPN

使用专用硬件平台的 VPN 设备可以满足企业和个人用户对高数据安全及通信性能的需求，尤其是从加密及数据乱码等对 CPU 处理能力需求很高的功能。提供这些平台的硬件厂商比较多。这类 VPN 平台虽然投资了大量的硬件设备，但投资成本太高。

3.辅助硬件平台 VPN

这类 VPN 的平台介于软件平台和指定硬件平台之间，辅助硬件平台的 VPN 主要是以现有网络设备为基础，再增添适当的 VPN 软件以实现 VPN 的功能。这是一种最为常见的 VPN 平台。但通常这种平台中的硬件也不能完全由原来的网络硬件来完成，必要时还要添加专业的 VPN 设备。

二、图书馆 VPN 服务

随着图书馆电子资源的增多，读者对其利用率相应增加，其中校外访问要求也增多。但是，图书馆电子资源作为校园网络资源，由于受 IP 地址限制，一般只提供给校匠网络用户使用，非校园网络用户无法登录校园网，更无法利用图书馆的电子资源。为解决非校园网用户的需求，提高图书馆电子资源的利用率，图书馆各位学者对其做了孜孜不倦的研究，其中利用 VPN 技术对图书进行远程访问是提高图书馆数字资源利用率的有效途径。

（一）VPN 技术在图书馆服务中的设计

在实际应用过程中，VPN 有多种类型设计。应用最多的主要是站点到站点 VPN、过程访问 VPN。

1.站点到站点 VPN 设计

站点到站点 VPN 连接的是两端局域网，一般用于校区总部与分部之间的连接，为了保证数据在公网中传输安全，不被窃听、伪装、修改，采用隧道加密和数据加密。站到站点 VPN 中采用 IPSEC 协议来保密数据。IPSEC 协议定义了 IP 数据包的方式，把多种全技术集合在一起，构建了一个安全而又可靠的隧道，保证了网络上传输数据的完整性、真实性和私密性，为两个站点之间的数据传输提供了安全保障。

2.远程访问 VPN 设计

远程访问 VPN（SSL-VPN）是将一台单独的远程计算机连接到本网络中。

SSL（Secure Sockets Layer，安全套接层）协议是网景公司提出的基于 Web 应用的安全协议 SSL 用公钥加密，通过 SSL 连接来完成数据的传输工作，指定应用程序（如 HTTP 等）利底层协议之间进行数据交换的安全机制，包括：服务器认证、客户认证、SSL 链路上的数据完整性和保密性。采用 SSL-VPN 的优点主要有：读者直接使用浏览器完成操作而无须安装客户端软件；适用于大多数操作系统；具有良好的安全性；维护成本低，部署简单。

（二）VPN 技术在图书馆服务中的应用

要实现基于 VPN 连接，内部网络必须配置有一台基于 VPN 服务器，VPN 服务器一方面连接内部专用网络，另一方面要连接到 Internet。当客户机通过 VPN 连接与专用网络中的计算机进行通信时，先由 ISP 将所有的数据传送到 VPN 服务器，再由 VPN 服务器负责所有的数据传送到目标计算机。客户机向 VPN 服务器发出请求，VPN 服务器响应请求并向客户机发出身份质询，客户机将加密的响应信息发送到 VPN 服务器，VPN 服务器根据用户数据库检查该响应，如果该账户有效，VPN 服务器将检查该用户是否具有远程访问权限，如果该用户拥有远程访问的权限，VPN 服务器接受此连接。在身份验证过程中产生的客户机和服务器公有密钥将用来对数据进行加密。只要支持 PPTP 或 L2TP 协议的客户机，不管采用何种操作系统，都可以和 VPN 服务器连接。

（三）VPN 的优势和不足之处

VPN 是一种连接，从表面上看它类似一种专用连接，但实际上是在共享网络上实现的，该项技术给用户带来的优势体现以下几个方面。

1.节约成本

VPN 最为主要的优势就是节约用户使用成本，这是它取胜传统的专线网络关键因素所在。

通过公用网来建立 VPN，就可以节省大量的通信费用和租用专线费用，可以减少大量的人力、物力，去安装和维护 WAN（广域网）和远程访问设备。

2. 可靠的安全性

Internet 是一个公共网络,但 VPN 用户可以像使用专线一样的用它安全地传送数据和信息,可见,VPN 的核心问题就是信息安全,VPN 专用产品均采用加密及身份验证等安全技术,保证公网上连接用户的可靠性及传输数据的安全和保密性。

3. 支持常用网络协议

VPN 支持最常用的网络协议,基于 IP、IPX 和 NetBEUI 协议网络中的客户机都可以使用 VPN。新的 VPN 技术可以全面支持如 Apple Talk、DECNet、SNA 等几乎所有的局域网协议,随着网络接入技术的不断发展,新型的 VPN 技术可以支持如 ADSL、Cable Modem 之类的宽带技术,还可以支持手机外网登陆。

VPN 技术的不足之处:基于互联网的虚拟专用网的可靠性和性能不在单位的直接控制之下。学校必须依靠提供虚拟专用网的互联网服务提供商保持服务的启动和运行。这个因素对于与互联网服务提供商协商一个服务级协议,从而创建一个保证各种性能指标的协议,是非常重要的。

第三节 发现系统服务

一、图书馆发现系统

发现系统(Discovery System),是近年来出现的一种整合数字文献信息资源的新方式,在跨库检索、信息导航系统、基于 OPAC 的信息整合等系统发展的基础上演变而来。它是通过在后台预先建立一个集中索引库,然后系统前台提供给用户单一的检索框,以此来实现对各类不同数据库和系统资源的一站式搜索。通过预先收割数据并建立预索引的这种方式,可以一定程度上保障发现系统良好的相关性排序和高效的检索速率。

(一)发现系统产生的背景

1.资源整合的需要

随着图书馆的数字资源快速增长,图书馆资源建设的重心也逐渐转移到数字资源。受海量信息资源的影响,图书馆必须要提高数字资源的组织和整合能力,探索各类信息资源的新型整合方式。图书馆自身也在一直对数字资源进行各种方式的整合,如建立馆藏目录检索系统、期刊导航和数据库导航,提供文献传递服务,建设跨库检索系统等。

在此趋势下,发现系统开始出现,并逐渐开始商用,经过短短几年的发展,应用发现系统及类似平台的图书馆总数已超过 2000 家,如此快速的增长足以说明图书馆为读者提供资源发现工具的强烈需求。

2.用户的需要

在互联网时代,用户对搜索引擎的服务依赖性越来越强,通常都将搜索引擎作为信息搜索的起点,而不是图书馆的检索系统。搜索引擎吸引用户的主要原因在于:搜索简便快捷,无学习成本;不会受到理解专业术语的压力,并且具有获取便捷、即时获取信息、良好的用户体验等特点,而这些都是图书馆系统的弱点。尽管图书馆已经通过添加 Web2.0 社交元素、建设馆内资源整合检索系统等方式来提高服务水平和改善用户体验,但各种被割裂的服务仍然使得用户无法获得良好的发现体验,同时也极大地影响了图书馆馆藏资源的利用效率。以图书馆业务为中心而开发的传统 OPAC 却与此相背离,对其简单的修修补补逐渐无法满足用户的信息需求,图书馆迫切需要找到一个更强大的可以替换 OPAC 的资源服务的入口。

(二)发现系统的定义

统一资源发现系统是系统商通过与出版社等内容提供商的合作,对海量的、来自异构资源的元数据和部分对象数据,采用分析、抽取等手段进行预收集,并将这些数据按映射转换规则转换为标准格式,纳入元数据标准体系中,并建立索引,形成一个预聚合的元数据联合索引库,在本地或者远程中心平台提供统一的查询搜索服务。

根据 Jason Vaughan 在《图书馆技术报告中》对发现系统特征的概括，我们从五个方面理解发现系统的定义。①网络规模的发现。由一个预收割形式的主索引和拥有丰富功能的发现层组成，发现层提供来自馆藏资源、开放资源和订阅资源的一站式检索功能。②主索引。也被称为基础索引或统一索引，是预收割形式的元数据与包含 WDS 服务的全文文献的集合，主索引通常包括系统商的全文与引文、OA 的全文与元数据、已订购数据库的全文、摘要和索引、馆藏目录的 MARC。③发现层。用户界面与用于发现、展示，并与图书馆内容系统相互作用的检索系统，如 WSD 的主索引。④预收割索引。元数据与全文文献系统定期进行积累，并在检索前进行预处理；集中不同来源的数据加工成中央索引。⑤相互许可内容。内容由图书馆和 WDS 出版商共同规范，使得授权用户可以检索并浏览结果。

（三）发现系统的优点

发现系统是通过一个简单的检索接口，对预先索引好的元数据仓库进行检索，并返回统一检索结果的一类检索服务系统。发现系统能够帮助用户获取数量越来越多、类型越来越复杂的各类资源，并在一定程度上提高图书馆所购买或租用的数据库或检索系统的利用率。

1.对大量资源数据的分析处理问题

信息资源数据库、电子出版物库、索引数据库等通常都具有非常大的数据规模，这给文献资源的检索和发现带来许多的问题。发现系统可以将大量的数据进行提取、过滤、转换、集成，以便从中发现用户所需要的各种信息资源，实现原始数据向有价值资源转化。

2.对多种类型的资源数据进行分析处理

数字文献数据的特点包括：数据结构无固定结构、数据格式的多形式，包括如文本、音频、视频、图像、HTML 页面等。发现系统需要对所有收录的不同类型不同格式的资源进行处理。

3.能有效地组织和管理检索数据

目前发现系统包含的资源数量非常大,需要对系统中进行的检索和检索得到的资源元数据结果进行组织和管理,同时能将检索历史和检索结果保存在云端,实现检索服务的云服务模式。

4.对所发现的资源进行全面分析

根据用户选择的检索条件和策略,所获得的资源结果数据必须是可以进行进一步分析和利用的,获得的检索结果可能需要精炼或各方面的分析才能体现其价值。发现系统产生的目的就是为了满足高校的学术和科研的信息资源需求,所以对发现系统在学术研究中的应用研究具有及其重要的现实意义。

二、发现系统的特点与分类

(一)发现系统的特点

目前,建设和应用各类发现系统的图书馆及信息机构已经超过一万家,通过对发现系统的观察和了解,我们将发现系统的特点概括为以下几方面:

1.云计算技术支撑环境

发现系统普遍都采用 Saas 服务架构作为支撑,将预索引元数据库部署于云端中,由系统服务提供商进行统一更新和维护,此举大大节省了图书馆建设和使用以及管理发现系统的成本。

2.资源聚合

发现系统的元数据来源不同的数据库,其他类型的资源来源因特网或者各类资源提供商,将这些繁杂的资源记录聚合到标准的预索引数据库中,为用户提供检索服务。资源聚合是发现系统区别与其他检索系统的最显著特点。

3.检索速度快、查全率、查准率高

发现系统在预先建立元数据和全文索引的支持下,可以在毫秒级时间内完成检索指令,几秒之内就可以将检索结果全部呈现给用户,有效地提升了检索效率。同时发现系统在预先建立元数据和全文索引的过程中,对相关数据进行了规范化、丰富化处理,有效提高了检索结果的查全率和查准率。

4.优异的检索体验

发现系统为用户提供单一的检索框,可以直接使用数据关键词进行检索,也可直接输入多个关键词(用分隔符隔开)进行多个关键词的检索。在此基础上对较大的检索结果集还可利用分面聚类功能,进行多维地筛选或精炼,极大地优化了检索体验。

(二)发现系统的分类

根据发现系统不同的开发形式,可将资源发现系统归纳为以下几种类型:

1.开发商提供的现有系统

这种类型的系统开发商占据主导地位,开发商直接将已经在使用的成熟的发现系统的产品提供给图书馆,由系统提供商为图书馆进行提供安装和配置等。

2.开发商提供二次开发发现平台

这种方式是在系统提供商提供的发现系统的原型的基础上,根据图书馆自身的特点和需求,对原型系统进行个性化定制和修改,形成一个具有个性化功能的发现系统,图书馆可以根据自身资源覆盖的变化和自身用户需求的变化进行模块的调整、增删资源或提供相应服务。

3.图书馆自主研发

自主研发资源发现系统是最贴近图书馆功能实现和用户需要的解决方案。很多具有较强研发实力的图书馆采用这种方式,如清华大学、北京大学、上海交通大学等高校图书馆都已经推出了自身的发现系统。

三、发现系统的架构

目前主流的发现系统有两种服务模式:一种是单一云服务模式,另一种是混合服务模式。单一云服务模式即单纯的云计算服务模式,采用云计算技术,访问部署在云端的所有元数据和服务,图书馆本地不需要安装任何软件,只需租用发现系统的服务,将各个系统之间的接口配置好即可使用,这种模式也叫作"软件即服务（Softwareas a service，SaaS）模式"。混合云计算模式是图书馆购买软件或者租用其系统服务，部分数据部署在本地服务器，部分数据部署在云端。同时，本地服务器系统负责响应用户，提供馆藏 OPAC 数据、机构仓储、特色馆藏数据等检索服务，但是作为发现系统核心的中心索引库及系统仍存放在云端，以 SaaS 的模式提供检索服务。

单一模式的优势在于可以有效地节省图书馆在本地硬件投入和维护服务的人力成本，但同时图书馆对云端数据缺乏控制能力。而混合模式则对本地数据的同步和保护更有帮助。表 7-1 为国外四个主要的发现系统的服务模式对比。

表 7-1 四个系统的服务架构对比

系统名称	WCL	Summon	Primo central	EDS
服务模式	SaaS	SaaS	SaaS+本地	SaaS
系统架构	混合	单一	混合	混合
移动界面	有	有	有	有
资源导航	有	有	有	有
与OPAC的融合度	提供馆藏查询，可网上预约。通过与馆际互借系统操作，可实现馆际互借和文献传递	提供馆藏信息链接，通过调用ILS中的OPAC模块功能，可显示实时流通信息和馆藏地址	能实时显示馆藏地址、流通信息，允许预约、续借、写评论等操作，还提供"个人空间"服务	可显示馆藏地址、实时流通信息，用户互动，如写书评、加个性化标签等

四、发现系统概况

（一）国外发现系统

1.国外发现系统的种类

国际市场上主要的发现系统有四种。ProQuest 旗下 Serials Solution 公司在 2009 年 7 月推出了第一款网络级发现系统 Summon。同月，Ex Libris 公司公开了 Primo Central 元数据仓储的建设进展情况，其统一资源发现系统 Primo

测试版也于 2010 年 1 月发布，同时将原有的 Primo 架构集成到 Primo-Central 和馆藏目录系统之上。OCLC 于 2007 年 11 月推出全球第一款 Worldcat Local 系统，提供馆藏资源和电子资源的一站式检索，随着 OCLC 与数据库商的不断合作，Worldcat Local 集成了元搜索功能，并于 2010 年开始提供网络级发现服务。此后，EBSCO 公司也发布了发现系统，名称为 EBSCO DiscaVery Service（简称 EDS）。

2.国内引进国外系统

我国发现系统研究和应用虽然起步较晚，但是国内的很多图书馆已经陆续开展针对自身实际的资源探索发现系统建设和应用实践，也有部分图书馆采用直接引进国外成熟的发现系统来进行建设。比较典型的代表有上海交通大学图书馆的"恩源探索"，其资源探索发现系统采用的均是以色列 Ex Libris 公司的 Primo 系列产品。清华大学图书馆集成了 Ex Libris 公司的资源探索发现系统 Primo 和集成检索系统 Metalib/SFX，北京大学图书馆是在 Sisi Dynix 公司的 Symphony 自动化管理系统和 Summon 探索发现系统的基础上建立的"未名搜索"发现系统。华东师范大学图书馆的 ONE-search 发现系统则是采用的 EBSCO 公司的发现检索工具 EBSCO Discovery Service。

（二）国内发现系统

国内相关的检索系统提供商中，主要的服务商也开始提供发现系统或发现平台的服务。

1.超星中文发现系统

超星中文发现系统是一个基于海量知识挖掘与数据分析的发现系统，它以数 10 亿海量元数据记录为基础，对复杂的异构数据库群进行集成整合，可以完成高效、精准的学术资源检索，在此基础上通过引文分析、知识关联分析、分面聚类等功能为读者提供具备完善的知识挖掘与分析功能的发现系统。相对于目前国内外发现系统，具有以下特点：全面地发现中文资源，每周更新两次元数据；精准地发现中文资源，由多个强大的专业级词表库支持；完善的中文引证分析，能够区分自引和他引；灵活的分面分析功能，可以从"馆藏分面""类型分面""关键词分面""核心期刊分面"等多个分面进行分析；可视化的知识关联图谱；学术趋势分析；智能的辅助搜索；无缝对接地获取各类全文。

2.CNKI 学术资源发现平台

它是一个跨语种、跨文献类型、权威的学术资源发现平台，包括各类学术文献，如期刊、专著、学位论文、会议论文、图书、专利、标准等。利用先进的智能标引和深度知识挖掘技术，实现文献和知识链接，建设全球范围的知识网络，打造一个基于知识发现的统一学术资源发现平台。

3.维普智立方知识发现系统

它是重庆维普资讯有限公司推出的知识资源服务平台，力图满足资源发现、情报服务、知识管理的多层次需求，为图书馆、科研机构或个人用户提供全方位、基于云平台架构的一体解决方案。

（三）发现系统的对比

1.服务方式

在服务方式上，Summon、EDS、超星、读秀均采用云计算的方式，云计算模式无须在本地安装服务器，不占用本地资源，是目前的主流模式。Primo 所采用的混合模式（云+本地），将元数据部署在云端，将馆藏资源和自建资源存放于本地。这种模式的好处是：可以消除某些图书馆不愿意将自有数据提供给商业公司的顾虑；可将某些中文数据库的元数据纳入本地元数据仓，部分解决国外发现产品不支持中文数据库的问题。

2.OPAC 系统整合

在与本馆 OPAC 整合方面，各发现系统的整合深度存在差距。我国发现系统的本地化整合局限在数据层面，仅仅是辅助读者找出资源，没有实现对资源内容进行深层次标引以达到知识发现的程度。

3.商务因素

发现系统的购买与实施需要密切的配合与沟通，其价格模式和开放性是产品考察中必须考虑的问题。①在价格模式方面，数据库商和系统商所开发的产品收费方式略有不同，数据库商只收取资源使用费，一般按年度计算，如 Summon、EDS；系统开发商在收取年服务费的同时还需加收系统的初次安装费，如 Primo。②在系统开放性方面，国外三种系统均为开放系统，即未购买系统或未注册系统的用户也有权查看系统的界面并使用其查询功能，除无法登陆个人空间和借阅资料外，所有连接互联网的用户可不受 IP 地址的限制自由访问该系统进行资料的查找。而我国的超星和读秀系统均为非开放系统，只能通过购买的方式才能进行操作。

第四节　门户网站服务

一、图书馆门户网站

（一）网站及门户网站

1.网站

网站是指在互联网上，根据一定的规则，使用 HTML 等语言工具制作的用于展示特定内容的相关网页的集合。简单地说，网站是一种信息发布与交流工具，人们可以通过网站来发布自己想要公开的信息，或者利用网站来提供相关的网络服务；可以通过网页浏览器来访问网站，获取自己需要的资讯或者享受网络服务。所谓门户，在网络中则是指提供某类综合性互联网信息资源并提供有关信息服务的应用系统。

2.图书馆门户

图书馆门户（Library Portal）是一个界面友好，可以方便读者无缝、流畅、一站式地访问和利用图书馆所有的信息资源和服务的网络集成服务系统。

图书馆门户网站是现代图书馆为读者提供各类信息资源和相关信息服务

的系统,是数字图书馆面向用户的统一服务入口,是以资源为基础,以服务为出发点的数字图书馆信息门户。它将数字图书馆的信息资源、工具和服务有效地组织、存储、整合起来,提供个性化、科学化的单点获取方式,实现资源和服务的无缝链接。通过门户网站,读者可以根据自己的喜好和兴趣方便地存取图书馆的数字资源,使用数字图书馆的服务。

(二)图书馆门户网站的定位

作为一个信息资源综合服务与管理系统平台,图书馆门户网站应该能够实现各种中外文异构数字资源的统一检索,并将这些原本相互孤立的数字资源及馆藏资源整合成相互关联的知识网络,消除"信息孤岛"状态,构建一个统一、友好的访问环境,实现图书馆各类资源的一站式快速搜索、定位和获取服务。同时,在网络环境下,图书馆门户网站还是一个与馆外资源交互共享服务的枢纽,通过这个服务站点,既可对外发布各种信息,又可将网上发布的图书馆资源统一集成到门户网站的资源搜索与获取共享体系,实现云图书馆门户建设。数字图书馆为读者提供的门户网站是一个内容丰富的、基于 Web 浏览的用户界面。在这个用户界面里,既有资源信息又有服务链接,包括信息发布、用户管理、网络互连和数据存储四项要素。

二、图书馆门户网站的建设

(一)图书馆门户网站的建设内容

门户网站的建设内容应包括网站结构与界面设计、信息资源建设及发布、信息资源的统一检索平台、统一的身份认证及个性化服务、数字参考咨询平台、网站论坛、Web 站点内部内容管理等,并且门户网站应实现如下功能:

统一入口服务:通过一次登录访问一个站点入口,向读者提供各类资源和服务；统一检索服务：通过统一检索，检索所有中文、外文资源信息；全文获取服务：通过资源调度系统实现本馆及馆外资源的统一调度使用，有权限的直接获取阅读，无权限的通过云图书馆的传递系统进行文献传递服务；最新文献服务：通过及时的数据更新，使读者及时掌握最新的发展动向和获取最新文献；最全文献服务：向读者全面揭示各种内部和外部资源；优质个性服务使用户获得优质个性化的定制与服务，并将公共检索系统功能全面拓展，实现公共目录检索和图书荐购系统定制功能的集成；强大管理功能为图书馆提供统一的内外资源管理、用户管理、特色资源制作等后台管理方法与工具。

（二）门户网站结构与界面设计

数字图书馆门户网站与一般的门户网站和商业门户网站不同，其建设要突出信息服务和数字资源建设的特点，采用合理的组织信息的展现形式，着重设计组织分类和导航的结构，搭建信息与用户认知之间的桥梁，从而让用户可以高效率、有效地浏览网站的内容。

门户网站的结构层次要简洁明了，应根据需要把信息分为几个主要的主题区域，并根据主题区域设计简单的层次结构。可以按照门户网站主页主要的主题区域相关的具体信息三个结构层次进行设计，使读者可以根据自己的意愿灵活地选择所需要的信息。

在界面设计上，应充分考虑读者的使用习惯，做到美观大方、使用方便、界面友好，能够吸引读者使用，既方便不同学历层次的读者获取信息，同时还要体现出门户网站独有的文化特征。数字图书馆门户网站功能结构见图7-1。

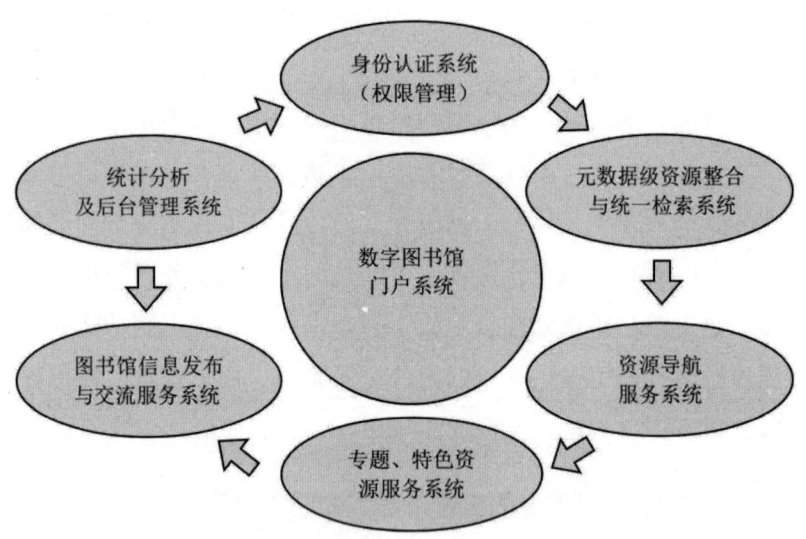

图 7-1 图书馆门户网站的功能结构

(三)门户网站服务平台构建

为了实现相应的服务功能,在数字图书馆门户网站的建设中,要集成各种应用子系统,构建门户网站服务平台。

1.信息资源建设及发布子系统

信息资源是数字图书馆服务的基础,也是读者最终所要获取的资源。各图书馆可根据自身所服务的对象,以本地域、本行业、本馆的馆藏特色为主,以方便不同读者的使用需求为目标,进行系统的信息资源建设,并通过 Web 发布系统将本馆和共享资源以数据库列表或资源导航方式发布到门户网站上。为了使读者能有效地利用数字资源,数字图书馆必须按照某种组织原则,系统地组织和揭示数字图书馆的数字资源,做到及时、准确、完整,并且结构清晰、层次简明,方便读者查询使用。

2.信息资源的统一检索子系统

数字图书馆内有多个相互独立的信息资源系统,它们可能分布在不同的服务器上,运行在不同的系统环境中。读者要获取相关信息需要分别进入各资源信息系统进行逐个检索,这对读者来说极为不便。为此,数字图书馆门户网站需要为读者提供一个可一次性检索并获取各数据源中所有相关信息的统一检索平台。目前，图书馆门户网站广泛采用了基于元数据整合的信息资源统一检索系统，为用户提供同时在所有资源中进行一站式检索的服务，避免需要逐个登录数据库、输入检索条件的麻烦，使用方便、快捷。

3.统一的身份认证及用户管理了系统

为了解决数字图书馆中数字信息资源的知识产权保护问题，只有通过系统认证的用户才能成为其合法用户。所以数字图书馆必须建立用户管理系统，构建知识产权保护体系。当前，绝大多数数字图书馆是通过 IP 验证加防火墙隔离的方式来进行用户管理。这种模式的优点是方便、简单，系统运行效率高，能有效解决商用数字资源的知识产权保护问题；缺点是给数字图书馆合法用户在馆外利用这些信息资源带来了障碍。目前，图书馆门户网站的用户认证系统普遍采用了用户远程访问认证系统（VPN）加访问授权方式来控制使用安全，从而使得合法用户在馆内和馆外都能有效利用数字图书馆的服务。用户在统一身份认证系统中注册账号后，这个账号就可以使用门户网站上的所有服务。如果用户之前已经在相关的资源系统中拥有账号，同时也已经设置了相应的权限，那么就可以将这些资源系统的账号与统一身份认证服务的账号进行关联，使用户登录统一身份认证系统之后，能够自动使用相关的资源系统用户账号来访问资源系统。

4.数字参考咨询子系统

数字参考咨询子系统是为读者提供一种通过计算机和网络在门户网站上进行交互式咨询的平台。读者可以通过网络与图书馆的参考咨询馆员进行交互式对话或通过电子邮件等方式进行联系，获得所需要的帮助。

5.网站论坛子系统

网站论坛是门户网站的一个重要组成部分，它为读者提供一个交流的平台。读者可以通过论坛交流心得体会，发表意见和建议；图书馆也可以通过此论坛开设相关专题讨论组，来获取读者对图书馆服务或使用资源情况的信息反馈。

6.统计分析与后台管理子系统

门户网站上的系统维护由网站后台的管理系统实现，包括利用统计分析、资源发布、新闻发布、用户管理、文件图片传输和各个资源系统的参数设置等系统的管理，与数据库的链接，Web 服务的日志配置，防止黑客入侵等工作。这些都要通过后台管理系统进行定期或不定期的维护管理。

三、门户网站的服务功能

图书馆门户网站包含有图书馆的概况、资源与服务，具有供读者远程利用的 OPAC 系统、数字资源访问等数字服务项目，并为读者利用图书馆资源与服务提供咨询辅导。

（一）资源服务

在这项服务中通常会提供图书馆网上 OPAC 查询服务，数字资源检索、浏览和下载服务，使读者能够跨越时空的限制，方便地通过网络从图书馆获取文献信息与服务。门户网站所揭示的信息资源包括各种纸质资源和数字资源的书目信息，收集和整理的符合本馆读者需求的网络信息资源等。门户网站以导航等形式对信息资源予以揭示，通过建立站内搜索引擎，以符合读者使用习惯的分类体系提供分类浏览、检索等功能，并通过资源调度系统为读者提供查找和获取信息资源的便捷途径。图书馆资源服务功能一般通过"统一检索平台""馆藏目录""特色资源""中文资源""外文资源""电子图书""电子期刊""学位论文""教学参考书""学科导航""试用数据库""新书通报""文献传递"等栏目提供网络服务。

（二）宣传教育

图书馆传统的宣传媒体是平面二维的，如海报、板报、宣传单等；而网络宣传则是多维的。网络宣传能将文字、图像和声音有机地组合在一起，传递多感官的信息，通过图、文、声、像相结合的宣传形式，增强宣传的实效。

图书馆利用网络平台开展宣传教育,既可以利用网络技术宣传资源和服务,增强用户的网络意识和网络检索能力,又可以充分发挥网络传播及时、受众而广的优势,扩大图书馆的社会影响。图书馆网络宣传教育功能主要通过设置"图书馆概况""入馆须知""馆藏布局""读者指南""培训资料""文献检索课件""图书馆公告"等栏目提供服务:读者通过浏览各种指南、查找资料导引、课件、FAQ、视频宣传材料下载以及文献检索课和培训讲座的宣传、公告等服务获得利用图书馆资源与服务的帮助。

(三)交流咨询服务

在这项服务中应构建起图书馆与读者之间沟通和交流的网络平台。图书馆可以通过调查引擎、电子邮件、BBS、留言本和虚拟参考咨询系统等模块进行消息发布、读者调查、答复读者意见、解答咨询、提供联系方式等服务与读者进行双向交流,建立良好的互动关系,准确了解读者的需求,解决读者的问题,提高服务的质量。而读者则通过网站提交申请、反馈意见、咨询问题、定制个性化服务。数字图书馆可以通过设置留言簿、馆长信箱、书刊推荐、读者查询、交流园地、图书馆微博、官方博客等方式提供交流咨询服务。

(四)信息导航服务

在网络时代,网上信息资源浩如烟海,尽管各种网上搜索引擎应运而生,但其信息依然是综合无序、良莠不齐的。信息需求者要从网上查询到所需信息,既费时费力,又难以查全、查准,检索效率较低。因此,现代图书馆按照读者的使用习惯和需求,将各种载体、各种类型的信息资源进行合理的收集、科学的组织并通过一定的服务模式,提供有效的网上资源导航服务是十分必要的。图书馆的网络导航服务一般有以下几种类型。

1.学科资源导航

这类导航系统对纷繁的数字信息资源进行收集、加工和整理,形成各学科的网上虚拟资源导航库。用户通过浏览和查询这些资源库,可以用最快的速度和最短的时间获得有关学科的全面信息，真正起到网络导航的作用。

2.搜索引擎导航

通过收集百度等著名搜索引擎，图书馆门户网站可以帮助读者快速进入不同的引擎链接，通过这些搜索引擎获得所需的信息。

3.链接导航服务

图书馆通过收集读者经常使用的网站链接地址，如兄弟图书馆、合作单位、学术机构、公共信息服务平台等，建立相应的链接导航服务，帮助用户直接链接到所需网站，并通过这些网站获得所需信息。

第八章 "互联网+"与图书馆读者服务

第一节 "互联网+"对图书馆读者服务的影响

图书馆读者服务是图书馆工作的中心，也是图书馆建设和创新的重要环节。图书馆的各项功能最终都是通过图书馆读者服务来实现的，图书馆各项工作流程的价值也都是通过图书馆读者服务来体现的，图书馆文献信息资源采访的合理性、信息（数据）资源建设和利用的深度与广度、馆藏建设的科学性等都可以从图书馆读者服务中获得体现。可以说，图书馆的读者服务是衡量图书馆各项工作的风向标，是检验图书馆建设和发展的重要指标之一。"互联网+"给图书馆带来的深刻影响是全方位的，而首当其冲的是图书馆读者服务。

一、对读者服务理念的影响

因受限于技术因素，传统图书文献资源都是以纸质媒介为载体，传统图书馆文献资源的采访、加工、存储和利用都是围绕纸质文献资源而展开。就读者服务而言，在传统图书馆下，为读者提供优质的纸质文献资源借阅服务是其唯一的服务方式。故而传统图书馆的服务理念也是在对各种纸质图书文献资源借阅的过程中逐步形成和产生的，以"书"为中心是传统图书馆服务理念的核心。受该服务理念的影响和支配，传统图书馆的读者服务呈现出封闭性、保守性、被动性等显性特征。但随着"互联网+"新技术在图书馆的广泛应用和推广,图书馆原有的文献资源服务壁垒被打破,大量的网络信息资源不断丰富着图书馆馆藏,馆际互借、资源共享、数字图书馆建设等成为现实。移动互联网技术的发展使得读者阅读时间呈现出碎片化、读者可以随时进行阅读,在阅读方式上呈现出"浅阅读""碎片化阅读",声音、图像、视频、网络在线浏览等成为主要阅读形式,在获取文献信息资源的渠道上呈现出多样化,读者不用再到图书馆就可以获取所需要的个性化阅读信息资源。同时,图书馆与读者的交互性也在不断增强。这一切都迫使图书馆不得不转变服务理念,即要建立"以读者为中心"的服务理念。换言之,就是要把传统服务的中心从"书"转到"人(读者)"上。在"互联网+"下,图书馆读者服务不仅要服务于读者,更要了解读者。只有深入了解读者,才能更多地获得读者个性化的需求信息,才能有针对性地为读者提供个性化服务。也只有这样,才不至于让读者在"互联网+"下与图书馆渐行渐远。

二、对读者服务方式的影响

传统图书馆读者服务方式就是为读者提供文献资源借阅服务,这种单一的服务方式一方面决定了读者的借阅必须在固定的时间和固定的地点才能完成;另一方面也造就了图书馆固有的被动和保守的服务状况。所谓被动式服务,即有读者,就提供借阅服务;没有读者,图书馆也不会主动地采取一些措施来吸引读者走进图书馆。所谓保守式服务,即指读者需要什么书,馆员就借给读者什么书,馆员不会根据读者的阅读兴趣主动向读者介绍或推荐阅读什么书。这种状况对于传统图书馆来说还可行,因为无论是公共图书馆还是高校图书馆,其辐射范围是有限的。一所高校通常只有一个图书馆,许多城市尤其是中小城市也只有一个图书馆,读者有阅读需求就必须到图书馆。但在"互联网+"时代,互联网新技术尤其是移动互联网的广泛应用,不仅使得读者随时随地阅读成为现实,而且也使得读者需求越来越高。这就要求图书馆要拓展读者服务方式,不仅能提供传统的借阅服务,更能提供个性化的咨询、定制服务；不仅能提供传统纸质文献资源借阅服务，也能提供数字化文献资源、大数据开发和利用等服务，更能提供图书馆远程访问服务。"互联网+"也迫使图书馆要突破传统服务的时空界限，不再受服务时间、服务地点和服务人员的限制，服务无处不在，服务无时不在。只有这样，图书馆才能黏住读者，才不至于在"互联网+"的背景下"门前冷落鞍马稀"。

三、对读者服务模式的影响

因受限于计算机技术在图书馆的应用和文献资源的纸质化，传统图书馆的读者服务都是人工模式，所有与读者服务相关的工作如检索、上架、排架、借阅等都是依靠人工完成。这种服务模式效率低，费时费力。同时，为读者提供文献资源的借还是读者服务的主要工作内容。但在"互联网+"的背景下，电子文献资源（包括音频和视频等资源）已成为图书馆馆藏建设的重要载体，移动通信技术的发展使得读者足不出户就可以获取所需要的文献信息，这就迫使图书馆必须要改变自己的读者服务模式。在服务方式上要从人工服务转变为智能服务（智能化检索、智能化查找、智能化整架、智能化借阅等）；在服务形式上，要既能提供在线借阅服务（到馆借阅），又能提供线下访问，要让读者能通过任何一台计算机或移动终端设备就可以访问图书馆的任何文献资源；在服务内容上，要既能为读者提供个性化的信息咨询服务，也能为读者提供图书馆大数据分析、利用服务，等等。可以说，"互联网+"对图书馆读者服务模式的影响是深刻的，它将彻底改变人们对图书馆的传统印象，重构图书馆的功能体系，拓展图书馆的服务领域。同时也是实现"互联网+"的背景下图书馆能满足读者不受时间、地点和其他条件的制约，通过互联网就可以从任何图书馆即时获取所需的个性化文献信息资源这一终极目标的关键环节。

四、对读者服务结构的影响

与传统图书馆以"书"为中心的服务理念和人工服务模式相匹配,传统图书馆读者服务结构呈"金字塔"形。这种结构因中间环节多,具有信息传递速度慢,面对读者需求反应迟缓等特点。但"互联网+"却催生了图书馆读者服务的产品化,即在"互联网+"时代,图书馆读者服务是以产品化的形态去参与读者市场竞争、去赢得读者的青睐。鉴于"互联网+"时代连接的泛化性、读者的社群性以及图书馆与读者的交互性,"互联网+图书馆"要想在读者市场上抢占到制高点和话语控制权,首先必须要优化图书馆的组织结构,尤其是读者服务的组织结构,即每一个馆员都必须直接面对读者,所有的工作都是围绕读者展开,这样才能真正体现以读者为中心的图书馆读者服务理念和工作宗旨。而扁平化的读者服务结构则是"互联网+"的背景下图书馆读者服务转型的必然选择,它不仅能灵活适应图书馆外部环境的变化,最重要的是它还能实现即时响应读者需求的目标,为读者即时提供最佳的解决方案,提高读者的满意度。在某种程度上,扁平化的组织结构不仅适用于一个单个的图书馆,也适用于统一的图书馆网络联盟,这也是"互联网+"对读者服务结构最为显著的影响。

"互联网+"的背景下图书馆服务理念的转变,突显了"以人为本"的和谐社会的本质,彰显了"互联网+"跨界融合的客观要求。读者服务模式的创新和读者服务形式的拓展,不仅可以丰富图书馆提升自身服务的能力和应对读者需求变化的能力,使读者可以通过多渠道、多途径获取信息,而且还可以使图书馆读者服务更专业化、智慧化,读者阅读推广、体验式服务、定制化服务及推送使图书馆读者服务更具有针对性和个性化。同时,也会使图书馆读者服务过程更加高效和便捷,读者的体验感更强、满意度更高。

第二节 "互联网+"的背景下图书馆读者服务存在的不足

一、读者服务理念陈旧

尽管互联网技术已经渗透到我们生活、工作、学习等方方面面,互联网思维也已在改变着我们的思维方式和行为模式,"互联网+图书馆"行动已经在路上,但图书馆读者服务的理念仍然陈旧,服务意识仍然淡薄。许多图书馆尤其是基层公共图书馆的服务理念依然停留在以"书"为中心上,为读者提供文献资源服务依然是其唯一的服务方式。

理念是行为的先导,个人的理念决定着个人的行为方向。图书馆读者服务理念则是由图书馆每一个从事读者服务工作人员的个人理念所决定的。因此,要改变目前图书馆陈旧的服务理念,首先要从改变每一个从事读者服务的工作人员的理念入手,从机制上、从待遇和地位上、从情感上等采取多种方法、多种途径来促进"互联网+"的背景下图书馆读者服务理念的养成。

二、技术手段落后

"互联网+"的背景下的图书馆读者服务,除为读者提供图书文献资源的借阅服务、参考咨询之外,更主要将集中在图书馆信息资源的开发和利用上。"互联网+"催生了图书馆服务的产品化,图书馆成为知识选取与储存、知识重组与再生、知识配送与输出为内容的流水生产的"加工厂"。基于互联网网络平台的建立,在"互联网+"时代,图书馆就是一个信息资源的汇聚地,面对如此多的海量信息,图书馆必须能够运用云计算技术,对海量信息进行整合、分类和深加工,建立起图书馆大数据系统,并通过大数据系统实现图书馆读者服务智慧化。同时,随着移动互联网的广泛应用,图书馆阅读推广也需要很高的互联网技术的支持。

然而，目前图书馆对互联网技术尤其是对互联网先进技术的应用，远远赶不上互联网技术在其他行业和服务上的应用、更赶不上互联网技术的发展与进步。许多图书馆在技术的运用上还停留在数字化的水平上，远远不能满足读者在"互联网+"的背景下对图书馆的个性化需求。尽管在20世纪90年代末，国内图书馆尤其是高校图书馆出现了一个更换集成管理系统的高峰期，但该系统到现在也运行近20年了。即使该集成管理系统做过升级处理，但该系统也多属于传统文献管理系统，而在"互联网+"时代，图书馆管理系统更多的是网络信息资源的管理。这就更需要互联网先进技术的支持，但当前图书馆欠缺的就是先进的互联网技术。

图书馆缺乏先进的互联网技术支持是多种原因造成的，其中首要的原因是缺少相应的经费支持，这与政府及图书馆上级主管部门的重视程度密切相关；另外还有图书馆自身的原因，许多图书馆负责人及工作人员缺乏学习新技术的积极性，面对"互联网+"环境下图书馆与读者渐行渐远的困境，消极固守，不能积极应对并采取相应的措施，去探索新途径，拓展新领域。

三、读者服务人员能力不足

传统观念认为，图书馆对读者服务人员的能力要求不高，只需要服务人员能为读者提供借阅服务即可，也正是这一观念影响并决定了人们对图书馆读者服务工作性质的认识。不可否认，在为读者提供纯粹纸质文献资源借阅的年代，图书馆对读者服务人员的能力要求并不高。因此，在人们的印象中，图书馆读者服务工作只要识字的人都可以胜任，图书馆也被戏称为"养老院"。

但是，"互联网+"对图书馆从事读者服务工作人员的服务能力却提出了更高的要求：从事读者服务工作人员不仅要具有丰富的图书馆学知识，而且要具有较深厚的计算机知识；不仅要具备能提供纸电文献资源借阅服务的能力更要具备较强的信息收集、整合、加工能力和较高的参考咨询能力、大数据的开发和利用能力。可以说，在"互联网+"时代，不具备这些能力，就不能胜任读者服务工作,就不能成为一个合格的读者服务工作人员。

然而,现实是残酷的,目前大多数图书馆从事读者服务工作人员的上述能力都不足主要表现为:图书馆学知识较丰富,计算机知识较贫乏;传统借阅服务能力较强,对互联网技术运用能力比较弱。这种状况既不能满足"互联网+"的背景下图书馆读者服务工作的要求,也不能满足"互联网+"的背景下读者对图书馆读者服务的要求。因此,在"互联网+"的背景下,图书馆一方面要采取措施积极引进高素质的复合型人才,另一方面要鼓励从事读者服务工作的人员努力学习新知识和新技术,更新服务理念,不断地提升自身的服务能力和应变能力。也只有这样,图书馆才能在"互联网+"下黏住读者,让读者喜欢图书馆、爱上图书馆,进而实现图书馆读者服务的价值创新。

第三节 "互联网+"的背景下读者服务的创新

"互联网+"时代,读者的阅读需求无处不在,无时不有。因此,图书馆读者服务的内容和方式也无所不包,无时不有。让读者在任何时间、任何地点通过任何图书馆都能即时获取所需求的任何文献信息资源,从而实现图书馆读者服务的增值创新是"互联网+图书馆"建设的终极目标。图书馆服务理念的养成、服务方式的转变、服务领域的拓展、服务组织结构的重组和服务模式的重构都应当服务于和服从于这一终极目标。在"互联网+"的背景下,图书馆读者服务创新包括下面几点。

一、服务理念的创新

所谓传统是指历史上流传下来的社会习惯力量,存在于制度、思想、文化、道德学各个领域……对人们的社会行为有无形的控制作用。它具有历史性和延续性。任何意识形态一旦成为传统都有着强大的生命力,尤其是传统理念（观念）一旦形成，就会根深蒂固，很难改变。图书馆要革新服务理念，实现"互联网+"下读者服务理念的创新，就要有壮士断腕的决心和勇气。

首先，图书馆全体馆员要认真研讨"互联网+"的内涵，高度重视其给图书馆所带来的深刻影响；要用积极的心态、开放的思维主动去适应"互联网+"化的社会环境，要深入分析"互联网+"给图书馆带来的新问题、新情况；要充分认识到"互联网+图书馆"并不是对传统图书馆的简单替代，也并没有改变图书馆提供读者服务的本质属性。

其次，要深刻认识到"互联网+"对图书馆的意义在于能够帮助图书馆为读者提供高效率和高质量的服务，实现图书馆的转型升级。从事读者服务的馆员要积极学习"互联网+"新技术在读者服务中的应用，要认认真真地研究"互联网+"下读者的心理、阅读习惯、阅读兴趣和阅读爱好，要切实认识到在"互联网+"的背景下，读者就是图书馆服务的对象。没有读者，图书馆就失去了存在的意义。每一个馆员要有转变以"书"为本的服务理念，要有建立以"人（读者）"为中心的"互联网+图书馆"服务观念的信心和决心。优化服务流程、拓展服务渠道、完善服务方式、重组服务结构，以满足用户即时获取和个性化的需求。

再次，要充分认识到，在"互联网+"下技术已然成为一种生产要素，并推动社会的发展，同样也孕育着图书馆的新生。图书馆要切实依托互联网新技术构建起统一的图书馆网络平台，让读者与图书馆直接互联，进行零距离的交互，真正体现以读者为中心，尊重读者需求，充分满足读者的即时所需和个性化的需求，让读者愿意和喜欢进入图书馆，在图书馆能感受到最人性化、最温馨的服务。只有这样，才能实现图书馆的增值创新。

最后，图书馆要高度重视加强"互联网+"新技术学习的重要性，要变消极、被动式服务为主动式服务，要以开放、共享、整合等理念促进图书馆资源的合理配置，推动读者服务的移动互联化、数据化、共享化。无论是服务流程的重构、服务方式的重塑还是服务结构的重组，都要围绕读者展开，尤其是要注重读者的参与和体验，也只有这样，才能推动和促进图书馆服务理念的创新。

二、服务方式的创新

在"互联网+"的背景下,基于读者对电子文献信息资源的需求和图书馆信息资源建设的发展趋势,对既有馆藏纸质文献资源进行数字化、提高电子文献信息资源的采访比例以及加强对网络信息资源的开放和利用,是每一个图书馆面对"互联网+"的必然选择。同时,互联网新技术、大数据、云计算技术和物联网技术等可为图书馆馆际互借、资源共享和统一网络服务平台的建立提供可靠的技术支持,也可促使图书馆服务方式从传统的单一服务方式向多元化、多层次的服务方式拓展。

1.协同式读者服务

在"互联网+"的背景下,每个图书馆都不是单兵作战,都是整个无边界图书馆联盟上的一个节点,都可以通过网络和云阅读服务平台,实现图书馆智慧化管理,并通过资源共享、协同服务、共同开发信息资源为每一位读者提供可随时获取、可共享、按需使用、安全可靠的阅读、访问、咨询等服务。协同式读者服务真正体现了"互联网+"与图书馆跨界融合的成效。如2015年7月8日,全国首家"京津冀协同发展"文献服务主题馆落户河北省图书馆,正式面向社会公众开放。该馆占地200平方米,可为读者提供近万册书籍和17万条数据服务,京津冀还协同发展电子服务平台,公众可在平台上查询相关政策法规、最新动态、数据监测等信息。

2.体验式读者服务

2016年10月16日天津市津南区图书馆成功开展了智慧空间体验活动,吸引了150余名小读者和家长参加,整场活动以亲子互动形式展开,有"体验互动学英语""互动拍照""涂鸦海洋馆""VR安全教育"等。在互动拍照中,小读者可通过体感技术选择自己喜欢的背景进行拍摄并打印,由此得到自己的专属记忆;互动英语将单词学习与跑酷运动相结合,小读者可通过体感设备选择字母进行单词拼写,让原本枯燥乏味的记忆丰富有趣起来。VR安全教育让小读者戴上VR眼镜,真实感受火灾现场,了解灭火器如何使用,学习火灾知识。这种体验式读者服务让小读者及家长们体验了科技教育创新成果，丰富了他们的阅读世界，也让家长深刻体会到图书馆在为小读者们开阔视野、学习锻炼及性格培养等方面起到的重要作用。这些体验式读者服务能够更多更好地吸引读者走进图书馆。

3.推送式读者服务

移动通信技术的广泛应用，使得图书馆可以通过邮件、QQ群、微信公众号等平台和其他推送手段将读者所需求的信息资源推送给读者，以满足读者的个性化需求。在"互联网+"的背景下，推送式阅读将成为图书馆读者服务的重要内容，这种方式可以减少读者检索和阅读与自己需求不相关信息的概率，避免一些不愉快体验的发生，同时可以增进图书馆与读者之间的交流和互动。

此外，图书馆推送式读者服务还包括提供快速的配送服务（第一时间能够送书上门）。

4.移动APP式服务

国内已有不少高校馆和公共馆推出了移动APP应用，内容包括馆藏书目查询、数据库检索（包括浏览、下载等）、图书扫码借阅（包括预约、续借等）、个性定制、自订阅、摇一摇让你了解别人在读什么书、读者信息查询、图书馆动态浏览等几乎图书馆所有的读者服务，读者可以在手机上完成一站式检索和全义获取。这个新技术的应用，一方面在为读者带来海量图书文献信息资源的同时，也给读者带来了全新的体验；另一方面也极大地丰富了图书馆读者服务的方式，提高了读者服务的质量，也让读者切实感受到新时代图书馆"以读者为中心"服务理念的贯彻和落实。

5.新创意式服务

在"互联网+"的背景下，图书馆不仅是学习空间，更是一个文化空间、休闲空间，可通过举办摄影、文学沙龙、公益性讲座、演讲、书评活动等，丰富图书馆的多元化服务；还可通过"藏、借、阅一体化"的管理，把更多的空间、更舒适明亮的环境给读者，增设研修室、交流共享空间、休闲空间和个性化阅读空间，甚至还有创客工作室等，让读者服务更具创意和吸引力，开展更多的新创意式读者服务。此外，读者对图书馆的每一次访问，都会留下相关的信息，图书馆通过对读者访问信息的收集和分析，可以感知读者的阅读需求、目的和动机、阅读的习惯和兴趣及阅读模式等。这些正是图书馆读者信息大数据构建的基础，也是图书馆向读者进行主动推送服务的重要依据。由此可见，"互联网+"的背景下随着读者服务领域的拓展和互联网新技术的应用，读者服务的模式也将不断地创新和丰富。

6.微服务

在数字环境下，微博、微信、微电影、微小说、微图书、微音乐等微实物已经悄然地渗入了社会生活的方方面面，可以毫不夸张地说，我们的社会已经进入微时代。微时代信息传播具有辐射面广、速度快、互动性强等特点。图书馆服务必须紧贴微时代，贯彻微服务理念，把握微服务的特点，才能满足读者对图书馆微服务的需求。

所谓"微服务"，顾名思义，服务理念里不是针对大而广，而是针对细而微的服务。图书馆微服务，就是摒弃以往大而泛的宏观服务方式，为用户提供小而细的个性化服务。在当今社会，随着人们生活节奏的加快，公众在正常上班时几乎没有时间去阅读（应做广义上理解，包括信息浏览、新闻要览等），只能利用上下班的碎片时间去阅读，而移动通信技术发展为这种微阅读提供了技术支持。据此，微服务是"互联网+"的背景下图书馆创新服务方式之一，也是图书馆在"互联网+"的背景下必须研究的课题之一。

我们认为，首先，在"互联网+"的背景下图书馆微服务必须坚持"以读者为中心"的服务理念。微服务是一种开放、自由、交互式的服务，它服务的对象是每个个体，而非群体。因此，图书馆应深入读者环境，了解读者在碎片化的时间内最需要什么样的阅读、最想了解或掌握什么样的信息、什么样的内容最适合读者碎片化的时间。只有这样，图书馆微服务才能有的放矢，才能让读者最满意。其次，图书馆要精选微内容，创新微个性。微服务的内容多是公开的、分散的、细微的、零碎的，可以是一句话、一个表情、一张图片、一个音频或视频等，但图书馆面对数量庞大、内容良莠不齐的网络信息，一方面要加大信息甄别、筛选和整合的力度，精选微服务的内容；另一方面要加强自制微服务内容的力度，创新微个性。再次，在服务方式上要变被动为主动。目前大多数微服务都是被动的，这种被动式服务使得微服务并不具有针对性，不能展现微服务个性化的特征。图书馆要深入分析微服务对象的心理，了解用户的真实需求，而不应该是应付式、完成任务式的服务。最后，要建立起具有本馆特色的微服务体系。图书馆要利用本馆的资源特色，精心打造本馆的微服务平台，要将本馆的特色资源推荐给读者，可以是本馆经典文献推荐，可以是本馆特色数字资源介绍，也可以是本馆的资源优势交流，更可以是本馆的阅读推广书目……只有这样，图书馆的微服务才能获得读者的青睐和信任。

微服务是图书馆服务方式上的创新，它对于完善"互联网+"图书馆服务方式、提升图书馆服务质量具有重要的意义。同时，它也是"互联网+"下图书馆提升核心竞争力的重要组成部分。

三、服务模式的创新

在"互联网+"下，无边界图书馆网络联盟的建立和信息通信技术的新发展将推动图书馆服务模式的创新。主要表现为下面几部分。

1.立体化的服务模式

在"互联网+"下，一方面，图书馆可以利用既有物理空间和文献信息资源为读者提供线下服务。如通过对图书馆既有物理空间的改造和重建，让图书馆的公共空间更具有人性化，使读者能在温馨、绿色的实体图书馆里感受到图书馆读者服务的魅力。如上海市嘉定区图书馆就被称为"上海市颜值最高的图书馆"，同时也被美国权威设计杂志 Interior Design 评选为 2013 年"全球最佳公共图书馆"。该馆通过对空间的巧妙运用和大量人性化的细节设计，彻底颠覆了人们对传统图书馆的认知。无论是借书还是看电影都是全免费的，馆内豪华电脑一体机也是免费使用，3M 自动图书管理系统，CISCO 路由全覆盖 WiFi，还有咖啡厅和露天餐吧，更贴心的是还特设有 24 小时开放的图书馆。另一方面，图书馆通过对既有文献信息资源数字化和电子文献信息资源的强化建设，加之图书馆统一网络平台的建立，PC 端、移动 APP、PDA 等互联网新技术的应用，可以为读者提供在线借阅服务，使读者在虚拟空间里体验到智慧图书馆读者服务的便捷和高效率。如上海嘉定图书馆依托上海图书馆庞大的文献信息资源，构建起了拥有由清华同方及重庆维普数据库、电子文献、网上文献浏览等组成的信息系统，为读者提供在线借阅服务；又如国家图书馆"以一云一库一网"为抓手，基本建成了国家文化传播大数据综合服务平台，实现了各类文化机构间资源与服务的全面共享。"互联网+图书馆"正是通过线上与线下服务相结合，构建起了"互联网+"下图书馆立体化的读者服务方式，这种立体化的服务方式为"互联网+图书馆"服务模式的创新提供了可靠的路径。

2.智慧化服务模式

智慧化的读者服务是未来图书馆的主要服务方式之一，也是智慧图书馆的四大构成要素之一（智慧资源系统、智慧感知系统、智慧服务系统和智慧管理系统）。在"互联网+"时代，新的信息通信技术、物联网技术、云计算技术、RFID和智能信息过滤技术等为图书馆提供智慧化的读者服务提供了强大的技术支持。智慧化读者服务以感知化、互联化和智能化为基础，将人性化的理念融入服务的全过程，重塑读者和图书馆的交互方式，提升读者与图书馆交互的精准性和效率，丰富"互联网+图书馆"服务方式创新的内涵，极大地丰富图书馆服务方式的外延，将成为"互联网+图书馆"读者服务的主要方式。

文献信息资源整合的智能化也为"互联网+图书馆"服务方式提供了拓展的空间，读者不仅可以进行跨库检索、跨馆检索和跨载体检索，而且还可以利用移动终端或PC端获取图书馆中的每一条信息。另外，物联网技术如RFID（无线射频识别技术）、二维码的应用，还可以为读者个性化需求提供参考咨询和知识服务，实现图书馆文献信息资源与读者需求之间互联互通，为读者实现文献信息资源利用的智能化提供保障。

作为未来图书馆的新模式，智慧图书馆将成为图书馆创新发展、转型发展和可持续发展的新理念和新实践。智慧图书馆通过提供融理性智慧、价值智慧和实践智慧为一体的公共智慧服务，从而打造更具魅力的公共文化环境和更大的信息共享空间。

3.大数据服务模式

在物联网、云计算、移动互联网的催生下,各种终端设备产生了惊人的海量数据,图书馆也不例外。大数据服务模式也将成为"互联网+"的背景下图书馆的创新服务模式之一。

首先,在"互联网+"时代,图书馆通过对原有纸质文献信息资源数字化并将该数字化资源与图书馆网络联盟上的信息资源进行整合,建立起一个较为完整的图书馆文献信息资源大数据,这既是"互联网+图书馆"文献信息建设的重要内容,也是图书馆大数据服务的基础。其次,图书馆可以立足于区域特色和服务特点,建设特色资源数据库,为读者提供特色阅读服务。如深圳市盐田区图书馆建设了全国首个海洋专题类资源联合目录库,整合了700多家图书馆的海洋馆藏资源信息,汇集了50万条海洋目录信息等,可为读者提供一站式的海洋信息检索、阅读、利用服务;浙江图书馆建立起了房地产简报数据库;桂林图书馆建立起了桂林地方资源图文数据库;上海市图书馆通过"上海图典"数据库,再现了百年上海发展的历史进程。这些特色数据库的建立,能为读者提供尽可能系统、详尽的最新动态、最新前沿信息,以满足读者特定的个性化需求。再次,在"互联网+"的背景下,图书馆还可以通过先进的智能感知系统,如智能手环、移动APP等感知读者,系统后台通过数据挖掘包括读者的性别、职业、阅读历史、阅读方向等),分析出读者的阅读兴趣和爱好等,为读者提供个性化定制阅读服务和阅读推送服务。

4."O2O+"服务模式

"O2O+"着实为"互联网+"与图书馆服务提供了一种思路。"互联网+"大潮,促使图书馆完成将硬件强化变成服务提升,把功能变成体验,把读者变成粉丝的艰难转型。读者主体的多元化、需求的广泛性和复杂性,单靠图书馆自身的资源、人才和能力很难满足读者的个性化需求,这就要求打破图书馆的边界,建立一个更大的生态网络,并要持续地与读者交互,才能把他们吸引到图书馆来。否则,图书馆就会因为读者流失而无以为继。未来"O2O+"的模式对图书馆读者服务来说将突破线上和线下的界限,实现线上与线下、虚拟图书馆与实体图书馆之间的深度融合。具体来说,图书馆读者服务从线上到线下，可以表现为读者在线上预订服务（预约某种图书），再到线下实地享受服务（所需图书到手）；从线下到线上的读者服务，可以表现为读者通过图书馆实地体验并选好所需资源，然后通过线上获得。作为图书馆的读者服务可以采用线上报名参与主题活动（如图书寻宝活动），线下进行现场体验（寻找过程），再到线上进行体验分享（如分享参与活动的收获感和愉悦感），即为O2O2O（online to offline to online）模式，就是由线上到线下再到线上的模式。

  要实现"O2O+"的读者服务模式，平台建设尤为重要。平台是什么？平台就是快速配置资源的框架。因为只有在平台上，很多资源才可以快速配置，最后形成一个可以自循环的生态圈。平台必须具备两个特性，一是开放，二是资源。在信息交互的平台上，所有图书馆、读者的信息都可以见到，如果仅仅是在实体图书馆，是不可能获得数量如此庞大的信息。未来图书馆竞争不再是图书馆之间实体性的竞争，而是平台与平台的竞争，构建图书馆交互平台是一种战略选择，构建图书馆的平台生态圈更是一种大战略。在图书馆开放的平台上，可以整合各种资源，可以让所有读者参与进来，实现与读者之间的零距离，这样才能真正实现"信息+时空"的完美结合。跨越时间界限，整合线下体验和线上平台，通过对读者、信息资源、需求提交、文献传递（包括物流配送）等线上线下实时连接与一站式管理，充分实现实体图书馆与虚拟图书馆的融会贯通、线上线下实时连通。图书馆要黏住读者，最终依靠的就是读者服务。什么样的服务才能让读者满意？毋庸置疑，快速服务、优质服务、完善服务，尤其是快速服务，这是读者最为渴求的。而由实体图书馆提供优质的线下体验，扩展种类并通过打通流通环节，增加读者的选择空间和方便度，并通过定制化的信息推送和优质物流服务（打通物流环节），形成良好的借阅循环体验的方法，就是图书馆对"O2O+"服务模式的最好践行，能够最大限度地提高图书馆对读者的吸引力和读者对图书馆的忠诚度。

第四节　读者服务创新的保障体系

"互联网+图书馆"要想通过服务模式的创新进而实现"互联网+图书馆"的建设目标，就必须有一套科学、完善、合理的保障体系，来保障图书馆各项功能体系和管理体系高效、优质地运行。

一、人力资源保障

以读者为中心，为读者提供服务是图书馆各项工作的逻辑起点和归宿。而为读者提供各项服务都需要靠图书馆管理人员（馆员）来完成，馆员是智慧服务的核心和主体。因此，人力资源是保障读者服务创新的首要条件。

在"互联网+图书馆"服务模式中，馆员发挥着纽带桥梁作用，是为读者提供优质服务的前提和保证，也是实现"互联网+图书馆"建设目标的关键环节。馆员的专业素养将不仅直接影响着图书馆的服务水平，更是影响着读者对图书馆的评价、决定着图书馆价值创新的关键因素。因此，在"互联网+"下如何提高馆员的专业素养，以适应"互联网+图书馆"建设的需要，是图书馆亟待解决的课题。

英国图书馆与信息学专家约翰逊认为，"智慧图书馆员"的基本特征资质须达到一定水准，致力于终身学习、社会及种族多元化、灵活性、创造力、见多识广、思想开放和参与公共生活等。黄幼菲认为，智慧图书馆员应具备专业水准、服务激情、知识能力、智慧灵性、危机管理、团队协作等综合素质。杨亚海认为，智慧图书馆员要具备准确把握用于分析和预测的大数据的范畴、价值、状态和周期的能力；熟练运用人工智能、商业智能、数学算法、自然语言理解、信息技术等多个跨学科领域的技术成果的能力；为服务对象和本机构做基于"投入—回报"的人力、物力、财力及发展张力的发展规划的能力等，最终具备建立集成化的公共智慧获取、存储、组织、分析和决策的大数据综合解决方案的能力。

我们认为，"互联网+图书馆"服务模式下，馆员的专业素养至少应包括下面三种能力。

（1）计算机操作能力和网络驾驭能力。即能熟练运用计算机技术和各种网络检索技术为用户提供服务。

（2）文献信息资源的处理能力。即能运用云计算、物联网、互联网等新技术对图书馆各种信息资源进行有效收集、分析和处理并建立图书馆大数据的能力。

（3）创新能力。即具有"互联网+"思维，能运用"互联网+"新技术实现图书馆价值创新的能力。

为此，就需要图书馆从以下几方面入手建设好图书馆的人力资源。

（1）要积极引进不仅具有图书馆基本服务能力，更要具备在"互联网+"的背景下图书馆与其他行业深度融合的专业背景、数据挖掘、互联网应用与创新能力的"互联网技术"或"互联网思维"人才。

（2）有组织、有计划地对馆员开展与工作相关的各种业务的专门培训和学习，让馆员逐步树立"互联网+"意识，形成"互联网+"思维；有针对性地对馆员进行岗位培训，学习"互联网+"新技术，让馆员具备较强的计算机操作和网络驾驭能力。

（3）鼓励并积极支持馆员参加各种专业性的短期培训和在职进修，进行知识更新。

（4）有计划地开展馆际学术交流，让馆员感知图书馆发展中的前沿问题和热点问题，提升馆员的独立思考能力和学术研究能力，以理论指导实践。

二、技术及网络基础设施保障

"互联网+图书馆"的前提是互联网作为一种基础设施的广泛安装以及

"互联网+"技术在图书馆的广泛应用。没有先进技术和强大网络基础设施,也就没有智慧图书馆,更谈不上有图书馆智慧服务。但鉴于公共图书馆的公益性以及图书馆在高校中的教辅地位,目前,无论是公共图书馆还是高校图书馆,互联网基础设施都还比较薄弱,"互联网+"先进技术也还不能被广泛应用,远远不能满足"互联网+图书馆"建设目标的要求。为此,要实现"互联网+图书馆"建设目标,首先,政府、学校要充分认识加强图书馆建设对于提升国民素质、传承文明和推动社会进步方面的重大意义,要高度重视图书馆在凝聚国民核心创造力上的影响;要加大对图书馆网络基础设施建设和技术应用上的投入,加快网络基础设施的建设步伐;同时要积极倡导国家加快高速宽带网络建设,大幅度提高网络速率,有效降低网络资费。其次,国家要加大扶持相关IT企业对核心芯片、高端服务器、云计算软硬件平台和大数据储存系统"互联网+图书馆"的前提是互联网作为一种基础设施的广泛安装以及"互联网+"技术在图书馆的广泛应用。没有先进技术和强大网络基础设施,也就没有智慧图书馆,更谈不上有图书馆智慧服务。但鉴于公共图书馆的公益性以及图书馆在高校中的教辅地位,目前,无论是公共图书馆还是高校图书馆,互联网基础设施都还比较薄弱,"互联网+"先进技术也还不能被广泛应用,远远不能满足"互联网+图书馆"建设目标的要求。为此,要实现"互联网+图书馆"建设目标,首先,政府、学校要充分认识加强图书馆建设对于提升国民素质、传承文明和推动社会进步方面的重大意义,要高度重视图书馆在凝聚国民核心创造力上的影响;要加大对图书馆网络基础设施建设和技术应用上的投入,加快网络基础设施的建设步伐;同时要积极倡导国家加快高速宽带网络建设,大幅度提高网络速率,有效降低网络资费。其次,国家要加大扶持相关IT企业对核心芯片、高端服务器、云计算软硬件平台和大数据储存系统等核心技术开发的力度,要制定IT企业相关技术在图书馆应用的扶持政策,以保障云计算、大数据等在图书馆中的应用。再次,要大力发展数据扰动技术、数据加密技术和数据匿名化技术等,对数据收集、储存和使用过程实施数据多级安全保护。最后,要积极倡导和引导图书馆与相关企业的联合,如上海嘉定图书馆就是依托清华同方及重庆维普数据库等来构建本馆的资源数据库。

三、制度保障

图书馆特别是公共图书馆不仅是一种社会机构,还是国家及其政府为了保障公民的知识权利而选择的一种制度安排。它代表的是一种社会用以调节知识或信息分配,以实现社会知识或信息保障的制度。"互联网+图书馆"是一项长期的、复杂的、系统的工程,制度保障体系的建设对于"互联网+图书馆"建设目标的实现至关重要。制度建设是图书馆科学管理的重要内容,而服务制度建设更是图书馆制度的重中之重。传统图书馆相关制度尤其是服务制度已不适应"互联网+"的背景下图书馆价值创新的需要。面对"互联网+图书馆"服务模式,要积极推动政府部门履行在公共图书馆治理中的责任,包括为制度供给的责任、积极回应的责任和适度规制的责任。通过制度来约束、调节和优化政府、公共图书馆和读者的相关行为,推动公共图书馆制度创新,以制度管事,以制度管人。

就图书馆读者服务制度建设而言,关键还在于图书馆自身。首先是图书馆每一位馆员尤其是从事读者服务的馆员,要从思想上高度重视图书馆服务制度建设对于提升图书馆服务质量、彰显图书馆价值的重要作用;其次是读者服务制度的制定,要具有适应性、即适应"互联网+"的背景下图书馆发展的状况,要具有可操作性,即通过相关制度的落实和实施,能有效地实现图书馆资源的优化配置和提升馆员服务水平的目标,要具有可激励性,即能激发馆员积极学习新知识、新技术的热情,能实现服务馆员的自身价值。具体而言,包括以下几个方面。

(1)修改或制定与新服务方式有关的协调、服务资源优化配置的相关制度。

(2)制定和完善服务技能培训、岗位培训、在职培训、进修等提升专业能力等方面的制度。

(3)制定和完善与新服务内容有关的制度。

(4)细化每项服务原则及所对应的实施细则。

（5）完善和修改与新服务相关的工作流程等方面的制度。

（6）制定"互联网+图书馆"服务激励、文化塑造、精神倡导等方面的制度。

因此，图书馆服务制度建设是图书馆服务模式创新的重要环节，也是图书馆服务模式持续创新的重要保证。

第九章 "互联网+"与图书馆读者行为

第一节 "互联网+"对读者行为的影响

古今中外的发展历史表明,阅读无论是对于个人还是对于社会的发展,都具有重要的价值和作用。就个人而言,阅读能使人不断增长知识,促进人的全面发展。"到目前为止,书籍仍是人类文明智慧最主要的承载者,阅读仍是人们获取真知灼见、培养独立思考能力和想象力、创造力以及修身养性的最有效途径。"就国家而言,"一个国家、一个民族的共同阅读决定了其精神力量,而精神的力量对于一个国家软实力与核心竞争力的培养,起着关键作用。""一本好书可以影响人的一生,而国民的阅读水平,则直接关系着一个国家的命运和未来。"但同样一个不可否认的事实是,互联网技术和移动通信技术的飞速发展,不仅给以纸质媒介为载体的传统出版产业带来了濒于崩溃式的危机,而且也深刻地影响着人们的读者行为和阅读方式。

一、"互联网+"的背景下读者阅读行为的嬗变

"互联网+"的背景下读者行为主要是指读者的阅读行为。它是由阅读主体、阅读内容、阅读方式、阅读时间、阅读媒介、阅读环境等要素组成的统一体。在中国新闻出版研究院2016年3月发布的《第十三次全国国民阅读调查分析报告》中,借鉴国外经验,设置了一个新指标即"各媒介综合阅读率"。

调查结果显示覆盖书、报、刊及数字阅读等各媒介综合阅读率为 79.6%，同比上升了 1.0 个百分点。其中数字阅读是亮点，首次明显超过纸质阅读。其中成年国民网络在线阅读的阅读率首次过半，达到 51.3%，同比增长 1.9%；成年国民手机阅读率最高，达到 60.0%，同比上升高达 8.2%个百分点。电子阅读器阅读；iPad 阅读及光盘阅读等都呈增长态势。在数字阅读中，微信阅读最为普及。据统计，有 51.9%的成年国民在 2015 年进行过微信阅读，同比增长 17.5 个百分点，增幅超过 50%，数字化阅读方式接触率接近 64%。2015 年国民数字媒介接触时长远远超过传统媒介的接触时长，各类数字媒体的阅读时长也超过传统媒体的阅读时长。

在我国成年网民的网络活动中，信息获取功能受到越来越多网民的重视，有 74.8%的网民将"阅读新闻"作为主要网上活动之一，有 44.8%的网民将"查询各类信息"作为主要网上活动之一。在手机阅读接触者中，有超过八成的人（87.4%）进行过微信阅读。微信阅读的频次和时长均有明显提升。

这些数据充分显示出"互联网+"的背景下读者阅读行为的变化，并且深受互联网技术的影响，主要表现为以下几点。

（1）从阅读主体的数量上来看，参与阅读的读者规模在不断扩大，阅读能力、阅读范围、阅读积极性和总体阅读率等都在迅速提升，国民对"互联网+"下阅读的重要性有了更进一步的认可。但阅读主体的素质参差不齐，知识结构异常复杂。同时读者阅读需求进一步多元化，虽然知识需求是阅读的主要目的，但对资讯需求、思想需求和审美需求等有明显提升，而阅读耐心有明显减弱的趋向。

（2）从阅读媒介来看，数字阅读提升的态势明显，移动阅读、数字阅读已成为"互联网+"下的一种阅读趋势，纸质媒介阅读虽然提升乏力，但它仍然会受到一部分读者的青睐，依旧有其魅力，将会在很长时间内与数字阅读共存。

（3）从阅读内容来看，功利性阅读趋势明显，"浅阅读""泛阅读"具有普适性，而"深阅读"明显不足。流行阅读超越经典阅读，资讯获取超越知识学习，新闻关注超越深度思考，娱乐追求超越理论探讨。

（4）从阅读方式来看，由过去单纯的读，变成现在读、听、看、说四种方式并存，个人阅读向社会性阅读转变。但单纯就"读"阅读而言，基于互联网技术和移动通信技术的飞速发展，快速浏览扫描超过细致慢读，关注性阅读超越研究性阅读，碎片化阅读超越连续性阅读，选择性阅读超越拓展性阅读。

（5）从阅读环境选择来看，以传统图书馆、书店作为阅读环境的吸引力在降低，而去智慧图书馆、流动图书馆、咖啡馆等新型体验式阅读在上升，读者对阅读环境的要求进一步提高。同时也说明读者对个人阅读环境改善的认可度高于对社会总体阅读环境改善的认可度，也说明社会阅读环境仍有更大的提升空间。

（6）从阅读时间来看，国民阅读的时间呈上升态势，但阅读时间呈碎片化状态。在数字阅读中，大量的时间都集中在阅读新闻、聊天交友和看视频、看电影及在线听歌等方面，但研究人员集中在信息查询和深度阅读上的时间呈上升趋势。

二、"互联网+"读者阅读行为嬗变的成因分析

"互联网+"下读者阅读行为之所以会出现如此嬗变，除媒介技术的飞速发展导致阅读媒介革新这一直接、显性原因之外，还与读者阅读的社会环境密切相关。读者阅读的社会环境因素是读者阅读行为嬗变的隐性原因。

（一）经济环境对阅读行为嬗变的影响

经济环境是指一个国家或地区经济政策和经济状况的背景条件的总和。自 20 世纪 80 年代我国实行经济体制改革以来，我国社会经济一直保持长期、持续、快速、稳定的增长态势，人民的物质文化生活水平得到了全面提升，国家的经济实力显著增强。良好的社会经济环境对阅读行为良性嬗变能起到积极的推动作用。它不仅能为媒介技术的发展和进步提供可靠的经济支持，而且还可以提高国民在书籍上的购买力、对新阅读产品的接受度和使用率，同时，还可以集中财力来改善我们的阅读环境和阅读条件。

目前，我国经济环境发展的态势总体来说是好的，但也存在着经济发展不平衡的状况。一是城乡经济发展不平衡，二是地区经济发展不平衡。在一些经济落后的、封闭的西部地区，人们每天在为生存奔波，为生活劳碌，既没有时间也没有金钱来参与阅读活动，对于阅读这种崇高的精神享受也只能是羡慕，只能是想想而已。所以，恶劣的经济环境对阅读行为的良性嬗变将起到抑制作用。

（二）文化环境对阅读行为嬗变的影响

阅读本身就是一种文化活动。所谓社会文化环境指某一社会所处的社会结构、社会风俗和习惯和价值观念、行为规范、生活方式、文化传统、人口规模与地理分布等因素的形成和变动。文化环境给予阅读行为的影响是指以社会意识、思想道德、价值观念及生活方式等文化规范为手段，对阅读活动施加影响和控制。社会风俗和习惯影响着阅读内容的选取、阅读环境的装饰；价值观念决定着阅读方向、阅读内容等；生活方式决定着阅读方式；文化传统影响着阅读动机、阅读内容、阅读时间和阅读环境等。可见，文化环境对阅读的影响是全方位的。

我们一直有崇尚阅读的文化传统。"万般皆下品，唯有读书高"虽然有失偏颇，但却真实反映了我国古代人对读书的崇拜和追求。我国古代传统文化中，"修身齐家治国平天下"是读书人崇高的理想和不懈的追求。自改革开放尤其是近二十年来，我国一直致力于加强公共文化的建设，加强社会主义核心价值体系的建设。中国特色的社会主义文化应该是一种融人文精神、人本精神、现代科学精神和理性精神于一体的自觉自由文化。这种文化环境为阅读行为的嬗变形成了良性引导和支撑。

就个体而言，我国读者的阅读行为可概括为三个方面：首先，阅读行为是围绕教育展开的，包括基础教育、中等教育、高等教育等。其次，是拓展知识面、开阔视野、提升知识深度和广度方面的阅读，如研究型和学术型阅读。再次，是休闲娱乐方面的阅读。同时，我们还应认识到，阅读行为的转变与社会经济转型、文化转型、社会崇尚、媒介技术的发展等关系密切。

数字技术的发展使得文化发展在本质上已成为一种媒介文化，阅读对象本身已转变为文化发展成果的重要载体，而文化发展需要通过或依赖国民阅读来加以体现和彰显。于是，国民阅读率就成为衡量文化发展的重要标准。这种对阅读率的追求无形中也促进了国民阅读行为的嬗变。

第二节 读者行为分析与读者行为分层

当物联网向万物互联发展，也就是所有的人、物、数据、过程都可互联，如人与人（P2P）、人与机（P2M）、机与机（M2M）的互联互通等。在这万物互联的环境中，现实世界中的物体可与其在 Web 上的数据相对应，它们之间存在着协同关系。同样的，当纸质图书、数字资源、用户、图书馆员、服务过程等互联互通时，图书馆人需要思考的是：我们的管理与服务应当怎样去适应这种互联互通呢？当图书馆中的各种设备、资源、馆员、读者、过程等能够在互联网下互联互通，并能充分应用智能技术时，这或许就意味着智慧图书馆时代的到来，也将是读者行为能够得到充分实现时代的到来。

一、读者行为分析

（一）读者行为分析的目的

读者行为主要是指读者的阅读行为。"互联网+"对读者行为尤其是阅读行为的影响是深刻的、全方位的，既有积极的作用，也有消极的影响。积极的作用主要表现为：一是可以充分利用互联网新技术推动阅读媒介的升级换代，利用新的阅读媒介来激发起人们的阅读兴趣，提升人们的阅读热情；二是可以充分利用起人们的碎片化时间，提高阅读的效率；三是可以让读者利用各种渠道和途径来获取所需要的信息，而无须利用固定的时间去图书馆阅读；四是可以让读者获得全新的阅读体验。消极的影响主要表现为：一是读者阅读耐受力降低，移动阅读终端会降低眼睛对屏幕的耐受力；二是功利性阅读、"浅阅读"会弱化阅读的本质功能。

研究图书馆读者行为的主要目的在于了解、分析和预测读者的阅读需求，以使图书馆服务更具有针对性和指向性。每个读者到图书馆或在线访问图书馆的目的均有所不同（浏览、借阅、打印、复制、下载等），但其需求行为却有着一些相同的特点如自发性、预期性、可塑性等。通过对这些需求行为共性和个性的分析，结合读者反馈意见的数据分析，可以帮助馆员提高读者需求数据分析能力，将数据转化为可操作的智能，完善读者需求和偏好的预测。只有这样，图书馆的读者服务工作才能深入人心，才能吸引读者。

（二）读者行为的痛点及流失原因的分析

读者行为分析是改进图书馆服务质量、提高读者满足度的前提条件。不同类型的读者到底需要什么？读者如何获取才是最有效的？读者需求的痛点到底在哪里？读者流失的原因又何在？互联网技术到底给读者行为带来哪些帮助？又有哪些是互联网手段无法替代的？这些问题都需要通过读者行为分析加以解决。

读者需求的痛点在于其需求无法得到快速响应和及时满足，这也是目前读者流失的主要原因。如馆员服务电话打不通、网上咨询服务人员不在线、咨询问题的解答不专业不到位、等待结果时间太长、借阅限制条件太多、乱架情况严重、文献资源不全，等等。这些问题的存在严重影响了图书馆的服务质量和形象，导致读者需求行为无法实现，造成大量读者流失。

图书馆之所以对读者失去吸引力，黏性降低，除了客观原因外，我们认为最根本原因在于：图书馆管理不力、自我宣传的力度不够；馆员的服务理念陈旧和服务意识薄弱，既缺乏对读者行为的研究，又缺乏耐心和主动服务精神，以至于读者对图书馆不信任，图书馆也缺乏黏性。所以说，对读者行为进行分析是有效开展读者服务的前提基础。

（三）读者阅读偏好分析

2016年4月18日，根据中国新闻出版研究院发布的第13次全国国民阅读调查报告显示，57.5%的成年国民更倾向于"拿一本纸质图书阅读"，10.2%的国民更倾向于"网络在线阅读"，有27.0%的国民倾向于"手机阅读"，有4.1%的人倾向于"在电子阅读器上阅读"，1.2%的国民"习惯从网上下载并打印出来阅读"。

另外，对于同样内容的纸质版和电子版图书，在数字化阅读方式接触者中，有37.2%的人更倾向于购买电子版。由此可见，纸质书仍然具有很强的生命力。一方面，分析读者阅读（访问）偏好，便于推送个性化信息资源，以提升读者服务的精准度；另一方面，分析读者阅读（访问）资源的排名，便于对图书馆主页馆藏资源、服务项目等进行优化和整合。按照读者阅读偏好可分为以下几类。

1. 专业类

它以研究型读者（包括各类教育教学者）为主。这类读者对信息资源的专业化要求比较高，阅读和访问需求主要定位于深度揭示的专业类信息资源。比如在做某项课题时大量需要专业针对性很强的信息资源。对于此类读者，图书馆工作人员需要借助于其专业知识和技能，为读者及时快速地查找到相关专业信息，做好个性化主题推送服务项目，以满足此类读者的需求，并做好相关服务的记录工作，为后期的服务工作开展打下基础。

2. 休闲类

以日常娱乐休闲阅读为主的读者对信息资源的专业化要求不高，阅读和访问需求主要定位于提高阅读兴趣，丰富业余文化生活。比如看了某部电影之后对相关的图书作品有了阅读的兴趣。图书馆需要关注最新的热点、话题、新闻、影视剧作品，及时提供相关资源，以满足此类读者的需求，并做相应的情况记录，为读者行为分析提供数据信息。

3. 学习（包括备考）类

以拓宽知识面、学习各类知识、备考为主的读者，对信息资源的专指度、针对性、时效性要求比较高，借阅需求时间明显呈现时段性。比如开学期间和放假前，每年公务员考试、司法考试、计算机等级考试、英语等级考试等大型国考之前三个月,都会出现借阅高峰,图书馆必须在此之前充分做好相关资源服务的准备工作。当然,读者的阅读偏好更多的时候会出现交叉融合。因此,图书馆必须及时掌握这些信息及其变化情况,尽可能提供即时到位的个性化服务。

(四)读者行为的多维度分析

对大规模的读者行为进行多维度的深入分析,仅依赖于对传统日志信息的挖掘是远远不够的,必须借助于大数据的挖掘、分析技术及其他相关互联网技术。大数据之所以能提升图书馆行为分析能力并不在于数据之大,也不在于数据本身,而在于图书馆在数据之上做出的更深入、更全面的读者需求洞察,并依此形成图书馆科学的管理决策,促进图书馆管理的高效准确,从而推动图书馆事业的发展。具体见表9-1。

表9-1

读者阅读行为	读者曾经实施过的阅读行为	读者正在实施的阅读行为	读者将要实施什么样的阅读行为
读者阅读行为分析	分析读者阅读行为产生的原因、动机以及阅读行为发生的方式	分析读者的阅读倾向(可进行读者行为预测和模拟)	分析读者行为对图书馆的影响(可为读者提出相应建议
图书馆对读者信息的运用	用于读者行为数据建模和实验设计	根据实时动态调整图书馆的策略	将数据应用于图书馆未来的服务、推广、管理等

读者行为的多维度分析既包括对读者的阅读行为(包括浏览、借阅等行为)或访问行为(包括浏览、打印、复制、下载、保存等行为)的多维度分析,也包括对人员、时间、地点(位置)、流量、终端、内容(类型)等的分析。在大数据应用环境下采用科学的统计分析方法、非结构化分析方法和数据挖掘工作,分析读者的行为特征、使用偏好和发展趋势,并运用可视化方式对分析结果予以展示。这也是互联网的手段和技术给予的大力支持和帮助。在这些针对性的分析结果基础上,进行科学管理,还可以大大提升整体

服务质量和水平。

作为以提供读者服务为第一要务的图书馆来说,同样需要对读者的阅读需求等行为进行分类评级和多维度分析,并以此为基础为读者提供适合读者需求的信息资源和服务。比如通过对某一读者阅读偏好(访问习惯)的分析,可以为该读者提供他可能感兴趣的信息资源(包括对本书籍及同一作者同一系列其他书籍的客观介绍和评论等)或链接(包括相关主题的其他资源链接);通过对检索访问地址建立读者档案,从检索词(关键词)识别读者的信息需求和阅读兴趣,并及时提供满足该读者信息需求的资源和服务。与此类似,当一本实体纸质书与网上同种电子书相对应,读者在检索与阅读时,可以在实体书与电子书之间选择,而每个图书馆员或读者也都可能在虚拟的网络世界中找到相应的存在。

美国HPP公司早在2012年就将大数据技术用来分析电子图书读者阅读习惯和爱好,构建知识服务社区实体行为智能分析引擎,从而有针对性地开展服务,并取得了良好成效。这是最早将大数据技术应用于图书馆实践,但目前国内图书馆在此方面的研究和实践成果还不显著。

二、读者行为分层

(一)用户级读者:以阅读行为为主

在"互联网+"的背景下,亿万读者活跃在各种平台上,哪些才是真正的读者?怎样建立与这些读者互动的通道?不同平台的读者身份如何统一?如何对这些读者进行分层?要解决上述问题必须先对读者行为进行分层。读者的信息需求偏好存在明显差异化,尤其是在书籍的电子化、数字化趋势更为显著的背景下。随着"90后""00后"新一代的逐步成长,他们对于手机、iPad、Kindle、微信、QQ等已经非常熟悉和亲近,更倾向于电子图书的阅读,因此,这些现象显示纸质阅读受到冲击,并将开创读者阅读行为的新时代。

1.一般性读者

对一个以阅读行为为主的读者来说,阅读本身可以给他带来快乐。而作为图书馆来说,为满足这种阅读需求,就要建设好馆藏资源,以尽可能丰富的信息资源来满足此类读者的需求;就要营造好一个良好的阅读环境,为读者提供尽可能舒适的阅读环境。

2.研究型读者

作为研究型读者,他们的阅读行为会更专注于信息资源专业化的深度揭示。图书馆针对此类读者必须能够提供这样的服务:当读者通过移动终端进行阅读并对其中某个章节、段落、字词感兴趣时,他可以把该内容分离出来,与其他图书中的相似内容进行比较、分析和综合,进行深入思考,以形成自己的观点。比如一位读者阅读有关电子商务图书时看到其中有关"互联网+"的内容时,他可以把"互联网+"作为关键词切割下来,与其他描述"互联网"的相关知识进行链接阅读,可以找到提出"互联网+"概念或理念的原文论著,从头开始学习,也可以找到在国内有关"互联网+"的学术研究成果,学习到最新的理念以及一些实践经验。从这个层面上看,图书是作为知识的链接集合而存在,而图书馆必须能够为这种知识链接提供平台。

(二)会员级读者:以互动行为为主

以互动行为为主的读者会把与其他读者进行交流互动作为他阅读的主要目的,他会希望借助阅读找到志同道合、有相同兴趣爱好的其他读者。因此,图书馆就需要为此类读者提供一个性能良好的社区交友平台。任何一位读者都可以随时随地点击进入由某关键词所组建成的社区平台,与其他读者就此主题进行交流,在交互中更多地体会到阅读带来的快乐。如某位读者在阅读中通过链接进入由 B2C 这个关键词所组建成的社区平台,就能与其他读者进行互动、咨询、问答,甚至能因此而找到与其他读者的生意合作机会。人以群分,读者之间往往会因为兴趣相投而能聚合在一起,"互联网+"的背景下图书馆就需要为此类读者提供一个交友平台,让图书馆成为一个志同道合、有相同兴趣爱好读者的社区组合,成为读者喜闻乐见、心想神往的好去处。

（三）粉丝级读者：以分享行为为主

读者阅读行为体验发生后，有的读者进而会产生向他人宣传、推荐、分享的行为。作为一个乐于分享的读者，他可以在阅读到自己感兴趣的内容时，进行批注或点评，甚至添加上自己的观点。如某读者在读到 C2B 时，希望分享自己在 C2B 方面的实际操作经验，可以在百科中输入关键词 C2B，然后在其中增加词条、提供案例，甚至可以提出自己的理论观点，进一步丰富 C2B 的相关知识。

而一个不满足于分享文字阅读体验的读者，甚至可以在多媒体资源库中输入某关键词，找到自己的视频体验。如在阅读"移动互联"相关图书时，在多媒体数据库中找到有关"移动互联"的视频，开始自己的视频体验。又如在阅读到某书中关于某企业的"移动互联"案例，可以通过链接进入该企业的"移动互联"网站，一方面结合图书进行阅读，另一方面还可以进行实操体验，通过两者比照来加深理解。从这个层面上看，图书馆又为读者提供了进行综合体验的场所和平台。与此同时，图书馆还可以联合其他部门通过各种比赛活动，打造读者粉丝群。如安徽农业大学的新媒体暨培训大使服务推广团队在图书馆官微上，打造了"洛说""洛洛 I 学堂""读书分享会"三个经典栏目；学生服务中心服务推广团队，开展了信息素养大赛、图书馆文化节等活动；微传媒服务推广团队，举办了微电影大赛、自媒体微电影赏析会等活动；读者俱乐部团队开展了读者征文、新书海报展、书籍封面设计大赛、图图形象设计大赛、摄影大赛等活动。

第三节　满足读者行为需求的措施

一、优化信息资源

在"互联网+"的背景下，图书馆需要以提高整体服务水平来实现读者需求行为的满足，以体现其存在的价值与意义。信息资源建设是保证图书馆服务质量，提升读者行为满意度的基础。图书馆以极致的信息资源和服务聚集读者，用超出想象的文献资源和服务体验，甚至让读者参与进来共同建设信息资源和服务，使读者对图书馆信息资源和服务产生兴趣，进而让读者主动为图书馆做宣传，这样才能以小众带动大众，充分体现图书馆的服务价值。

（一）实体图书馆信息资源的整合

1.整合的方法

随着图书馆馆藏建设的不断发展，从信息资源本身到资源的载体形态都呈现出多样化的发展态势。对图书馆来说馆藏丰富了，但对读者来说，如果这些不同类型的资源之间缺乏关联，读者无法一次性获得所需要的全部资源，而多样性的检索途径和检索策略，更让读者无所适从，这就意味着图书馆必须对这些资源进行整合才能解决这一矛盾和问题。目前主要通过OPAC（主要有基于书目数据的整合、基于 Web Service 的整合和利用第三方提供的 Link Resolver 的整合）来实现实体图书馆信息资源整合。

实体图书馆拥有海量的数据，包括门禁数据（入馆人次、时间等）、借阅数据等，通过借阅数据的类目情况，并根据图书的利用率整合资源；采用RFID无线射频识别技术可实现对信息资源的跟踪分析，并根据读者的个性化需求和阅读倾向来整合资源；还可以通过传感器数据预测分析读者最喜欢的阅读环境在哪里，以此来改变馆藏地点，整合资源；还可以对读者检索结果信息分析，并进行科学合理的组织，如将同一作品的不同版本，或同一作者的作品集合在一起，加强资源之间的关联，通过分类浏览和导航进一步帮助读者方便快捷地找到自己所需要的信息资源。最终将读者最喜欢的、利用率最高的信息资源设置在最方便借阅、环境最适宜的楼层，将有学术价值但利用率不高的数字化信息资源可设置到密集书库，而那些"乏人问津"或残破不全的文献资料可进行剔除。

2.提升实体资源利用价值的技术

虚拟现实（VR）技术与增强现实（AR）技术，尤其是增强现实技术的运用，有助于提升图书馆实体资源的价值。

（1）虚拟现实（Virtual Reality，VR）技术的应用。虚拟现实技术可以模拟产生一个三维空间的虚拟场景，通过 VR 眼镜、头盔、数据手套等让使用者如同身历其境一般，可以实时、没有限制地观察和操控 3D 空间内的事物。VR 技术目前已经开始用于模拟驾驶、训练、演示、教学、培训等。

（2）增强现实（Augmented Reality，AR）技术的应用。增强现实技术就是在现实可见的场景中，叠加虚拟的物体或描述信息，从而使用户增强或超越现实世界的感官体验。如在电视直播中，电视屏幕上可以实时地显示拍摄现场所没有的说明信息。具体来说。

一是利用 AR 进行特藏展览。如用手机摄像头摄取场景，就会到相应的数据库，获取有关照片的信息。

二是利用 AR 进行图书定位与理架。如运用 AR 技术开发的定位系统 ShelvAR，依赖于书脊上的一个类似二维码的标签，以自动和批识别的方式，对图书的排架情况进行快速核对。用户利用智能手机或平板电脑的摄像头扫描书架。ShelvAR 就可以在屏幕上显示出哪本书乱架，相应图书的书脊上会出现一个红色的"X"，并显示方向箭头，指向图书的正确位置。除了发现乱架的图书，ShelvAR 还可以完成藏书清点任务。与 RFID 相比，AR 技术的标签成本低，而且不需要专门设备。它不仅能用于理架，也可方便地用于找书。

三是利用 AR 进行古籍研究。英国曼彻斯特大学利用增强现实技术对 John Rylands 图书馆及其他图书馆收藏的中世纪的手稿和古籍进行研究。在师生查阅原稿时，AR 技术可以突破原稿保护的限制，在原稿周围显示数字图片、文本、在线学习资料，读者也可对数字版本讲行"翻页"，放大肉眼看不到的细节，聆听英语朗读。

四是利用 AR 技术提供图书馆指引服务。AR 技术将图书馆空间指引信息叠加到智能手机或平板电脑的现场视频中，为用户提供实时实施的指引，好似一名馆员在实体图书馆中为用户指路。

五是 AR 图书能提升阅读体验。国内外出版社相继推出了 AR 图书。将 AR 技术与传统图书出版相结合，通过后置摄像头的手机或平板电脑在 AR 书上移动，显示屏上会显示 3D 模型或动画、声音，读者可以与书进行互动，把图书的多媒体阅读体验上升到一个全新的层次。换言之，AR 图书将纸质书的阅读感受与电子书的特点结合起来，人们既可像纸质图书那样直接阅读，也可用平板或手机摄像头扫描识别后，用终端阅读，此时 AR 图书变成可操控的 3D 动画或富媒体资源。

六是利用 AR 技术提供信息推送服务。例如，用户对着借书证扫描，可进入"我的图书馆"，获得图书馆活动与新书信息，也可查阅个人的借阅情况。又如，对着图书扫描，可获得与该书有关的借阅权限、用户评价等信息。另外，在图书宣传推广展览活动现场，AR 技术可推送与活动有关的信息，并能提供一些现场展示不方便或无法提供的信息，保持信息的丰富、及时和有效。

（二）虚拟图书馆信息资源的整合

北京大学图书馆陈凌副馆长认为，图书馆信息资源的数字化不仅要将传统图书馆与数字图书馆结合起来，纸型资源与电子资源互补共存，而且要在资源数字化的基础上实现大数据的共享。因此说，虚拟图书馆信息资源的整合是图书馆实现资源共享的坚实基础和必要前提。

虚拟图书馆信息资源主要包括图书馆集成管理系统中文献著录信息和读者信息以及各类电子数据库。这两者之间数据格式存在差异，各图书馆之间也存在差异。所以虚拟图书馆信息资源的整合，首先需要解决数据格式标准问题，其次还要解决访问平台的建设问题。

目前，图书馆主要利用虚拟现实技术（Virtual Reality，VR）将各个不同数据库中的信息资源转换成统一规则的数据交换格式（如符合 ISO 标准的 VRM1.97 格式），并进行筛选，去除重复数据，然后将数据重新进行分类，依据学科类别等进行归集，形成统一的目录体系，并与数字资源原文进行链接以便进行综合利用。数字资源的集中整合与共享利用，可以大大提高利用率和利用效果，避免大量重复投资造成浪费。

（三）实体图书馆与虚拟图书馆信息资源的整合

"互联网+"直接将读者与图书馆相连，消除了信息不对称现象，也激励了资源提供者——图书馆。如果没有物流体系支持，图书馆只能是信息资源搜索的提供者，图书馆应充分利用实体图书馆资源的优势，拓展线上平台，并将实体图书馆的流通及服务等业务流程进行线上管理，最终实现实体图书馆与虚拟图书馆一体化。

建立统一的门户网站，提供统一的检索平台（通过搜索引擎技术，只需输入关键词，系统就能自动在各个数据库整合的信息中统一查找并反馈结果）、在线服务（借阅、咨询等）、新书推荐、阅读体验、专题展览、信息发布等，通过 VR 技术和翻书软件的处理，可以将过去读者无法借阅的陈旧但珍贵的藏书整合成数字资源，让读者可以体验到和原版图书一样的效果。另外，还可以通过整合让读者在体验馆藏资源的同时能够获得相关的光盘或网络资源，由此让读者在一个统一平台上、在无缝链接中顺畅地完成借阅行为和其他读者行为。如南京理工大学图书馆通过对多媒体空间、互动空间、创新空间、试听空间等不同功能属性的区域规划，虚拟层、运维层与之配备了大数据信息交互平台、触屏播控系统、物理空间管理系统、电子资源管理系统、智能空间导航系统等软硬件平台，为图书馆的高效管理与智能预约，搭建了一站式信息服务平台。

二、美化阅读空间

网络技术的发展，把人类世界分成了现实世界和虚拟世界，相应地，人类活动空间也可分为现实空间和虚拟空间。在图书馆的空间世界里，由于图书馆物理空间的局限与读者需求的多元化之间的矛盾日益突出，促使图书馆不断转变思路，一方面要美化物理空间，另一方面要加强虚拟空间的建设。

1.物理阅读空间的美化

图书馆不仅是阅读空间，更是一个文化空间、休闲空间，良好的阅读空间是吸引读者强有力的因素。从光源、色彩、空间到墙面设计、绿植布置、噪音的控制、座椅的舒适度、室内的整洁度等都将对读者的阅读行为产生影响。温馨舒适的阅读空间才能吸引读者，让读者不但能体会到阅读的快乐，还能在这良好的阅读空间中感受到文化气息，提高审美情趣，并通过"藏、借、阅一体化"，把更多的空间、更舒适明亮的环境给读者。同时还可以增设研修室、交流共享空间、休闲空间和个性化阅读空间，甚至还有创客工作室等。如安徽农业大学图书馆开设的"时代书苑·青禾书店"，为具有优秀创业思路和实践能力的在校大学生提供学习、实践和创业的平台；开创了"馆企团学"合作、互惠共赢的图书馆事业发展新机制。

2.虚拟阅读空间的美化

虚拟阅读环境的美化，能够拓展图书馆的功能，延伸和扩展读者的阅读体验，增加读者阅读行为。在虚拟空间里，读者的阅读环境相对来说会更安静、自由，不受时间和空间的限制，而且现在通过如 VR 技术，可以使读者产生如同在实体图书馆翻阅图书的感觉，带来阅读物理图书的感受，大大增强读者的阅读兴趣。但读者之间的交互环境需要图书馆来创设。因此，如何通过美化虚拟阅读环境，需要图书馆做出更大的努力，维护好虚拟空间的纯净、温馨，提供相应通畅、舒适的交互平台。

3.协同式阅读空间的美化

协同式阅读空间的美化是指将图书馆的资源、技术、空间、设施及服务有机地整合在一起，将图书馆建设成一个更适宜读者研究、交流、探讨、获取资源与服务更加自由便捷的空间，为广大读者提供一站式信息服务和协同式学习、娱乐、休闲的空间环境。如基于图书馆的实际及不同类型读者的阅读需求与习惯，从图书馆 IC 空间理念中的实体层、虚拟层和运维层出发，智华信为南京理工大学图书馆提供了一个一站式服务和协同学习环境的整体 C 空间解决方案。通过对多媒体空间、互动空间、创新空间、试听空间等不同功能属性的区域规划,虚拟层、运维层与之配备了大数据信息交互平台、触屏播控系统、物联空间管理系统、电子资源管理系统、智能空间导航系统等软硬件平台,为图书馆的高效管理与智能预约,搭建了一站式信息服务平台。

三、尊重读者行为

1. 提升服务能力

服务能力是指馆员为提供优质服务所必须具备的专业知识(图书馆专业知识、计算机知识等)、服务技能(检索服务能力、咨询服务能力、语言表达能力、沟通能力等)、服务态度(亲和力、诚恳心)、服务效率等。服务能力直接关系到图书馆服务质量和读者对图书馆的满意度,进而影响到读者对图书馆的忠诚度。服务能力的提升除加强图书馆的硬件建设外,更为重要的是要加强软件建设,要将尊重读者行为作为图书馆工作的出发点和归宿。

2. 以读者为中心

尊重读者行为从构建以读者为中心的服务模式开始,从采访、咨询到借阅,每项工作都要体现以读者为中心,充分尊重读者的个性化需求,甚至可以充分利用微信、微博等一些互联网或移动互联网工具让读者参与到图书馆各项工作中来,让读者有更多的参与感与良好的体验,以此来吸引读者、汇聚读者,让这些读者成为图书馆的义务宣传员和忠实的粉丝。可以说以读者为中心、满足读者即时获取的需求,体现了对人性的尊重,实现了人性的回归。

3. 重组工作流程

传统的采访工作流程将出现反向改变。以往图书馆的采访工作流程是由信息源收集到信息编目加工和传递,而未来图书馆的采访工作流程将出现反转,即图书馆借助读者需求汇集平台,反向向信息资源生成的上游(出版社)传递,然后由出版社根据读者群的阅读偏好提供相应的信息资源,而图书馆也由此进行反向采选。采访工作流程的改变正是顺应以读者为中心、充分尊重读者行为的要求。其实，无论是采访还是流通、咨询，图书馆每个工作流程都要用互联网思维与读者建立联系，尊重读者的信息需求，强调读者的参与度，争取更广泛的互动，才能形成有效的图书馆读者服务，才能真正提升图书馆的整体服务能力，体现图书馆的价值所在，真正实现读者行为研究互联网化。

第十章 "互联网+"与图书馆阅读推广

第一节 关于阅读推广的一般概述

"一个民族的精神境界取决于这个民族的阅读水平。"随着全球国家间竞争日益加剧，国民阅读将关系到一个民族的综合素质和整体创造力。为此，许多国家把阅读推广活动作为加强国家"软实力"建设、提升国家综合实力的重要举措之一，并上升到国家工程或国家战略的高度给予关注和支持。随着"互联网+"新技术在我国社会经济、生活、文化等领域的广泛应用和推广，"互联网+"与媒体行业跨界融合，全民阅读呈现出进一步发展的趋势。

一、我国国民的阅读现状

根据 2016 年 4 月 18 日中国新闻出版研究院发布的《第十三次全国国民阅读调查数据》显示：（1）从阅读率来看，2015 年我国成年国民图书阅读率为 58.4%，较 2014 年的 58.0% 上升了 0.4 个百分点；报纸阅读率为 45.7%，较 2014 年的 55.1% 下降了 9.4 个百分点；期刊阅读率为 34.6%，较 2014 年的 40.3% 下降了 5.7 个百分点。（2）从阅读方式来看，数字化阅读方式（网络在线阅读、手机阅读、电子阅读器阅读、光盘阅读、Pad 阅读等）的接触率为 64.0%，较 2014 年的 58.1% 上升了 5.9 个百分点。（3）从阅读数量上来看，2015 年我国国民人均纸质图书阅读量为 4.58 本,报纸和期刊阅读量分别为 54.76 期（份）

和 4.91 期（份），电子书阅读量为 3.26 本。与 2014 年相比，纸质图书和电子书阅读量略有上升，纸质报纸和期刊阅读量均有不同程度的下降。（4）从价格承受能力来看，我国成年国民对图书、期刊的价格承受能力与 2014 年相比有所下降，电子书的价格承受能力与 2014 年相比略有上升。手机阅读群体 2015 年手机阅读人均花费为 11.19 元，较 2014 年有所下降。有数字化阅读行为的成年人中近九成为 49 周岁以下人群，纸质出版物阅读仍是近六成国民倾向的阅读方式。（5）从自我阅读评价来看，2015 年我国成年国民对个人阅读数量的评价中，只有 1.2%的国民认为自己的阅读数量很多，8.0%的国民认为自己的阅读数量比较多，有 37.4%的国民认为自己的阅读数量一般，45.0%的国民认为自己的阅读数量很少或比较少。（6）从对阅读推广的期待来看，我国成年国民对当地举办全民阅读活动的呼声较高，2015 年有 67.3%的成年国民认为有关部门应当举办读书活动或读书节，比 2014 年的 68.6%略有下降。其中，城镇居民认为当地有关部门应该举办读书活动或读书节的比例为 67.7%，农村居民中这一比例为 66.7%。

从上述数据可以看出，目前我国国民阅读呈现出如下特点：一是虽然国民整体阅读率呈上升趋势，但与发达国家相比仍然不高；二是人均纸质图书和电子书的阅读量比较低；三是阅读方式虽然有向数字阅读转移的趋势，但纸质出版物阅读仍受青睐；四是国民对阅读推广的期待很强烈，期望值很高。

但随着互联网技术的飞速发展和广泛应用，文献信息资源的载体形态和人们的阅读方式呈现出多样化，人们越来越倾向于网络阅读，阅读呈现出功利性、实用性、休闲性和碎片化，"浅阅读"成为一种流行的阅读趋势。基于此，近几年很多高校图书馆都相继举办了各种类型的阅读推广活动，以培养学生的阅读兴趣，引导学生从"浅阅读"进入"深阅读"。

从另一方面来看，传统的图书馆阅读方式已不能满足现代人对阅读、获取知识途径的需求。一是传统的图书馆阅读需要读者抽出完整的时间待在图书馆，不能充分利用碎片化的时间；二是图书馆藏书量大，读者不容易找到自己想要阅读或有兴趣阅读的书；三是图书馆某一类图书的复本量有限，不能同时满足多个读者的阅读需求。因此，传统图书馆的阅读方式必须变革才能适应时代的发展，尤其是"互联网+"时代的变化。尽管基于互联网的泛化性，读者可以利用碎片化的时间和移动终端来进行"浅阅读"和"泛阅读"，但这种浅层次的阅读并不能取代传统的深层次阅读而成为系统获取知识的手段。鉴于此，图书馆阅读推广就显示出十分重要的作用。

国家新闻出版广电总局出版管理司司长周慧琳就国家开展全民阅读活动也强调，要加大优秀出版物推荐力度，不断提升全民阅读内容质量；要推动阅读推广方式不断创新，进一步解决"读好书"和"读什么"的问题。由此可见，阅读推广对于提升全民阅读率和人均阅读量影响深刻，它不仅直接关系到国民阅读内容的质量，而且也直接关系到全民阅读活动开展的效果。

二、我国图书馆开展阅读推广的现状

尽管近些年来，我国通过实施县级图书馆修缮、文化信息资源共享、数字图书馆推广计划等重点文化工程建设，公共图书馆的数量每年都呈增加的趋势，服务设施也在不断改善，但其增加的速度和地区发展的不平衡远远不及我国国民经济的增长速度并且远远不能满足我国国民日益增长的精神文化需求。

另外，依据《中国统计年鉴 2015》，截至 2014 年，我国共有本科院校 1202 所，高职（专科）学校 1327 所，高等职业技术学院 1186 所。几乎每一所学校都至少拥有一座图书馆。尽管我国高校图书馆的数量不少，但由于受传统观念和图书馆教辅地位的影响，高校图书馆的建设和发展速度缓慢，也不能较好地满足师生在"互联网+"时代的个性化需求。

目前，我国图书馆无论是公共馆还是高校馆，都纷纷开展各种形式的阅读推广活动，也取得了一定的成效。但从总体状况来看，阅读推广成效不佳，呈现出如下特征。

1.阅读推广活动多流于形式，成效不明显

在全国阅读推广委员会的努力下，阅读推广活动已在国内图书馆全面展开。上到国家图书馆下到基层县级图书馆，无论是公共图书馆还是高校图书馆，抑或是专业图书馆都纷纷开展了阅读推广活动。但由于受到资金的限制，主管部门及民众对阅读推广活动的认识不足，加之图书馆自身对阅读推广活动既缺乏整体规划、系统组织又缺乏专业的阅读推广人才，许多公共图书馆及高校图书馆的阅读推广活动多流于形式，属于完成任务式，成效并不明显。

2.阅读推广活动馆际之间参差不齐

在一些经济比较发达地区和经济条件较好的高校，图书馆在阅读推广方面投入的资金较多，阅读推广活动开展得比较好，效果比较显著；而在经济欠发达的西部地区和一些高职学院，因受资金限制，图书馆较少开展甚至无法开展阅读推广活动。

3.阅读推广活动形式比较单一

目前，图书馆阅读推广活动在形式上，主要特点是。

（1）在馆阅读推广。如通过举办各种讲座，向公众推广阅读；举办各类图书推荐会，向公众推荐优秀图书；举办各种展览或书评等，让公众了解图书，激发读者阅读兴趣和热情。

（2）网络推广。如图书馆通过建立自己的门户网站，发布最新的图书信息；通过微信公众号、微博、QQ群等进行阅读信息的推广。（3）通过建设数字图书资源库，让读者能够利用移动通信设备便捷地对馆藏书籍进行查询和阅读的同时，相应地完成阅读推广工作。总之，图书馆虽然开展了一些阅读推广活动，但从整体上看，因缺乏整体规划和系统组织，形式比较单一，加之受限于经费和人力支持，效果并不太明显。

三、影响我国图书馆阅读推广活动的因素

1.阅读推广经费的短缺

如前文所述，我国公共图书馆的经费来源主要是依靠各级政府的财政支持，高校图书馆的经费依赖于学校财务部门的资金拨付。尽管在"十二五"期间，中央及地方各级财政和高校都不断加大对图书馆经费的投入，但图书馆经费拨付增加的幅度却与我国高速发展的经济水平很不相适应，图书馆所获得的资金支持总体来说是很低的。无论是公共图书馆还是高校图书馆，其

经费的拨付远远不能满足"互联网+"时代图书馆建设发展的需要,也跟不上社会大众在"互联网+"时代对图书馆个性化要求的需要。有限的经费使得图书馆在开展阅读推广活动时捉襟见肘,甚至有些地方图书馆根本无力开展阅读推广活动。资金因素已成为制约图书馆开展阅读推广活动的最大障碍。

2.阅读推广专业人才的匮乏

"互联网+"下的图书馆阅读推广实质上就是图书文献资源品牌的营销,它需要较为专业的策划和营销人才。而目前大多数图书馆并未将阅读推广作为图书馆基础性服务来定位,开展阅读推广活动通常是由临时抽调的人员组成或干脆由办公室等相关部门暂时代替,并没有成立开展阅读推广的常设机构,更别说成立阅读推广的专家委员会来指导阅读推广工作。同时,由于我国还未实行图书馆从业资格认证制度,图书馆门槛较低,管理人员素质参差不齐,加之图书馆的社会认可度不高,待遇在社会各行业中也属中等偏下,使得近几年来图书馆流失的人才比较多,尤其是高素质人才。而既有的图书馆管理人员虽对传统的图书管理有着丰富的经验,但对阅读推广这种新型的服务方式还比较陌生,更谈不上有经验。这也是现行图书馆阅读推广活动形式比较单一,成效不明显的原因之一。

3.阅读推广整体规划的缺失

就我国图书馆阅读推广活动的现状来看,呈现出明显阶段性的特点,活动周期长。各种讲座虽然多,但持续的时间短;各种图书推荐会尽管可持续一至两个月,但每年也就一两次,周期太长;各种书评会一年也就一两次。阅读推广活动周期过长是阅读活动缺乏整体规划的必然结果,也是图书馆缺乏阅读推广专业人才的必然体现,更是未将阅读推广作为图书馆基础性服务来加以定位的必然结果。实际上,图书馆阅读推广是一项系统工程,它需要图书馆各部门、图书馆与相关机构、图书馆与合作单位如书店、出版社等相互协调、配合,并在此基础上进行整体规划。在开展推广活动之前,需要对读者的阅读兴趣、爱好、研究方向等有一定广度和深度的调查,并根据图书馆全年的采访计划,进行整体布局,在推广的方式、手段和措施上,要制定出科学、合理的策划和营销方案,对每次的推广活动要有得失总结。而这些都是目前大多数图书馆在进行阅读推广活动时所欠缺的。整体规划的缺失也是影响图书馆阅读推广成效的因素之一。

4.阅读推广合作机制不健全

目前，无论是公共图书馆还是高校图书馆，阅读推广活动大多数都是以图书馆独自承办和组织的方式进行，没有相应的合作机制。一是图书馆没有开展阅读推广的馆际合作，无法形成阅读推广活动的规模效应和联动效应，极大地限制了阅读推广活动的影响力；二是目前我国大多数图书馆在开展阅读推广活动时没有充分利用各种社会力量，尤其是未能与出版社、书店、媒体和其他社会机构进行有效合作，因而既未能获得社会机构资金的支持，也不能进一步地扩大阅读推广活动的影响力。

第二节　图书馆阅读推广机制的构建

图书馆作为保存和传承人类文化遗产的重要机构，既积淀着古老的传统文化，也表征着现代文明，更是负有提高全民素质的重任。尽管在"互联网+"时代，基于互联网技术的介入，人们可以通过各种平台、以各种工具利用自己闲暇的时间、用自己喜爱的方式来阅读，并通过阅读来满足自己的各种个性化需求。但图书馆与其他可供的阅读机构相比，仍然具有无可比拟的优势。它不仅能为读者提供一个安静、舒适的阅读环境，更能为读者提供各种类型、各种专业系统的、完整的文献资料；不仅能让读者免费使用图书馆各种文献资源，让读者享有平等阅读的机会和权利，更能使读者感受到只有在图书馆才能领略到的完整的科学知识体系和人类文化遗产。就图书馆阅读推广而言，它不仅是"互联网+"下图书馆走近读者的策略，更是让读者走进图书馆的重要策略之一，也是彰显图书馆社会作用，重塑图书馆公众形象，赢得社会关注的最佳路径选择。因此，如何构建一套完整的、科学的、具有适应性的图书馆阅读推广模式，是图书馆界面临的重大课题。

一、完善和健全图书馆阅读推广机构

在"互联网+"的背景下,图书馆要转变观念,要用"互联网+"思维来认识阅读推广活动对于未来图书馆建设的重大意义。图书馆首先要将阅读推广纳入到图书馆基础性服务工作的范畴,并建立和健全阅读推广组织机构,合理利用社会各种资源,激发起图书馆相关部门实施阅读推广活动的激情,科学制定图书馆阅读推广策略,统筹规划阅读推广活动。

1. 成立常设的阅读推广委员会

图书馆要成立常设的阅读推广委员会来负责策划、组织和实施阅读推广活动,阅读推广委员会下可设阅读推广专家委员会和秘书处。

(1) 阅读推广专家委员会主要是负责对阅读推广活动的业务指导,提出图书馆阅读推广活动的宗旨和总体目标;对具体负责策划、组织和实施阅读推广活动的成员进行业务培训;制订图书馆整体阅读推广计划。秘书处则是负责对具体的阅读活动进行设计、组织和实施。

(2) 秘书处要成立专人小组负责对读者的阅读行为、阅读心理进行深入研究,要根据读者的年龄、学历层次、性别等显性特点来深入分析他们的阅读状况、阅读兴趣、阅读需求和阅读特点,并据此制订出适合其个性化特征的阅读推广方案。

(3) 为了使图书馆阅读推广活动取得显著的实效,图书馆阅读推广委员会一方面要加大引进兼具有营销、策划管理方面的复合型人才,加强对现有馆员阅读推广能力的培训。2016年3月30日,中国图书馆学会发布《关于开展2016年"全民阅读"工作的通知》第三条就指出,以培养"阅读推广人"为动力,加大阅读推广人才队伍建设工作。专业人才是提升阅读推广水平的重要保障,要加强学术交流和人才培养工作,尤其是青年馆员的培养,提升图书馆员职业荣誉感和自豪感。全面开展"阅读推广人"培育行动,要提升阅读推广工作专业能力。开展基础工作、基础理论、儿童阅读推广、经典阅读推广、时尚阅读推广、数字阅读推广等专题基础级培训工作。深度开发培训平台功能,完善培训与管理流程,严格考评机制,提高培训实效。另一方面要广泛吸纳图书馆志愿者积极参与。无论是公共图书馆还是高校图书馆，其所面对的读者都是一个庞大的群体，尤其是公共图书馆，其受众的面更广、读者的结构更为复杂，单靠图书馆阅读推广委员会的成员是很难圆满完成阅读推广任务的。

2.图书馆要统筹规划，合理安排，制定出较为系统的、完善的阅读推广计划

（1）要从宏观上做好阅读推广的顶层设计，确立图书馆阅读推广活动主题、总体目标、总体进程和评价机制，总体目标和总体进程要具有一定的前瞻性、稳定性和合理的周期性。如2016年3月30日中国图书馆学会发布的《关于开展2016年"全民阅读"工作的通知》，就是2016年各公共图书馆开展阅读推广活动的顶层设计。

（2）对每一次具体的阅读推广活动，要有计划、有策划，要进行合理的安排和精心的组织，对阅读推广活动实施的时间、地点、方式等，都要合理规划，以确保每一次阅读推广活动都能取得实效，并圆满完成预定的任务。

（3）图书馆对每一次阅读推广活动都要有总结，总结的是失败的教训和成功的经验。总结不是目的，而是为了下一次阅读推广活动取得更好的成效。

二、建立完善的阅读服务平台

互联网新技术的飞速发展和广泛应用，不仅拓展了知识传播的途径，也深刻地改变着人们的阅读方式和阅读习惯。公共图书馆应通过媒体、网站、宣传资料、宣传栏及各种现代化通信手段等形式，邀请、吸引读者参与和互动。在"互联网+"时代，基于互联网的泛化性和阅读时间的碎片化，人们更加热衷于在移动终端上进行阅读，以至于读者可以不用去图书馆，就可以获得所需要的文献信息资源，这在客观上也降低了图书馆存在的价值和意义。尽管在"互联网+"时代，读者的阅读方式和阅读习惯发生了改变，但读者阅读的需求和兴趣却没有变化，只要图书馆有可供读者进行移动终端阅读的平台和通道，读者还是会通过图书馆来满足自己的阅读需求。

目前，移动终端包括PC、平板电脑、手机、Kindle等，已经成为阅读的

主要载体。图书馆要黏住读者，就必须建立更加高质量的数字化信息资源阅读平台，精心打造一个包含所有移动终端能互联互通的立体化的、交互式的"互联网+"阅读平台，充分整合图书馆线上线下各种资源，集中向读者推送各种阅读资源、视频资源和音频资源，等等，并借助"互联网+"阅读平台，与读者进行即时信息交流、沟通和互动，让读者获得更加个性化的服务和全方位的新型阅读体验。事实证明，在"互联网+"时代，只要图书馆建立一个完善、健全的"互联网+"阅读平台，实现线上和线下阅读推送，不仅能让读者走进图书馆，彰显图书馆在新时代的价值和意义，而且能极大地提升阅读推广活动的效果，实现图书馆价值的创新。

三、丰富图书馆阅读推广内容

确定具有显著的个性化特征并能贴近时下的文化环境的阅读推广活动主题，并配置较为丰富、多样化的阅读推广资源是推动图书馆阅读推广活动的核心，也是图书馆阅读推广活动成功的关键。但如何使得阅读推广活动的主题既吸引读者广泛参与，同时又符合图书馆的宗旨？

（1）建立读者阅读相关的信息数据库。图书馆要善于运用大数据分析系统和云计算，建立起本馆的读者阅读兴趣数据库。即在广泛收集读者各种信息如年龄、学历、研究方向、工作定向等的基础上，运用大数据分析系统，分析读者的阅读兴趣、爱好、阅读方式，这是有效开展阅读推广活动的前提与基础。

（2）开展有针对性的主题推广活动。依据分析结果制定出具有针对性、指向性的阅读推广活动的主题，并根据该主题配置阅读推广资源。阅读推广活动最忌讳的是主题单调、形式单一。图书馆作为传承人类文化的阵地，引导、指导读者阅读，让读者学会阅读并进而享受阅读是其义不容辞的责任。在阅读推广主题的确定和阅读推广资源的配置上，要有明确的指向性。①根据阅读群体的年龄如儿童、青少年、成年人、老年人等推送不同的阅读内容；②根据阅读群体的职业如学生、工人、农民、机关工作人员、学术研究人员等推送不同的阅读书目信息；③根据阅读群体的性别特征开展个性化的阅读推送，如孕妇指南、男女青春期教育等。

（3）开展寓教于乐的阅读推广活动。图书馆不仅具有开展社会教育、传递科学情报、开放智力资源的功能，也有提供文化娱乐的职能。因此，在阅读推广资源的配置上，图书馆不能一味推送经典服务以及专业性很强的阅读服务，更应推送与广大读者生活密切相关的各种休闲阅读；不仅要推送文字阅读，也要推送音频、视频阅读。从阅读推广的主题和阅读资源的配置范围来看，不仅要涵盖不同的读者群体，而且要覆盖读者的学习、工作和生活各个领域，以满足不同读者的阅读需求，让读者感受不同的阅读体验，从而吸引读者更加广泛地参与，进而提高阅读推广活动的效果。

（4）开展更具吸引力的阅读推广活动。2016年6月，南京开放了首批50个"图书漂流文化驿站"，到12月份共设立了154个。在机关、阅读空间、书店等公共场所设置专用书架，市民不需要借书证，也不用押金，只要通过手机扫一下二维码，就可以轻松地把喜欢的书带回家阅读。该"图书漂流文化驿站"由南京市全民阅读办授权，南京广电集团出资筹建，每个漂流驿站设置统一书架，摆放100本图书，种类涵盖历史、文化、人文、社科等，方便市民免费取阅。华东师范大学中文系教授陈子善认为，这种打破阅读封闭性的图书分享模式，让书香城市建设有更大的发展空间。11月，地铁、高铁、机场成了不少爱书人的"寻宝"之地。黄晓明、徐静蕾等公众人物共同参与了"丢书大作战"活动，在北京、上海和广州的公共交通场所留下1万本书，将自己喜爱的作品与发现者分享。这种有趣的阅读推广形式加上名人的影响力，让图书传递、分享也因此成为热门话题，也特别契合年轻人的阅读需求。

四、拓展阅读推广的方式

1.双向互动式

过去，图书馆阅读推广活动的方式都比较单一，主要是由图书馆在自身力所能及的范围内侧重于单向推广，读者只是被动地接受图书馆各种推广信息。这种阅读推广方式，读者的参与度不高，反响不够强烈，效果也不好。

在"互联网+"时代，由于互联网新技术的广泛应用，图书馆在开展阅读推广活动中，读者与图书馆之间的双向交流与沟通更加顺畅。如近年各地图书馆举办的"真人图书馆"（清华大学）、"英才书院"（中国科技大学）、"西城书画"（香港大学）、"鲜悦"（上海交通大学）、"一城一书"和"通读一本书"等活动，都无不显示出读者与图书馆之间的双向互动以及读者参与图书馆阅读推广活动的热情。这种双向互动式的阅读推广方式，不仅使图书馆阅读推广活动更具有针对性和指向性，而且极大地丰富了阅读的内容，让阅读推广活动充满快乐而不再枯燥。

另外，图书馆通过利用互联网平台和大数据分析，根据读者的阅读习惯、兴趣等为读者定制个性化阅读内容，再通过移动设备终端推送到读者手里，让读者深深体验到图书馆读者服务的亲民性，增加了图书馆的黏性。

2.新媒体式

传统的阅读推广宣传活动主要是通过展板、海报、横幅等载体展开，具有一定的局限性，也不环保。互联网的普及和移动终端设备的广泛运用，利用新媒体进行阅读推广宣传已经成为一种趋势。各图书馆可以利用本馆网站的主页、官方微博、手机 APP、微信、QQ 等新型的社交软件对阅读推广活动的主题、内容、特色、形式等加以介绍和说明，并通过嵌入微拍、视频、动画、图片、游戏、音乐等，使阅读推广的宣传更加生动形象，更加具有吸引力。

当然，图书馆在运用新媒介进行阅读推广活动的同时也不能忽视传统手段。英国情报学专家麦克洛雷曾指出："没有任何一种媒介可以完全取代另一种媒介，总的情形是相互补充并逐步统一起来以解决一个特点的交流问题。"因此，"互联网+"时代的阅读也不是简单地去纸质化，而是一种文献资源多元化共存和利用的模式。数字化阅读可以满足读者即时阅读的需求，但传统阅读却能给读者带来一种更加真实、更加安全（保护眼睛）的阅读体验。将新媒介阅读推广技术和传统阅读推广方式相结合，优劣互补，阅读推广的效果将会更好。

3.线上线下结合式

线上与线下相互结合的阅读推广宣传模式，拓展了阅读推广活动的宣传渠道，使得阅读推广宣传的形式更加多元化，宣传的内容更加丰富多彩，也使得图书馆与读者可以随时随地零距离接触。近年来互联网社交媒体的线上读书社群就像雨后春笋一样冒出来，而且影响范围也很大。图书馆可以通过开通微博、微信服务平台，增加与读者的互动，及时向读者提供个性化推送服务。线上线下相结合的方式，可以提高图书馆的社会影响力，扩大读者范围，有利于保持读者的忠诚度，增强图书馆读者服务的黏性，为实现"互联网+"下图书馆价值创新提供了便捷的途径。

4.亲身体验式

亲身体验式阅读推广更契合现在年轻人的阅读需求，也更能吸引这部分读者。比如2016年6月始南京开放的154个"图书漂流文化驿站"，所用图书全部由社会各界捐赠。这些漂流站点散落在城市的各个角落，成为南京书香城市一道流动的风景线。图书漂流驿站还长期面向社会机构以及广大市民征集漂流图书，如果市民家中有闲置可供大家分享的图书，都可以送到图书漂流驿站，工作人员会对捐书进行整理上架。我们认为，书籍的传递，不仅让好书被更多人阅读，让每一位读者留下心得纸条，更形成了一根独特的、单向延展的评论链条，使阅读在保持私密、独立性的同时，还增加了读者之间的交流。同时，这种"接力"活动还能起到刺激阅读的效果。此外，这种打破阅读封闭性的图书分享模式，让更多读者在活动中感受到阅读的快乐，也为城市文化建设提供了更大的发展空间。

五、建立多元化阅读推广互补机制

我们认为，让读者到图书馆来总需要一个这样或那样的理由：或者便利，或者愉快，或自由，或者能解决读者自己不能解决的问题，等等。让他们在图书馆感到轻松、愉快，让读者享受到专业化的服务和增值服务，有了良好的现实体验感，"下次再来"才能成为读者自然而然的选择。所以说，图书馆做好阅读推广工作尤为重要。我们同样知道独木难行舟，要想使图书馆阅读推广活动取得明显的实效并实现阅读推广活动的目标，过去成功的经验和失败的教训都告诉我们，无论是公共图书馆还是高校图书馆，单靠图书馆一个单位单打独斗是难以成功的，必须建立一个由多个部门互联互补的阅读推广机制。这里以公共馆和高校馆为例加以说明。

1. 公共图书馆阅读推广机制

（1）建立由出版社、书店和图书馆相互联合的阅读推广机制，出版社是阅读推广的源头和基石，是知识产品的生产者。在阅读推广活动中，出版社要秉承社会公益性和社会责任感，坚持出好书、出精品和有广泛影响力的作品，为广大读者提供健康的、充满正能量的精神食粮。图书馆和书店是阅读推广的主力军，肩负有向读者宣传、展示和推荐阅读经典和优秀书籍的责任和义务；他们是一个城市重要的文化地标，以书为媒介，既为读者提供与书邂逅的机会，也为读者提供与书约会的场所。当读者面对如此海量的出版物，他需要有选择的阅读，即需要图书馆和书店进行阅读推广，引导读者阅读。因此，图书馆在进行阅读推广活动时，应与出版社、书店进行合作，将出版社已经出版和即将出版的优秀图书、图书馆已经收藏和即将收藏的图书、书店已经拥有和即将拥有的图书展示并推荐给读者，从而打造一个多元推荐主体的联合模式。如2015年9月正式上线的镇江市图书馆与新华书店联合研发的"你阅读、我买单"书店直借平台，就是馆店合作，共同创建阅读推广新模式的典型。

（2）图书馆与当地政府部门、其他媒体和民间读书机构的合作 2015年6月1日正式运行的"镇江市智能公交数字阅读推广项目"，在全市750辆公交车上的1500多个智能移动平台和150多个公交站台电视显示屏上，通过特别定制的二维码，为市民提供"名家系列""少儿系列""畅销系列""历史系列"等电子图书及有声读物，让市民在碎片化的时间里都可以阅读，从而创造性地把整个城市打造成了一个虚拟的智慧图书馆。

2016年10月1日，"保罗的口袋"1912店正式成为安徽省合肥市图书馆挂牌的分馆，双方在阅读资源共享、阅读业务模式创新、阅读群体范围拓展、阅读服务延伸、文化活动举办等方面进行了深度合作。口袋图书馆也是全国第一家由民营书店改变而成的图书馆，是在全民阅读推广道路上又一次积极的尝试与探索，双方的合作既能降低跨行业的拓展成本，又能让广大市民受益，共同推动公共文化服务。口袋分馆也是合肥市首家以精品图书作为馆藏重点的图书馆，每一本书都来自口袋爱书人的精心挑选，这里的每一本图书都能给读者带来全新的体验与感受。

图书馆与当地政府部门、其他媒体和民间读书机构的合作，推动了图书馆事业的发展，更好地提高了阅读推广的成效。

2.高校图书馆阅读推广机制

高校图书馆应创造一切有利的条件，利用互联网开展形式多样的阅读推广活动。

（1）强化图书馆相关信息教育

读者需要更好地了解图书馆，图书馆需要更多的读者。2015年12月31日，教育部印发《普通高等学校图书馆规程》（教高〔2015〕14号）。该规程第二条规定："高等学校图书馆是学校的文献信息资源中心，是为人才培养和科学研究服务的学术性机构，是学校信息化建设的重要组成部分，是校园文化和社会文化建设的重要基地。"《国际图联（IFLA）战略计划（2016—2021）》提出，2016—2021年将从社会中的图书馆、信息与知识、文化遗产、能力建设等4个战略方向上着力，加强图书馆在社会中作为信息中心、教育中心、研究中心和文化中心的作用。因此，加强读者的信息教育，提高读者的信息意识，帮助读者利用、使用图书馆就尤为重要。

对于高校图书馆而言，首先，要加强新生对图书馆的入学教育，并通过开设"文献检索与利用"课程或讲座，或通过微信公众号、触摸屏等，帮助学生掌握利用馆藏的技巧与方法，做好阅读推广的基础工作。中国科技大学在对新生入学教育时采用4+3+2的模式，分层次（4类培训对象，包括本科生、研究生、留学生和访问学者）、立体化（3种教育方式，包括自主学习、预约参观、现场讲授等）全方位推广模式（线上和线下同时进行，包括线下的图书馆大屏幕欢迎页、多媒体展示机流动播放图书馆微视频、超星移动图书馆推广以及线上的微信端系列活动、图书馆主页的新生专栏）。

其次，可通过馆内的"新书通告""系列好书推荐"和"专题书刊展览"等多种形式宣传、推荐书目，激发读者的阅读兴趣。同时，利用更时尚、更符合潮流的活动形式，在图书馆和读者之间建立起良好的交互体验和情感依附，以增强读者忠诚度和读者黏性。如安徽医科大学为了宣传图书馆、重塑形象、吸引用户、营造轻松愉悦资源推广环境、增强用户体验感、培养用户忠诚度，根据美国图书馆界的实践和国内学者关于图书馆游戏服务探索，开展了"疯狂图书馆——Run~Run~Run"的游戏活动。在游戏情景中融入了图书馆的空间资源布局、图书分类排架知识、学术资源介绍、信息检索技巧、古典诗词、医学人文等知识。通过这种体验式教学模式，不仅加深了学生对图书馆的了解，增强了学生的信息意识，提升了学生的信息技能，提高了学生的信息素养；而且促进了用户间的交流和分享，增强了学生的团队协作能力和集体荣誉感；重塑了图书馆的形象，赢得了更多潜在用户的关注；同时，也使得馆内资源和服务得到进一步的宣传和推广；通过情景，及时捕捉用户的使用障碍以及兴趣点，从而对服务做进一步的改进。

再次，馆内可以适当邀请一些专家学者，针对读者感兴趣的社会热点、专业前沿、国际局势、就业指导等，举办形式多样、主题新颖的讲座，更好地引导读者喜欢上阅读。如安徽农业大学图书馆开设的"青禾讲坛"，从微观层面，让大学生"多读书""爱读书"和"会读书"；从中观层面，让读书成为一种习惯，让读书成为大学生日常生活中不可或缺的部分；从宏观层面，联手知名学者、作者、编辑、出版社、图书馆、读者，推广全民阅读，打造"书香安农""人文安农""优雅安农"。

此外，还可以线下开设一些主题阅览室，形成一个特定需求的服务空间，方便读者获得需求满足，提供一个分享、交流的平台。如合肥工业大学图书馆开辟了一些不同主题的服务空间，鼓励读者进行学习交流。

最后，每年还可进行一次绩效测评，让读者和馆员分别进行评价，对比分析每项推广活动的情况，形成专门的数据库，为下一次的活动开展提供数据支持。比如中国科技大学每年会对借阅量做个统计，形成专门的数据库，并对阅读量靠前的进行奖励,形成良好的激励机制。

(2)利用互联网加强与其他部门的协作进行阅读推广

在互联网背景下,图书馆可以与学生处、团委、宣传处、学生会等共同联合进行阅读推广活动,利用多种传媒技术如宣传单、公告栏、文字图片、广告滚动条、触摸屏等进行服务推广宣传,还可以与教务处协作,如在大一开设阅读课程,帮助学生找到适合自己的阅读方法,知道如何多读书、读好书,培养良好的阅读习惯;还可以把学生推荐专业书目作为教师绩效考评的内容之一,给予教职工阅读的动力,同时也能激发学生的阅读兴趣,进而提高读者的文化素养。如安徽农业大学以图书馆新媒体学生团队和学生服务中心团队为代表做图书馆资源与服务的传播者和践行者,通过各种阅读推广活动(移动图书馆、读者分享会、mooc培训和辩论赛等),让更多的人了解图书馆,喜欢图书馆,爱上图书馆,分享关于世界的知识和见解。

另外,可以充分发挥大学生读者协会的作用。大学生读者协会是在图书馆指导下,由各个年级、专业的阅读积极分子组成的大学生文化社团。图书馆可免费为协会成员提供一个相互学习、交流、阅读、写作、文学鉴赏的平台,也为他们提供一个自主学习、管理和发展的空间,以此潜移默化地影响他们的阅读兴趣和热情,通过协会成员影响,带动周围的同学,为营造良好的校园文化提供支持。

(3)利用社会力量进行阅读推广

充分利用社会力量,包括政府部门、教育部门、出版机构、学术团体、大众媒体,甚至家庭在内的全民阅读推广力量,加强与他们的协作,形成合力,促进阅读推广活动的开展。在此可借鉴英国的经验,将阅读推广上升为国家文化战略,将较为分散的倡导阅读的力量和声音变成一个国家工程,英国文学基金会(The NationalLiterary Trust)、英国文化媒体体育部(DCMS)、博物馆图书馆档案馆委员会(MLA)等国家机构通力合作,为读者发展提供了持续的资金支持。国内可以以中国图书馆学会阅读推广委员会这样的独立机构为依托,以图书馆为主体,利用图书馆学会和图书情报工作委员会的力量,协调整合社会各方力量,通过制订诸如"国家阅读节"的计划,使阅读推广活动规范化和常态化，使分散的各类全民阅读活动能够系统化、有序化、常态化地开展起来，各方的联系沟通都可以通过互联网予以实现。

（4）大力创建阅读推广馆际联盟，联合开展阅读推广活动通过建立区域性高校图书馆联盟，联合开展阅读推广活动，实践显示，这种方法效果也不错。如由南京航空航天大学、南京理工大学、南京农业大学、南京林业大学、南京体育学院五所高校图书馆组成的南京城东高校图书馆联合体，联合举办读者服务月活动，极大地方便了学生的阅读和学习。这就是一个很好的例证。

（5）利用大众媒介和新媒体进行阅读推广

最近几年，国内有些电视台和网络媒体也开办了一些读书节目，如央视的"读书""百家讲坛""子午书简"，凤凰卫视的"开卷八分钟"，新浪的"读书专题"（"名人堂""一介书声""壹周读"等），搜狐的"读书"频道等，都因为节目的生动性和实用性，受到了观众的关注和热议，这也是阅读推广利用社会媒介非常有效的形式之一。

社交网络让每个人都可以像记者那样发表评论、推介，只要读者愿意就可以成为社交网络上的记者、自媒体，在一定意义上人人都是自媒体，包括每个馆员和读者，人人都可以成为阅读推广的自媒体。尤其是图书馆的粉丝读者，作为阅读推广的自媒体，其效应更明显，更能促进图书馆的O2O的发展，实现新的阅读交互和推广转化。

在"互联网+"下，图书馆阅读推广活动已经不再是由图书馆单一承办、组织的活动。联合相关部门，建立多元化阅读推广互补机制，不仅可以集中多方面的人力、物力和财力，而且可以扩大阅读推广活动的影响力，使阅读推广活动的主题、内容和方式变得更加生动、富有吸引力，从而使图书馆阅读推广活动取得更好的实效。

六、建立和完善阅读推广的评价机制

建立和健全科学的阅读推广评价机制是图书馆阅读推广活动的重要内容之一。传统的阅读推广评价机制缺乏科学性。往往是将图书借阅量、读者人数、领导视察次数、宣传资料发放量等作为评价阅读推动活动效果的主要考量指标和依据。而对阅读推广活动在培养读者阅读兴趣的养成、满足读者精神文化需求等方面考虑不足。

基于"互联网+"的介入，图书馆可以对阅读推广前期投入如人力、物力、财力、时间等成本进行较精确的核算，还可以通过图书馆大数据分析系统，接受读者对阅读推广的效果进行评价，并建立读者阅读推广效果评价指标体系，包括单位时间到馆的阅读人数、借阅率、电子资源的访问率和下载量、读者对学术期刊和科研成果的利用率等。同时图书馆还可以通过"互联网+"平台，对读者进行阶段性和实时化的问卷调查，包括读者对推荐读物的评价、阅读体验、阅读的满意度和阅读需求的满足等，并将其作为阅读推广评价指标的考量因素，以建立一个科学、合理的阅读推广评价体系。

阅读是陪伴人生的深度之旅，图书馆积极开展阅读推广活动，不仅可以提高图书馆馆藏资源的利用率，更重要的是可以培养读者良好的阅读习惯，提高读者的文化素养。作为图书馆人，只有学会利用互联网、新媒体推广自己的知识产品，让读者了解图书馆的资源，才能真正发挥图书馆的作用。也就是说，一名优秀的图书馆工作人员不但要学会管理图书，学会自己阅读图书，更要懂得向读者推荐好书。只有做好深层次的阅读推广工作，才能让读者乐于阅读，亲近阅读，习惯阅读，享受阅读，让阅读推广工作在互联网模式下结出更加丰硕的成果，让图书馆真正成为读者的天堂。

良好健康的阅读活动不仅可以增长知识，提升个人的文化素质，而且对于提高整个国家的软实力，增强中华民族的凝聚力也有重要的推动作用。全民阅读是一项系统工程，需要国家、政府、企业和全社会的全力支持，共同营造一个良好的阅读环境和氛围，而阅读推广活动则是提升全民阅读效果的可靠保证。阅读推广任重道远，培养全民阅读习惯的养成，提高个人的阅读素养，绝非举办一两场阅读推广主题活动、推荐一两本经典读物就可以实现。阅读推广需要持之以恒，与时俱进。图书馆作为阅读推广的前沿阵地和主战场，应将阅读推广纳入图书馆常规的服务工作范畴，并成立阅读推广的专门机构，制订阅读推广的整体规划，联合出版社、书店、政府相关部门、媒体、社会其他机构等多方力量和读者广泛参与，精心组织，统筹安排，充分运用互联网新技术和新媒体，拓展阅读推广的宣传渠道，创新阅读推广的主题，建立起"互联网+"下阅读推广体系，不断改进和探索新的阅读推广模式，以使图书馆阅读推广活动真正取得实效。

第十一章 "互联网+"与图书馆管理

第一节 "互联网+"对图书馆管理的影响

如果将管理定义为管理主体有效地组织和利用各种要素（人、财、物、信息和时空），通过管理手段实现组织目标的过程，那么图书馆管理就是指图书馆管理人员通过计划、决策、组织、领导、控制、协调等一系列活动，有效地管理图书馆的文献信息、人力、财力、物质资源等，以实现图书馆的目标。图书馆管理包括微观管理和宏观管理，前者指个体图书馆的管理，后者指整个社会图书馆体系的管理。图书馆管理的对象是图书馆系统，其中馆员、文献信息、建筑、设备、经费、技术方法等是构成图书馆系统的要素。因此，图书馆管理本质上就是对图书馆系统要素的管理。图书馆管理是图书馆建设和发展中至关重要的环节之一，管理水平和质量不仅直接影响图书馆各项功能的发挥，也直接影响图书馆在读者乃至整个社会中的角色定位。

"互联网+"对图书馆的影响是深刻的，它不仅彻底颠覆了人们对图书馆的认识，创新了图书馆的服务模式，也给图书馆管理带来了深刻的变化。

一、在管理的对象上，由书向读者需求转移

基于传统图书馆文献资源大部分是以纸质为载体，图书馆所有的工作无论是图书文献的采访、编目、分类、储存，还是为读者提供借阅服务，都是

围绕纸质图书文献——书而展开的。图书馆管理的中心也是"书"。尽管一些讲座、展览、参考咨询等也丰富了图书馆活动的内容,但没有从根本上改变图书馆以书为主体的性质,图书馆的功能布局和工作流程依然是跟着书走,无论是部门设置还是文献服务都是以书为本位的。

随着互联网的发展和移动设备的广泛应用,越来越多的人倾向于使用移动设备进行阅读和获取所需的文献信息资源。这是因为,在当下快节奏的生活中,传统的阅读时间已经被打散,移动阅读具有便捷性,可以充分利用碎片化时间。同时,移动阅读技术不断进步,通过移动设备阅读带来的体验越来越好,内容也更加丰富多样,不仅包括文字、图片、音频、视频,还可以进行交流和讨论。在"互联网+"时代,互联网的广泛连接拓展了读者获取文献信息的渠道,而读者对碎片化阅读时间的需求也要求图书馆能够即时满足他们的需求。因此,图书馆管理的重点必须从文献信息转向满足读者的即时需求。

二、在管理的理念上,由重藏轻用向重用轻藏转变

鉴于过去文献资源有限、成本高、获取渠道有限,人们只能依靠图书馆来获取知识,图书馆的重点是收藏资源,采取"outside-in"的方式,即从外部聚集资源到内部。重视收藏而轻视使用、重视管理而轻视使用不仅是传统图书馆的管理理念,甚至在当前仍然存在于大多数图书馆中。然而,随着互联网技术和通信技术的进步,各种信息资源呈现爆炸式增长,读者使用信息资源的成本下降,特别是在"互联网+"时代,读者更加关注获取图书文献资源的途径和方式,而不太关注资源的来源。同时,移动终端的发展和广泛应用使得读者可以随时随地通过移动互联网获取所需的文献信息资源,不受空间限制。这些变化促使图书馆的管理理念必须从重视收藏而轻视使用转变为重视使用而轻视收藏,并且更加注重满足读者的需求,加强与读者之间的交流和分享。

为了适应这一变化,图书馆面临着两个重要的要求。首先,图书馆需要

加强对纸质文献的数字化转换，并加快电子文献资源的建设。同时，图书馆还需要注重收集、整合、处理、开放和利用各种网络信息资源，这对于吸引和保留读者至关重要。其次，图书馆建筑也需要适应这一变化。传统图书馆将书籍与读者分离，且以藏书为核心，这种布局需要进行彻底改变。建筑设计应以读者需求为主导，注重读者与书籍之间的互动交流，以及读者之间的便捷交流。

三、在管理的环境上，由静态管理向动态管理转变

传统图书馆的管理方式主要集中在内部管理，包括采访、分类、编目、借阅和典藏等方面。这种管理模式与传统图书馆以书籍为核心、提供纸质文献资源的借阅服务方式相契合。然而，在"互联网+"时代，随着连接性的普及和通信技术的发展，各种网络信息资源呈现爆炸式增长，图书馆相对封闭的环境被打破，边界变得模糊。因此，除了对内部纸质和电子文献资源进行静态管理外，图书馆更需要注重对外部环境的动态管理。这意味着图书馆需要适应新的管理方式来应对信息资源的快速变化和读者需求的多样化。

四、在管理的范围上，由单一的纸质文献资源管理向多元资源管理转变

传统图书馆的管理范围相对较窄，主要包括馆员、财物和纸质文献资源的管理。然而，随着互联网技术和通信技术在图书馆中的应用，管理范围开始变得多元化和广泛。首先，在文献资源方面，除了传统的纸质文献资源外，还有大量的数字资源，如电子文献、数据库资源和网络信息资源等。图书馆不仅是信息搜索和寻找的场所，也是信息共享的平台。对信息资源的管理不仅包括收集、整合、深加工和利用，还包括开发相关数据库和形成大数据。其次，在馆员管理方面，传统图书馆主要关注工作纪律，但在"互联网+"时代，对馆员的知识、能力、素质和技术要求更高。图书馆需要管理馆员的知

识提升、能力提高、专业素养培养和技术强化。最后，在财物管理方面，传统图书馆注重书籍的防盗、防霉、防虫等方面。但在"互联网+"时代，图书馆引入更多先进的设备和技术，需要关注如何让馆员和读者熟练使用这些设备，并使其发挥更大的功能。因此，"互联网+"将进一步拓展图书馆的管理范围。

五、在管理的模式上，由传统的金字塔层级管理向扁平化管理转变

传统图书馆的管理结构呈金字塔状层级模式，包括馆长、副馆长、办公室、信息部采编部、流通部和阅览部等，最终连接到馆员与读者的直接接触。然而，这种管理模式反应迟缓、效率低，并不能适应"互联网+"时代下图书馆的管理理念和服务模式。"互联网+图书馆"的管理理念以读者为中心，旨在满足读者即时获取需求，这要求图书馆削减信息传递的层级，减少中间环节，实现读者与图书馆管理的"零距离"。扁平化管理模式成为满足读者即时需求的必然选择。扁平化管理通过破除图书馆的垂直层级结构，减少管理层次，增加管理幅度，建立紧凑的横向管理模式。扁平化模式不仅能灵活适应图书馆外部环境的变化，还能快速响应读者需求，提供最佳解决方案，提高读者满意度。

第二节　图书馆管理创新的路径

在"互联网+"时代，人们已习惯早上醒来打开朋友圈分享朋友发的新闻，出门前用打车软件叫好车，OA 里待办事项通过微信告知，甚至下班回家前可以遥控烧好饭、开启好空调、完成好保洁工作，就是订餐也可用 APP……

在"互联网+图书馆"时代，由于互联网的交互性，读者可以通过图书馆平台主动获取所需的服务和信息。然而，目前我国的图书馆管理状况远远无法满足"互联网+"下图书馆发展的需求。主要问题包括陈旧的管理理念，过度专注于文献资源管理；落后的管理方法，缺乏创新意识；单一的管理模式，缺乏人文关怀；臃肿的管理结构和低效率等。尽管一些图书馆尝试应用新技术，如移动 APP、微信公众平台和流动借阅服务，但这并没有改变图书馆的"传统"本质。要使图书馆步入"互联网+"时代，成为智慧图书馆，必须进行全方位的管理创新。

一、创新管理理念：R2L 的管理

互联网在某种程度上模糊了所有界限，也可以说互联网的世界是无边界的。"互联网+图书馆"的核心是创建一个全国乃至全球的图书馆网络平台。图书馆界无论是横向拓展还是垂直整合，都要以读者为中心。横向拓展的出发点就是满足读者的任何可以满足的需求，垂直整合的出发点则是完美地满足读者个性化的需求。因此，未来图书馆的管理理念必定是以读者为核心的"R2L"理念，即 R（Reader））驱动 L（Library）的理念。

"R2L"意味着任何读者可以在任何时间、任何地点、任何图书馆，以任何方式满足自己的阅读需求，包括通过手机、电脑、iPad 等载体或移动终端，不受任何时空限制地对所需信息进行搜索、参考咨询、阅读；通过图书馆服

务平台即时获得最新图书馆相关信息（新书推荐、讲座、竞赛活动、论坛等），以及读者间信息的交流与共享（互联网让"读者集合在一起"成为一种可能，特别是通过媒体、互动，很多有相同阅读爱好的读者可以聚在一起，交流阅读体验和感受）。

"互联网+图书馆"的颠覆并不是针对图书馆本身，而是针对其中低效率的流程和环节的改进。通过利用高效率的手段整合低效率的部分，可以减少不必要的损耗，缩短图书馆资源传递给读者所需的步骤。换句话说，这是对图书馆核心要素重新分配，重新构建读者与图书馆的关系。为此，图书馆需要重新组织管理结构和业务流程，使所有工作流程和人员都能直接面向读者，让所有人在互联网端点上工作，从网络云端获取数据，并与读者进行实时对话，实现零距离、跨馆界、多语言同步交互。读者需要馆员不仅能利用实时交流工具在线进行异地交流，还要掌握所需的专业知识和精确信息。换言之，每个馆员都要了解图书馆内的各项服务，以便实时提供给用户便捷和及时的服务。例如，采编部除了负责采编外，还要能解答用户关于数据库访问等相关问题；流通部除了常规服务外，还要能进行新书推送、信息咨询等服务。

把互联网理念植入图书馆管理中，建立以读者为中心的管理理念，以读者需求来驱动图书馆资源的优化配置，还需要强化图书馆应用智能技术、互联网技术及软件应用技术的整体能力，这样，才能使图书馆整体面对读者需求时做到反应最快、距离最短、流程最快。由此可见，"互联网+"的背景下图书馆管理必须以 R2L 的管理理念为先导，才能真正实现图书馆的互联网化。

二、创新管理方法：物联式的管理

尽管在"互联网+"时代，纸质图书文献资源正在被数字化的电子文献资源所取代，但不可否认，在"互联网+图书馆"中，纸质图书仍然是图书馆的重要组成部分。纸质图书文献资源的存在对于图书馆的生存和发展至关重要。图书馆科学管理的一个重要原则是以图书的社会利用为出发点，并通过行动来实现。如何提高图书馆纸质图书文献资源的利用率，实现科学管理，是"互联网+"下图书馆亟需解决的问题。物联网技术在图书馆纸质图书文献资源管理方面的理论和实际应用成为创新管理模式的合适选择。

所谓物联网（The Internet of Things，IOT），又称传感网，是指将各种信息传感设备如射频识别装置（RFID）、红外线感应器、激光扫描技术等互联网连接而形成的网络系统，以实现人与物和物与物之间的连接沟通。它具有技术性、智能性和感知性的特点。物联网有感知层、网络层和应用层三个层次，其中感知层作为物联网的第一层次在物联网中起着核心和主导作用，可以说没有感知层就没有物联网。

1.物联网技术与典藏管理

现代图书馆采用了综合的纸质图书文献借阅模式，即"藏、借、阅一体化"。然而，由于书刊的乱、错架现象严重，对图书的清点工作变得困难。传统的典藏管理模式需要耗费大量的时间、人力和财力来重新整理纸质图书文献的乱、错架问题。利用物联网 RFID 技术，馆员只需使用 RFID 阅读器在书架上进行扫描，就能够快速获取贴有电子标签的图书的全部数据，并迅速完成图书的清点工作。此外，馆员只需在 RFID 阅读器中输入需要检查的号码或乱、错架的书名等信息，然后沿着书架进行扫描。一旦发现乱、错架的书刊，系统将通过声音和光线报警，使馆员能够及时找到乱、错架的书刊，从而方便地进行整理。此外，物联网技术的扫描装置能够快速交换和识别贴有 EPC（产品电子码）的各种图书信息，并根据需要核对处理相关信息，将结果传回数据库，建立相应的分配清单。馆员能够及时、迅速地完成图书上架工作。

2.物联网技术与图书流通

利用物联网技术，可以实现对图书文献资源的精准跟踪和定位。在图书流通工作中，图书文献的查找是至关重要的环节，因此实现图书文献的精准定位和快速查找成为评估图书馆服务水平的重要指标。物联网 RFID 技术具有读取距离远、储存容量大、储存信息易于更改等特点。借助 RFID 技术，可以方便而准确地获取相关图书文献的信息，包括馆藏书目数据、借阅数据和图书当前位置，从而实现对图书文献信息资源的快速查找、精确定位和实时跟踪。此外，在物联网环境下，自动借书和还书系统使读者能够自行办理书刊的借阅和归还手续，从而节约了图书馆的人力资源，并提高了图书流通效率。

3.物联网技术与安全管理

图书馆的安全管理涉及对图书文献资源和人员的管理。物联网是一种先进的 EPC 系统，利用 RFID 技术可以对每本图书进行精确定位和实时跟踪，有效防止图书文献被盗或损毁。图书馆门禁系统是安全管理的重要组成部分，可提高安全管理效率。物联网中基于 RFID 技术的门禁管理系统能够实现自动化的馆员出入控制、数据采集、数据统计和信息查询，以有效管理图书馆的安全事务。

三、创新管理模式：柔性化管理

（一）柔性管理的一般概述

柔性管理，是一种与刚性管理相对的管理模式。刚性管理是以"规章制度为中心"，用制度约束管理员工的一种管理模式；而柔性管理则是指"以人为中心"，对员工进行人性化管理的一种管理模式。

柔性管理的主要特点在于依靠人性解放、权力平等、民主管理等内在因素，而不是主要依靠外部力量。它通过激发员工内在的潜力、主动性和创造性，使他们能够以舒畅的心情全力以赴地为企业开拓创新，成为企业在激烈市场竞争中取得竞争优势的动力源泉。柔性管理的重点是：注重内在而非外在，关注心理而非物质，身体力行而非空谈口号，积极肯定而非消极否定，激励而非控制，务实而非虚浮。

显然，与传统的刚性管理相比，柔性管理无论是在组织结构、管理决策还是激励机制上都具有明显的优势。

（1）在组织结构上，传统的刚性管理采用直线式、集权式或职能部门式的组织结构，虽然强调统一指挥和明确分工，但存在信息传递缓慢、适应性差的问题，难以满足信息化社会对组织的生存和发展需求。柔性管理模式倡导扁平化的组织结构，精简不必要的中间环节，下放决策权，赋予每个组织成员或职能部门独立解决问题的能力，发挥其创造性，实现人尽其才的组织机制。同时，通过扁平化的组织结构，纵向管理被压缩，横向管理向全方位信息化沟通扩展，形成网络型组织。团队或工作小组在网络中成为节点，节点之间基本平等、非刚性，信息沟通方便、快捷、灵活。

（2）在管理决策上，传统刚性管理的决策层为领导层，管理决策自上而下推行，组织成员或职能部门是执行者。因此，决策往往带有高层主观色彩。柔性管理模式的决策层包括专家层和协调层，管理决策在信任和尊重组织成员的基础上通过广泛讨论形成。同时，大量管理权限下放给予组织成员或职能部门更大的管理自主权和独立性，具有更大的灵活性和适应性。在刚性管理模式中，决策目标选择遵循最优化原则，寻求在一定条件下的最优方案。而柔性管理认为，在决策前提的不确定性下，无法按照最优化准则进行决策，只能以满意准则代替最优化准则，让管理决策更具弹性。

（3）在激励机制上，柔性管理认为，激励是对组织成员的尊重、信任、关心和奖励的全面综合，激励分为物质激励和非物质激励，应把二者充分结合起来。物质激励属于基础性的激励办法，能满足组织成员的低层次需求，却无法在激励中发挥更大的作用；非物质的激励方法则能满足组织成员对尊重和实现自我的高层次需求。因此，柔性管理模式是一种力求为组织成员或职能部门创造宽松、平等、相互尊重和信任的工作环境，提供发展机遇，实行自主管理、参与管理等新的管理方法。

柔性管理能充分发挥员工的积极性和创造性，提升管理效率和质量。在知识经济时代，外部环境的易变性、不确定性和复杂性要求员工或职能部门具备快速反应和独立处理问题的能力。柔性管理提供了"人尽其才"的机制和环境，使员工或职能部门能够快速准确地做出决策，具备适应性和应变能力。柔性管理是"互联网+"图书馆管理模式的最佳选择，也是对图书馆管理的必然要求。

(二)"互联网+图书馆"柔性管理模式的构建

1.建立起刚柔并济的图书馆管理模式

柔性管理是一种以人为中心的非强制性管理模式,可以使员工自觉接受管理并提升管理效果。然而,柔性管理也存在约束力不足的问题,特别是对于思想僵化、缺乏进取心或素质较低的员工,柔性管理可能无法产生效果,甚至导致组织失序。在图书馆中,有的馆员社会认可度较低、进取心不强、能力偏弱、素质有所欠缺。因此,在"互联网+图书馆"建设中,建立刚柔并济的管理模式是必要的。一方面,要创造宽松、平等、相互尊重和信任的工作环境,充分发挥高素质员工的积极性和创造性;另一方面,适当增加刚性管理措施,对低素质员工进行惩罚,以使他们在忌惮刚性管理的同时,能够自觉适应柔性管理。在刚柔相济的图书馆管理体系中,柔性管理占主导地位,刚性管理作为辅助手段。

2.建立柔性图书馆管理组织机构

传统图书馆管理采用的是等级权力控制式模式,通过控制与制度来推动工作,具有明显的等级特征。在这种模式下,馆员虽然能够按时完成工作任务,但缺乏积极性、主动性和创造性。此外,这种模式单一、僵化,缺乏灵活性和适应性,无法满足"互联网+图书馆"建设的需求。相比之下,柔性管理模式采用扁平化的组织结构,可以减少不必要的管理环节,削减管理层级,并下放管理权力,使馆员和职能部门获得独立管理的权限。同时,通过减少纵向管理层级,扩大横向管理范围,将组织成员和职能部门变为管理网络上的节点,节点之间的沟通更加方便、快捷、灵活,提高管理效率。因此,柔性管理组织结构的建立是实现"互联网+图书馆"柔性管理的基础。

3.构建柔性管理的图书馆文化

传统观点认为图书馆工作只是提供书刊借阅服务,缺乏技术和知识含量,仅仅是重复机械劳动。这种观点导致图书馆工作的价值难以突显,加深了人们对图书馆工作的偏见,使图书馆被称为"养老院"。由于待遇低、地位不高,大部分工作人员缺乏职业认同感,导致工作效率低。然而,在"互联网+"

时代，互联网新技术的介入彻底颠覆了人们对图书馆的认知，拓展了图书馆的服务范围，重构了图书馆的服务模式和组织结构。图书馆不再是传统的藏书楼，也不再是单一的文献资源借阅室，而是"互联网+图书馆"。对于实施柔性管理，图书馆首要任务是建立积极、健康、和谐、充满正能量的图书馆文化，这对图书馆的发展具有重要意义。

一种积极、健康、和谐、充满正能量的图书馆文化对馆员的思想和行为有重要的导向作用，消除了他们消极、自卑的职业心理。同时，它对馆员的思想、心理和行为也起到约束作用，这种约束是一种软约束，源自于图书馆的文化氛围、群体行为准则和道德规范。目前，图书馆中存在着懒散、消极的工作作风，而馆文化建设有助于消除这一现象。一旦形成馆文化，它将成为一种黏合力，从各个方面将成员聚合起来，产生巨大的向心力和凝聚力。馆文化在人际关系调控模式中是软调控的一种，能够使馆员在目标建设、服务模式、管理模式等方面达成共识，从根本上保证图书馆人际关系的和谐、稳定和健康，增强图书馆的凝聚力。图书馆文化建设以尊重人为核心，以人的管理为中心，积极向上的理念和行为准则将形成强烈的使命感和持久的驱动力，成为馆员自我激励的标尺，使馆员能自觉地为图书馆的发展和实现"互联网+图书馆"的目标提供建议和贡献，实现价值创新。

图书馆馆文化的建设，是图书馆柔性管理模式的重要组成部分，不仅直接关系到图书馆柔性管理模式的建设，而且也将影响到"互联网+图书馆"目标的实现。

四、创新管理结构：扁平化管理

（一）扁平化管理的一般概述

扁平化管理是当代企业管理的一种模式。它是相对于传统金字塔状等级结构管理模式而构架的一种管理模式。所谓扁平化管理是指通过减少管理层次、压缩职能部门和机构、裁减人员，使企业的决策层和操作层之间的中间管理层级尽可能减少，以便使企业快速地将决策权延至企业生产、营销的最前线，从而为提高企业效率而建立起来的富有弹性的新型管理模式。

扁平化管理是企业为解决层级结构的组织形式在现代环境下面临的难题而实施的一种管理模式。它较好地解决了等级式管理的层次重叠、组织机构运转效率低等弊端，加快了信息流的速率，提高了决策效率。

企业传统管理模式呈现为层级结构，由高层、中层和基层管理者组成金字塔形的结构。高层决策需要通过多层级传递才能传达给执行者，而基层管理信息也需要经过层层筛选才能传达给最高决策者。在这种模式下，高层决策者和基层管理者所获得的信息都是不完整的。当企业规模扩大时，增加管理层次可能是最有效的方法，但层级越多，决策链就越长，获得的信息就越不完整，决策失误的概率就越高，决策执行力就越弱。

而扁平化管理模式则是指当企业规模扩大时，不是采取增加管理层级方式，而是通过减少管理层级，缩短决策链，扩大管理幅度的方式来提高管理效率。当管理层次减少而管理幅度增加时，金字塔状的等级结构就被"压缩"成扁平状的组织形式。

扁平化管理成为现代企业管理模式的主要原因是多方面的：首先，传统的金字塔状等级管理模式具有决策链过长、反应迟缓的特点，难以适应快速变化的"互联网+"时代市场环境；其次，互联网新技术的发展和广泛应用使得企业能够轻松实现大量数据信息的集中快速处理，并实现决策者与基层管理者之间的信息快速传递；最后，扁平化管理模式能够显著提升众多企业的管理效率，实现事半功倍的效果。基于这些原因，现代许多企业已经形成了对扁平化管理的共识，即在企业规模扩大时，不再是通过增加管理层次来加强管理，而是通过增加管理幅度来实现管理效果的提升。

（二）扁平化管理对图书馆的影响

长期以来，图书馆的组织结构一直基于纵向管理系统，以纸质图书文献的收集、整理、流通和储存为核心，呈现金字塔式的垂直管理结构。在这种传统图书馆中，馆员为读者提供服务时所获取的信息需要经过层层筛选才能传递到馆长，同样地，管理决策也需要经过多级传递才能传达给一线馆员。这种体系在以纸质图书文献为管理对象的传统图书馆中可能没有问题，信息传递的缓慢弊端也不明显。然而，在开放、共享、无边界的互联网时代，图书馆面临巨大的挑战。互联网时代要求整个图书馆界跨越管理边界，坚持合作、共赢的精神，建立快速反应、高效的管理体系，在相互连接、相互支持的环境中各图书馆取长补短，共同前进。扁平化管理成为互联网时代图书馆管理的必然选择。

1.图书馆扁平化管理是"互联网+"下图书馆管理模式的创新之一在"互联网+"的背景下，图书馆管理发生了一系列根本性变革：管理的理念由以"书"为中心转变为以"读者"为中心，管理的对象由"书"的管理转变为对"知识"的管理，管理的主体由管理者转变为服务者或指导者，图书馆的竞争力由传统的藏书数量转变为对服务环境的快速反应能力和应变能力，网络信息技术由单一的信息处理（数字化）功能转变为具有组织信息共享、共同合作、快速沟通和快速反应的平台，馆员由消极、被动接受型转变为主动参与管理。如此深刻的变化和影响，也决定了"互联网+"下图书馆的组织结构必然由金字塔式等级结构型转变为分权式扁平化管理结构。只有这样，图书馆才能适应"互联网+"的背景下图书馆发展的需要，才能满足"互联网+"的背景下读者对图书馆的需求。

2.扁平化管理是一种弹性管理

扁平化管理模式的核心在于减少管理层级、扩大管理幅度，并消除管理组织间的"障碍"，从而使管理更具弹性。通过减少管理层级和扩大管理幅度，图书馆能更快地应对瞬息万变的内外部环境，更加灵活和机动地处理问题，信息传递速度显著提高，减少了信息失真的可能性，加强了上下级之间的有效沟通和情感交流，同时减少了决策和行动所需的时间。打通管理组织间的"障碍"意味着更加顺畅的沟通，加强了馆员之间的凝聚力，增强了集体荣誉感，让馆员更加归属于图书馆，激发了更高的工作热情和积极性。扁平化管理模式同时也倡导基层的自主管理和馆员的自我管理，以共同发展的远景为指引。鼓励和激励馆员参与管理，有助于提高决策的执行力，增强馆员的责任感和使命感，并激发集体荣誉感。

3.扁平化管理也是一种柔性管理

扁平化管理是对以人为本管理理念的弘扬，也是一种柔性管理。图书馆扁平化管理是一种以基层的自主管理和馆员的自我管理为基础，以馆员与图书馆共同发展远景为引导的管理模式。图书馆要实现扁平化管理目标，必须激活基层、依靠馆员。馆员既是管理决策的参与者，又是管理任务的承担者和实施者。馆员通过参与管理决策的制定和设计，不仅能激发起馆员工作积极性和创造性，而且能增强馆员的责任感和使命感，增强对图书馆的心理归属感；扁平化管理的基础是团队，团队讲究的是协同合作、互相尊重、互相激励，以此激发创新，增强馆员的自信心。扁平化管理更是一种人性化管理。

4.扁平化管理能够实现图书馆资源的优化配置

扁平化管理的核心在于减少管理层级、扩大管理幅度、打通管理部门之间的"障碍"，以及分散权力。图书馆采用扁平化管理可以增加其灵活性和适应性。实质上，图书馆的扁平化管理是通过优化配置人力、物力、财力和技术资源，集中优质资源为读者提供个性化服务来实现的。通过资源的优化配置，图书馆不仅能提高服务效率和效果，提升社会竞争力，还能节约资源和降低服务成本。

（三）图书馆扁平化管理结构建立的路径

1.扁平化管理观念的确立

目前，公共图书馆和高校图书馆普遍采用金字塔式的权力型管理模式。这种管理方式以等级和权力为基础，通常只反映高层管理者的意愿，存在较大的随意性。基层管理者被动地接受指令，无法充分调动馆员的积极性、主动性和创新精神。同时，金字塔式的管理模式由于层级众多，高层决策需要经过多层传递才能传达给基层管理者，而基层管理者在为读者提供服务时所获取的信息和建议需要通过层层筛选才能传达给高层决策者。层级越多，信息传递越慢，高层决策者和基层管理者接收的信息完整性较差，决策错误率较高，决策执行力也较弱。这种管理模式已无法满足图书馆数字化、智能化发展以及"互联网+图书馆"的需求。因此，图书馆高层决策者和基层管理者都应转变管理观念，学习和应用扁平化理论来推动和促进图书馆管理模式的改革。在思想上充分认识到扁平化管理模式对于"互联网+图书馆"的建设的重要意义，并付诸行动。

2.扁平化管理队伍的建设

要实现成功的图书馆扁平化管理模式，需要充分发挥图书管理人员的积极性和主动性，激发馆员的工作热情和主人翁意识。然而，扁平化管理也面临一些结构性障碍，如对馆员的信息处理能力和专业素养要求过高、组织激励不足、晋升机会减少以及不同部门之间的沟通隔阂等，这些因素可能对馆员的工作情绪产生负面影响。因此，图书馆应以人为本，尊重馆员的个人目标，帮助他们建立良好的职业心态，培养职业道德和职业素养，实现个人目标与图书馆整体目标的有机结合。同时，重视馆员在不同阶段的需求多样性和变化，常态化地提供继续教育和专业技术培训，并根据馆员的知识结构和发展目标量身定制职业教育规划，确保每位馆员都有公平、平等的机会获得知识更新和提升专业素质的机会，增强他们的自信心和对图书馆的归属感，鼓励他们积极创新和开拓进取。同时，面对"互联网+"时代，图书馆馆员必须具备创新意识和创新精神，认识到自己作为为读者提供服务的管理者和信息数据资源的开发者的职业定位。

3.扁平化管理结构的核心

图书馆管理的真正核心是读者。"互联网+"时代图书馆的核心竞争优势也来源于对读者需求的敏感度和满足度，因此，图书馆要实现互联网化，必须贴近读者、了解读者，图书馆要着力建设和培养服务读者的能力，并在为读者提供服务中创造更多价值，而扁平化的管理结构（全员在互联网端点上工作，从网络云端上获取数据，与读者实时对话，实现零距离、跨馆界、多语言同步交互）才能适应这种变化的需要，才能真正实现以最短的时间、最短的距离响应读者的信息需求，实现管理效率的最优。如佛山大学图书馆、清华大学图书馆、第二军医大学图书馆、上海图书馆等采用"三部一室"（文献资源建设部、读者（信息）服务部、技术支持部和办公室）或"四部一室"

（文献资源建设部、读者阅览部、信息咨询部、技术支持部和办公室）的扁平化管理结构来充分体现以读者服务为中心的管理理念（图11-1）。

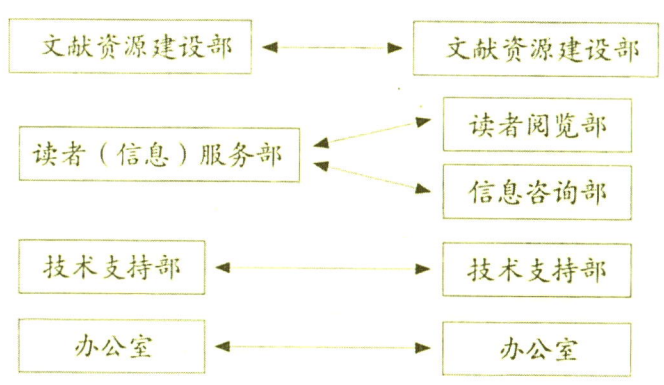

图11-1　以读者服务为中心的管理理念

有学者认为，"三部一室"是一种简化的扁平化组织结构，而在实际中，"四部一室"是一种可行的扁平化组织结构。大多数图书馆已经合并了采访编目、流通阅览、咨询检索等功能，并根据实际情况进一步整合了合并后的大部门。

扁平化管理模式在图书馆内部旨在提高信息传递的速度、加强管理的力度和效果，但其最终目标是为了向读者提供更优质的服务，满足读者个性化需求的即时获取。因此，在实施扁平化管理时，无论是减少管理层级还是加强图书馆队伍建设，都必须以"以读者为中心"为重要考量因素，以推动"互联网+图书馆"建设的发展。

随着数字图书馆的建设和迅速发展，图书馆已从传统的文献中心转变为读者信息服务中心，构建扁平化的组织结构是图书馆未来发展的趋势。扁平化管理在图书馆建设中是一个系统工程，需要以系统化的理念来构建图书馆扁平化管理模式。在构建过程中，应从图书馆整体利益和长远发展利益出发，将馆员个人目标与图书馆长期建设目标相结合，以建设高素质、高效率、高协作性的团队为目标。减少管理层级、扩大管理范围，分散管理权力是为了实现图书馆管理模式和管理效果的创新。

五、创新管理流程：数据化管理

互联网也是大数据之网，阿里研究院在最新的一份报告中指出，"互联网+"的本质是传统产业在线化、数据化。随着数字图书馆向数据图书馆的转变，大数据管理成为未来图书馆管理的趋势。

大数据是指具有数据容量大、数据类型多、商业价值高和处理速度快的海量数据集合。在互联网+时代，图书馆拥有复杂的大数据，包括结构多样、种类繁多、形式多样等特点。数据来源可以分为自建数据和外部数据，存放位置可以分为本地数据和远程数据，数据内容包括目录数据、文摘数据、全文数据，数据形式涵盖文字数据、图像数据、视频数据、音频数据等。

图书馆大数据研究不仅能够为读者提供高效、及时、全面有价值的文献或信息服务，而且能够为图书馆管理者和决策者提供管理和决策的依据。在管理方面，图书馆大数据管理涉及以下几个方面。

（1）文献信息资源数据管理，包括数字化文献信息资源数据、电子文献信息资源数据、自建数据库、特色数据库等多种形式的数据管理。这是反映图书馆馆藏情况的重要数据。

（2）读者信息数据管理，包括读者基本情况（姓名、性别、年龄、专业等）、流通数据（读者借阅数据）、其他数据（如研究方向、最新需求、阅读兴趣等）。这是图书馆服务的基本数据。

（3）基本数据管理，包括图书馆资产、馆员情况、财务、办公等方面的数据。这是对图书馆基本情况描述的数据。

（4）系统数据管理，包括管理系统、发现系统、文献数据库使用平台、计算机数据库、操作系统、办公系统、各种参数及运行记录等数据。这是数字图书馆正常运行和重新启动最重要的数据。

（5）未数字化数据或未采集的数据管理。目前，大部分图书馆尚未对古籍、非物质文化遗产等进行数字化处理，也未对读者行为、自助服务数据等进行充分采集。同时，与数字图书馆相关的馆外数据也没有得到充分采集和整理。这部分数据是图书馆今后需要努力收集、采集、整理和数字化的重要方向,但其管理难度较大。

大数据技术不仅在概率统计、趋势预测、客户研究等方面有出色的应用,还在图情领域的词汇可视化、情报分析等方面具备其他技术无法比拟的优势。运用大数据进行图书馆管理可以简化流程、降低成本,并提高管理效率。

(一)创新管理理念,培养大数据管理意识

随着移动通信技术的发展,人们越来越习惯通过互联网来满足自己获取信息的需求。图书馆作为信息传播的中心,要实现良性发展,获得更多读者的支持,就必须要创新图书馆管理理念,培养大数据管理意识。要坚持把读者作为管理工作的出发点和立足点,提高广大馆员的数据管理意识,以增强馆员的竞争意识和服务意识,以便为读者提供更加优质的服务。

(二)利用大数据技术来构建图书馆管理的核心竞争力

网络技术和信息技术的进步导致图书馆面临爆炸性增长的信息量,给读者获取所需信息带来困扰,也给图书馆信息管理带来挑战。云计算和大数据技术为图书馆管理提供了解决途径。通过云计算和大数据分析,可以对海量数据进行整合和加工,建立相关数据库;利用大数据挖掘技术,分析读者兴趣和需求,提供个性化推送服务。图书馆还可以通过收集和整合读者数据,打造核心竞争力。

(三)建立图书馆大数据管理人才体系

运用大数据技术对图书馆进行管理,其操作难度大,专业性强,这就要求图书馆必须具备懂计算机新技术又具有图书馆管理知识的交叉学科复合型人才。因此,对具备大数据技术管理人才的培养和挖掘是图书馆当前的重要工作之一。一方面,图书馆可以通过重塑形象,优化内外部环境和良好的待遇来吸引或引进高素质的复合型人才;另一方面,要有针对性地对图书馆馆员进行大数据、云计算、物联网等专业知识以及对信息科学、心理学和管理学等相关学科知识的培训,培养馆员的大数据意识,以建立起图书馆大数据管理人才体系。

(四)构建起基于大数据的图书馆信息资源"云服务"管理模式

新技术如移动互联、云计算和物联网在图书馆应用中产生各种资源数据。通过大数据技术,可以有效采集、加工、整理、开放和利用这些数据,形成完整、可循环的异地图书馆大数据服务联盟平台,推动图书馆信息资源的数字化、智能化和可视化,构建科学的管理模式。图书馆大数据管理模式是改变传统管理模式的必然选择。图书馆应根据其角色定位和读者需求建设图书馆大数据服务技术平台,协调整合现有管理系统,使大数据技术在图书馆管理中发挥更大作用。在互联网时代,读者需求信息不断涌现,图书馆应成为智慧和数据图书馆,大数据管理可以优化结构、降低成本、提升质量和效率,为读者提供更好的服务,吸引更多读者亲近图书馆。

第十二章 图书馆社会化读者的服务

第一节 图书馆社会化服务概述

作为最基本的公共文化设施之一的图书馆,承载着公共文化服务的主要内容,已经成为建设现代公共文化服务体系的重要组成部分。

一、社会化服务的概念

要了解图书馆社会化服务,必须从社会化、社会化服务和图书馆社会化服务的概念说起。社会化是来自于社会学的一个概念,原本用来表示个人、群体或某种文化传统的变化过程,其基本含义是指个体在与社会的互动过程中,通过对社会规范与社会文化的内化以及角色知识的学习,逐渐成长为社会人并适应社会生活的全过程。但随着社会的发展变化以及研究的不断深入,社会化概念的内涵也在不断地拓展和扩大,逐渐由狭义上有关个体发展的研究扩展到社会分工扩大的范畴,比如教育社会化、高校后勤社会化、组织社会化、养老社会化等。但这些用法中的"社会化"主要指服务环节上的社会化,即将原来由政府或单位承担的事务分离出来,交由社会共同承担。图书馆的社会化是指图书馆积极参与社会工作、发挥自身信息资源的优势、不断促进社会发展的一个过程。

社会化服务也称服务社会化,是一个泛指或比较宽松的概念,一般指某一行业利用特有的技术、人力和资源，面向社会提供服务。这个概念包括两层意思：一是指服务范围的社会化，即在原来服务对象的基础上，扩大范围，面向社会部分行业、部分群体，或者全社会开展服务；二是改变已有的服务模式，采取社会化的服务模式，是服务模式的改变。我国研究内容较多和开展社会化服务较早的行业包括农业、林业、商业、电信、交通、体育设施、档案馆、博物馆等。这些行业的社会化服务突显出各自的特点，形成各自的体系。

目前对社会化服务没有确切的定义。相关的定义有社会化管理服务和服务社会化。社会化管理服务是指把企业管理离退休人员的工作逐步转移到社会上来，由社会为离退休人员提供服务。主要包括离退休人员的养老金发放，为离退休人员提供活动场所，组织离退休人员参加各种有益身心健康的活动等方面。服务社会化是通过一体化经营，不仅可以利用"龙头"企业资金、技术和管理优势，而且还能够组织有关科技、信息、供销等机构，对一体化内各个组成部分提供产前、产中、产后的信息、技术、管理的全程服务，促进各种要素直接、紧密、有效地结合。

社会化服务与公共服务既有联系，又有区别。公共服务是21世纪公共行政改革的核心理念，包括加强城乡公共设施建设，发展教育、科技、文化、卫生、体育等公共事业，为社会公众参与社会经济、政治、文化活动等提供保障。公共服务以合作为基础，包括加强城乡公共设施建设，强调政府的服务性，强调公民的权利。狭义的公共服务不包括国家所从事的经济调节市场监管、社会管理等一些职能活动，即凡属政府的行政管理行为，维护市场秩序和社会秩序的监管行为，以及影响微观经济和社会整体的操作性行为，都不属于狭义公共服务，因为这些政府行为的共同点，是它们都不能使公民的某种具体的直接需求得到满足。

二、图书馆社会化服务

图书作为直接面向社会大众的专门机构，其社会性决定于它向社会及时地、系统地传播人类科学文化成果的功能。这种功能，决定了图书馆不是行政部门的附属机构，而是社会所有的精神财富配合形成的相辅相成的服务整体，以满足不同用户对象的各种需求。图书馆社会化服务是指图书馆面向社会开放，接纳社会读者和团体为他们提供各项信息化服务。

(一) 图书馆社会化服务的含义

所谓社会化，它主要包括社会意识、社会行为、社会责任和社会效果四个方面内容，这四个内容构成一个整体，缺一不可。社会意识指的人的思想对于社会存在的确认，是正确对待社会的基础，它是社会化的先决条件。社会行为指在其社会意识的基础上产生的活动，即人对其社会环境引发的行动。行动或行为常受社会意识的支配，但它也常反过来对意识起作用。有了社会意识和社会行为虽具备了达到社会化的条件，可是仅有社会意识和社会行为还不够，还要从社会责任和社会效果来加以观测，这是落实和检验人的社会意识和社会行为是否正确的根据。因为意识和行为有正确的，也有错误的。没有正确的社会意识和行为，不可能自觉承担应负的社会责任，也不会收到良好的社会效果。

自创始至现在，图书在其意识领域及一切实际活动中，可以说，在服务社会化方向上是付出过代价，做出过努力，承担起了责任，并收到过良好的效果的。图书馆为读者服务这个任务和宗旨的本身就体现了图书馆的社会性质。所谓读者既是具体的，又是抽象的，实质指的就是社会人。不为读者服务，不以读者为服务对象，没有读者，图书馆就失去了存在的意义和价值。从这个角度观察，图书馆的社会化可以说就是它固有的属性，但是如果我们用上述社会化的标准来衡量，分析图书馆的社会化，还有许多事情要做。为读者服务的内涵需要赋予新的内容，对过去的所作所为应当根据客观形势发展的需要加以正确的评估。的确，由于历史的局限，我们对图书馆的社会意识、社会行为、社会责任及社会效果的相关性、必要性很少做过全面的深入的研究和分析。

图书馆是社会的一个细胞，它的利益只能融汇于社会利益之中，它不能继续在小社会中求生存，应当从小社会中走出来到大社会中去直接参与社会的活动，才能实现真正为读者服务的这一远大目标。图书馆（特别是高校系统和科学院系统的图书馆）服务社会化是时代和社会发展的需要，也是自身可持续性发展的需要，不仅可以提高馆藏文献的利用率，而且能充分发挥图书馆的信息资源优势，还有助于实现社会的信息资源共享，普及科学文化知识，提高全民族的思想文化水平，为建设富强、民主、文明、和谐的社会做出巨大的贡献。

总之，所谓图书馆社会化服务就是指图书馆在保证各自主要服务对象的前提下向社会公众开放，采取有偿或无偿的服务方式接纳社会公众，允许他们利用图书馆所收藏的各种信息资源，为他们提供信息服务。图书馆社会化服务其实质是图书馆服务对象的社会化，它是基于"信息资源共享"的角度，把图书馆的信息资源作为一种社会的生产资料来对待，将其使用社会化。

（二）图书馆社会化服务表现

1.服务对象方面

图书馆服务对象是读者。关于读者的含义，张树华认为，读者指的就是借助于文献来汲取外在信息的人，指的是从事某种特定的社会活动，即阅读文献的人们。广义的读者概念应是利用人体的器官通过认识各种载体（包括纸张、缩微胶片、计算机磁带、光盘等）中所载的文字、符号以汲取其中的知识和信息为目的的文化人口。电子计算机技术、现代通信技术和网络技术的应用将逐步突破图书馆之间的严格界限。未来的图书馆是一种以电子计算机和通信网络联系起来的图书馆的集合，在这种网络化的文献信息交流系统中，每一个图书馆都是地区、全国乃至全世界信息网络的一个节点，每一个加入网络的单位和个人都可以利用网络系统内任何一个图书馆的文献信息资源。对于某一个图书馆来说，其所在网络系统内任何一个使用本馆文献信息资源的人都是自己的读者。图书馆读者服务对象范围的延伸，反映出了图书馆从自我封闭、有限开放到全开放的社会化发展趋势，同时也说明了较之于传统的图书馆，现代的图书馆将承担更多社会责任，发挥更大的社会服务功能。

2.技术与读者需求方面

在目前和今后的发展中，技术的进展将呈现出一种指数式增长方式，而且会大大改变公众对世界范围内信息产品和信息服务的需求。以前人们只是考虑新技术对图书馆服务和员工的影响，没有关注技术的变化对图书馆的服务社会化的影响。网络环境下读者的特点发生了巨大的变化，他们对获取信息资源的速度、信息资源的易用性等要求越来越高。

（三）图书馆社会化服务问题

1.资金短缺

我国公办学校经费来源单一，基本由国家财政供养，虽然近几年来，国家和地方政府增加了财政投入，图书馆的硬件设施和馆藏资源都得到了很大改善，但伴随着扩招，图书馆经费相对紧张，每年的经费还要购置电子资源，导致经费普遍处于短缺状况。因此，并非每一个图书馆都有足够的馆藏资源和人力资源来开展社会服务。开展社会化服务，必然会使图书馆承担更多的服务职能。学校拿不出更多的财力和精力来增加社会服务。可见，稳定的资金来源和充足的资金保障是图书馆开展社会化服务的一个关键条件。

2.思想观念落后

在我国，长期以来人们受到传统教育观念的影响。图书馆是教学辅助机构，图书馆仅为本校的师生服务。一旦为社会服务，或多或少会担心对外开放所带来的秩序混乱、工作量增加、文献丢失等问题出现。为了避免一些管理问题和安全隐患的发生，多数学校都不愿意面向社会化服务。社会读者大多是边工作边学习，或是利用闲暇时间学习，一般不能在短时间内有效利用图书。但图书馆对读者图书借阅期限方面的规定较为严苛，这无疑会影响读者的积极性。读者毕竟是社会工作人员，工作中的不确定因素也比较多，经常会加班、出差，这就有可能导致其不能按时归还所借图书，给社会读者造成不小的压力。

随着时代的进步和公民信息需求的不断提高，图书馆要转变观念，变封闭式管理为开放式管理，树立"以人为本，以用为本"的服务理念。图书馆管理者要主动向社会敞开大门，自觉地把图书馆看成是社会信息系统的子系统才能从根本上保障和推动图书馆社会化服务的顺利开展，最终形成图书馆事业长期、稳定、健康发展的局面。

第二节　公共图书馆社会化服务

公共图书馆属于公益性服务机构，以接纳社会群体、提供信息咨询等方式开展社会化服务，是契合其性质的必然要求。公共图书馆社会化服务在构建现代公共文化服务体系中的作用不容忽视，公共图书馆社会化服务也是当今社会发展的要求。社会化服务是图书馆一直在探索的新领域，要得到社会的普遍认可有一个过程。经济社会一直在发展变化，图书馆服务社会和读者的方式、手段和内容也在发生变化，但图书馆服务读者的宗旨不会变。在公共图书馆服务社会化进程中，应把握住网络化、信息化环境，深化服务理念，优化和改善服务手段，拓展和延伸服务内容和方式，在服务社会、满足读者需求的前提下实现自身的价值。

一、公共图书馆的社会化

图书馆的社会化主要指图书馆服务的社会化，图书馆社会化的进程也是指图书馆服务尽可能广泛、深入地融入整个社会服务系统的过程，最终改造成为社会化的图书馆。图书馆社会化的进程是通过创新办馆理念、努力扩大服务范围、深化服务层次和领域来实现的。而全新的办馆理念则是以延伸服务的实现为标志的，只有把握了延伸服务理念的内涵，并在实践中切实履行，才是真正更新办馆理念，也才能真正实现图书馆服务的社会化，进而获得生存和发展的空间。应该看到，图书馆的社会化过程既是一个差异性的过程，又是图书馆服务人性化、个性化的进程。

(一)我国公共图书馆社会化的特征

我国现代公共图书馆社会化的特征主要体现在:社会化服务理念初步确立,社会化服务方式丰富多彩,社会化服务内容日趋多元化。要实现社会化,现代图书馆应通过观念的更新和各种服务方式的探索,努力学习、实践其他社会领域的知识、技能与规范,深入了解社会的需要,从而形成自觉的、适应现代社会发展需要的价值观念与行为方式,取得"社会人"的资格,使自身成为在社会体系中发挥作用的重要成员。从某种程度上说,这种角色学习的过程就是图书馆社会化的过程。

(二)公共图书馆的社会化趋势

当我们的图书馆还仅仅是传统意义上的图书馆时是无法真正满足人们的精神需要的。目前,许多前卫的图书馆已不再固守于传统的图书借还、单一的服务模式。而是以如何尽可能满足社会多方面的发展需要作为调整自身办馆理念、业务设置进而拓展自身生存、发展空间的坐标,寻找尽可能多的"扩张"结合点,力求实现服务值的最大化。也许不久的将来,人们再到图书馆已不仅仅是来享受图书服务,或许与图书无关,更重要的是来享受文化、娱乐、信息、社会教育甚至仅仅是休闲的服务。

1. "读者的图书馆"必然向"社会的图书馆"发展

(1)什么是"社会的图书馆"

无论从信息技术革命的发展规律,或是作为社会成员的用户的需求规律,还是从图书馆事业的发展规律来看,"读者的图书馆"在信息社会的条件下,用新技术装备起来后必然向"社会的图书馆"发展,这是图书馆世界的大趋势。所谓"社会的图书馆",是指面向全社会作为社会信息交流系统、社会教育系统和社会的科学能力组成部分的,为全体社会成员服务的、现代化的文献信息社会化服务体系。图书馆不再是孤立的、单一的、点和面的传统图书馆,而是网络的、整体的、多维的现代化图书馆。

（2）"社会的图书馆"是从"读者的图书馆"发展而来的

"社会的图书馆"是从"读者的图书馆"发展而来的，它具有阮冈纳赞"五定律"的一切优点，如读者的广泛性、图书的分开性、使用的方便性、管理的科学性等，并且以现代化手段充分完善它们，使之更广泛、更开放、更便捷、更科学。它不仅仅为自己的读者而存在，对自己的读者负责，而且要与整个社会的发展密切联系在一起，对全社会负责。随着社会对知识与信息的需求增长。现代图书馆不可避免地要跳出自己原先那种狭隘的小圈子，发展为面向全社会，进而向全世界开放，与世界性的信息市场进行交换的信息体。现代图书馆的建设和发展，在考虑问题时已经超出了读者这个概念，其出发点和归宿已上升为"社会"这个广阔的范畴。这是阮冈纳赞的第五定律——"图书馆是一个生长着的有机体"的合乎规律的必然发展。

2.缩小社会成员在获取知识和信息方面事实上的不平等

公共图书馆的服务不会再仅仅着眼于一个个读者，它越出读者或读者群的界限。面向整个社会的经济、政治和文化生活，为全体社会成员服务，因而更充分发挥其社会功能，使服务更具有广泛性和普遍性。对于图书馆的读者来说，他得到的服务更好、更充分、更完善，他不仅能使用一个馆的藏书，得到一个图书馆员的帮助。而且可以得到整个图书馆网络的服务和帮助，通过图书馆的现代技术手段，可以充分享受人类社会所积累的一切文化成果，这是以前所无法做到的。另外。从前较少得到图书馆服务的社会成员都将得到比过去任何时候都要优良的服务。因为，社会的文明进步提出了这样的要求：缩小社会成员在获取知识和信息方面事实上的不平等，让所有社会成员都有享受图书馆服务的平等权利和机会。

二、公共图书馆与社会化服务

1.公共图书馆社会化服务理念的确立

理念的变革和确立植根于经济建设的发展状况：一方面，随着社会经济的迅猛发展，人们的生存和生活方式乃至环境都变化了，客观上，要求文化服务也应该随之做出相应的调整；另一方面，也是图书馆自身求生存、求发展的现实需要。现代发展观认为：一切生产方式、服务方式、服务内容，都应以最大限度地满足人们的物质生活、精神生活需要（生活方式）为前提。现代图书馆服务理念的确立亦应以此为准绳。在实践层面上，我们已经可以感受到这种社会化新思维的力量不断突显的魅力：采编一体化、社会化，网络资源、数据库建设社会化，人员素质专家化，馆藏资源社会化，社会资源馆藏化等办馆思想都标志着开放性的现代图书馆办馆理念正在形成。

2.社会化服务方式多样，内容日趋多元化

当今社会，人们对现代图书馆的认识已发生重大变化，图书馆社会化的进程已经开始，散在的相关学说已处处可见，实践的探索更是百花齐放，色彩斑斓。信息服务、中介服务、网络服务、社区服务、展览、展销等新兴服务样式已屡见不鲜，甚至纯粹的商业化、市场化运作也相继出现。服务承诺制等经济领域的运作模式，都已经在现代图书馆的服务中悄然运用。

现在的图书馆已经逐渐摆脱了单一的图书服务模式，向更为广阔的服务领域延伸，人们的许多工作、学习、生活需要将能够在图书馆得到满足。日趋多元化的服务将使未来的图书馆真正成为社会的信息、咨询、文化、娱乐和休闲中心。

3.服务社会化是社会的需要

现代社会不断发展，知识的更新日新月异，人们只要在青少年时代学到一定的知识便可以一劳永逸的时代已经一去不复返，人们要自我完善、自我发展，必须自觉学习、终身学习。谢托曾说过："社会越文明，社会结构越复杂，就越需要图书馆。"公共图书馆是社会大众终身学习的场所，是社会的中坚力量，为社会的进步、发展提供着强有力的智力支持，其服务对象必然会是社会民众。它要发挥更大的社会服务功能，必然要从自我封闭、有限开放走向全面开放。可见，公共图书馆服务社会化是知识社会的内在需要。

4.服务社会化是知识经济时代的需要

知识经济时代，知识被作为最重要的资本，是生产力、竞争力的关键因素，这一切正与图书馆馆藏资源密切相关。知识经济时代又是网络覆盖全球的信息时代，网络环境要求信息服务具有高度的开放性，因此必须把公共图书馆的服务纳入一种"大服务、大体系"的模式之中。把图书馆工作放在知识经济、市场经济和经济全球化的背景下，才能跟上时代发展的潮流。知识经济时代迫使公共图书馆改变传统的服务观念，重视并积极考虑如何做好社会化服务。

三、公共图书馆社会化服务

公共图书馆拥有丰富的图书信息资源。其向社会开放，为社会服务，不但可以满足广大读者的需要，还可有力地带动地方经济、文化、科技的发展，具有重大的社会意义。当前，加大公共图书馆的社会化进程迫在眉睫，而在现代图书馆的社会化进程中，重中之重就是树立延伸服务的理念。也就是说，现代图书馆社会化的程度和进度取决于其延伸服务理念的探索程度与进度。

近年来，我国各地在公共文化服务社会化发展方面有许多立足实际、改革创新的探索实践，取得了良好效果和宝贵经验。如：北京市东城区体育馆路街道和皮卡少儿中英文图书馆合作开设了皮卡体育馆路街道中英文少儿图书馆，这是北京东城区政府与民间"联姻"诞生的首个针对特定人群的社区图书馆。另据2014年5月《中国文化报》报道，2011年，江苏省无锡市无锡新区开始对图书馆进行社会化运作，通过招标将新区图书馆的建设、管理、运行和服务外包给专业公司，不仅效果良好，还荣获第四届文化部创新奖。这些公共文化服务社会化的实践探索，不仅为国内图书馆等公共文化事业建设提供了可资借鉴的范例，同时也为全国图书馆服务的社会化运营提供了新思路。公共图书馆的属性之一即社会性。公共图书馆的服务对象即具有阅读能力和阅读需求的所有社会成员。按照普遍性、均等性、基本性、便利性的要求，构建覆盖全社会的公共图书馆服务体系，最大限度地满足人民群众对文化信息的需求，这是当代公共图书馆事业发展的基本要求和建设目标。

四、公共图书馆社会化服务的趋势和措施

（一）公共图书馆社会化服务的趋势

公共图书馆是公共文化服务体系的重要分支，在整个公共文化服务体系中的地位举足轻重。公共图书馆社会化服务必须在服务理念、服务方式、服务内容和服务手段等方面做出相应的改变。

1.服务理念的社会化

公共图书馆服务社会化首先需要有社会化的服务理念。传统图书馆的服务理念无疑已经难以满足现代图书馆服务社会化的需要，但图书馆"读者第一，服务至上""一切为了读者"的基本服务宗旨永远不会改变。图书馆不能再固守传统的管理模式和管理观念，必须以大图书馆的理念来规划图书馆的管理与服务，淡化图书馆的地理边界和读者范围。公共图书馆是全球信息网络中的一个节点，其服务对象为全世界范围内对本馆提出信息服务需求的任何一个读者。图书馆应在全球信息网络中有效展示本馆的资源和服务，最大限度地方便读者检索和利用。

2.服务方式的社会化

随着现代信息技术的发展和应用，图书馆的服务方式日趋多样化，网络技术与多媒体技术的融合发展，为图书馆读者服务工作开辟了新的空间。同时，在现代信息交流环境下，读者选择信息交流工具、获取文献信息，不仅要求方便快捷，而且要求精准高效。公共图书馆必须适应社会信息化发展的趋势，科学规划服务工作，为读者营造多元化、多层次、多途径的信息服务方式，最大限度地满足读者多元化的精神文化需求。传统的服务项目应该不断得到加强和完善，使之更加深化、细化、更加彰显人性化；现代化的服务项目，如数字图书馆、移动图书馆、24 小时自助图书馆、微信微博服务等，应该贴近读者实际，融入读者学习、工作和生活，让读者切实感受到图书馆服务细致入微和便捷高效。同时，图书馆服务应加强与社会各界的合作，吸引社会力量参与图书馆的管理和服务，这不仅可以实现图书馆资源与社会资

源的优势互补，而且也可以推动图书馆服务社会化发展。

3.服务内容的社会化

现代图书馆的服务内容早已超越了传统图书馆借借还还的范畴，服务内容被烙上了深刻的社会化痕迹。除了传统的图书馆服务内容，讲座服务、展览服务等已经成为图书馆的核心业务，阅读推广服务被引起高度重视。依靠网络、微信、微博等社会化媒体，图书馆不断拓展业务领域，不断翻新服务内容。图书馆的很多服务内容与时俱进，不仅与现代信息技术相融合，而且密切关注社会热点和百姓生活实际。可以说图书馆在努力以自己的方式积极融入社会生活。图书馆服务内容的社会化，扩大了图书馆的知名度和影响力。现代图书馆不仅是一个文献信息传播与交流中心，其还是一个文化休闲娱乐中心，服务内容的社会化，必将吸引更多的社会公众走进图书馆，利用图书馆，图书馆也必将进一步融入社会，成为社会大众须臾不可或离的文化殿堂。

4.服务手段的社会化

网络技术和现代信息化在图书馆管理与服务工作中的应用，加速了图书馆社会化的进程。传统的工作管理模式已经不能适应当今社会的发展需要了，它必须适应社会信息化的步伐，向更深层次发展。数字图书馆建设是图书馆服务社会化的象征，也是图书馆服务社会化的基础和保障。数字图书馆资源可以依托网络实现跨时空的传播交流，手机图书馆、微信公众平台，让很多读者可以足不出户来享受图书馆的便捷服务，24小时自助服务、流动图书馆服务、送书上门服务等，可以满足不同群体的阅读需求。图书馆服务手段的社会化为公共图书馆融入社会，提升为社会服务的能力和水平奠定了基础。图书馆服务社会化必须立足社会发展的实际和读者需求的实际，积极引进新技术、新媒体、新手段，为社会、为读者提供高效率的满意的服务。

（二）公共图书馆社会化服务的措施

1.利用公共图书馆的资源优势为社会服务

公共图书馆是社会的信息中心，是社会发展的重要支柱。近年来，随着数字图书馆和网络服务功能的发展加强，建立了图书馆资源数据库及各种采购数据库，通过计算机网络读者可以使用公共图书馆的数据。丰富的馆藏资源，以满足多方面的社会成员的不同需求，读者可以根据自己的职业需求和阅读爱好，成为公共图书馆的读者群。

2.利用公共图书馆的技术优势为社会服务

近年来，公共图书馆的重点在管理及对先进信息技术的应用。随着网络的发展，数字化、自动化公共图书馆服务的设备更新，手工借阅到计算机扫描，通过手动搜索目录到智能检索，读者可以通过网络计算机进入公共图书馆，在网上预订、更新、借阅、咨询等功能。公共图书馆手工借阅时期，工作量大，满足读者的要求是非常困难的，现将藏、借、阅于一体，丰富的数字资源，网络链接，方便快捷，大大节省了人力，方便读者借阅、网络信息咨询，可以快速地满足读者的需求，为面向社会开放提供了条件。公共图书馆局域网通过Intertnet联网，公共图书馆网络数据库资源可以通过网络向社会读者提供每天24小时的开放使用，基本具备为他们提供网络信息资源服务的条件。

3.向社会提供电子文献资源服务

近年来，公共图书馆非常重视数字文献资源的建设，购置了适合科研需求的中文期刊数据库、电子图书、外文数据库以及各种考试、网上报告厅等特色数据库。这些馆藏文献改变了传统的借阅方式，是一个全天开放的图书馆，读者可以不受时空和馆藏复本量的限制，最大限度地满足读者的需求。这部分资源向社会开放，可以满足读者查阅资料的需要。电子文献资源对社会开放，要处理好知识产权的问题。公共图书馆在和电子文献出版商达成共识后，可考虑将公共图书馆的电子资源向社会开放。也可联合采购，既达到资源共享的目的，又避免了资源的浪费和重复投资的现象；既节约了资金又提高了文献利用率。

4.查新咨询服务

由于科研立项、新产品开发、科学、历史、文化等方面研究的需要，图书情报部门的重要任务是查新咨询服务。查新咨询服务范围很广，包括：确定研究课题、新产品的设计开发、技术示范项目的引进、科学技术的发展及相关的专利文献、科技成果。查新服务是对上述项目的新颖性、先进性进行全面论证和评价的实践，最后写查新报告，为公司领导或有关部门和专家学者的研究提供参考。对党和政府部门，研究机构有关部门开展有偿查新咨询服务，充分发挥公共图书馆的社会科学和自然科学信息资源的优势，并将其转变成知识资本，提高公共图书馆的声誉和经济效益。

5.加强文献资源建设

建设特色信息资源数据库。公共图书馆必须以图书馆的馆藏资源优势为依托进行二、三次文献开发，建设具有一定特色的专题文献数据库，这是公共图书馆面临的重要任务，也是今后公共图书馆在网络时代赖以生存的资本。近年来，各地公共图书馆结合地方性科研课题和本地经济发展需要，加强了地方文献的收集力度，建立了书目数据。公共图书馆还可根据本地经济、教育的发展，开发具有本地特色的专题数据库，也可凭借本地重点学科的优势、文献保障能力和学术研究水平的权威性，开发具有本馆特色的专业信息资源数据库，形成自己的风格和特色，并向社会推广，提高资源利用率，促进地方经济的发展。

6.馆际互借资源共享，民众享受知识平等

资源共享是公共图书馆界努力的方向，由于我国公共图书馆长期发展形成的条块分割的情况，形成公共馆、科研馆、高校馆、专业馆、儿童馆等，各馆是不相互接触的，导致资源的重复建设，但同时也给读者带来了不便。目前，随着信息社会的不断发展，面对我国全民终身教育学习社会的构建，公共图书馆很难满足用户的需求，从公共图书馆的研究和发展看，开展社会服务，实现资源共享是必由之路。随着计算机技术的飞速发展，网络和数据库技术，使馆际互借、资源共享成为现实。公共图书馆开放打破图书馆之间的界限，在资源方面转移进行了有益的探索、分享。事实上，公共图书馆资源建设是不同的，社会功能和教育功能是一致的。馆际互借发展，文献传递服务，可以提高公共图书馆本身的文献屏障的能力，节约和规范公共图书馆经费，提高馆藏文献的利用率。公共图书馆是在许多不同类型的网络共享库资源之间建立的，建立文献资源保障系统，以保证馆际互借的顺利发展。公共图书馆及其他图书馆可以建立一个统一的检索平台,使整个社会资源共享。也可以尝试以读者的身份,建立读者数据库,公共馆和其他馆的读者信息,添加到数据库,为读者服务打开了绿色通道。不管读者的身份,让其享有一个简单的读者注册服务。公共图书馆对社会服务是经济建设发展的必然要求,我们必须努力探索,适应地方经济建设和社会发展的需要,社会服务模式适用于公共图书馆的实际情况,更好地为社会服务,提高市民素质服务。

(三)公共图书馆社会化服务的主要模式

公共图书馆服务社会化实践以满足用户需求为最终目标,而由于社会环境发展变化,用户需求本身也是多种多样的,同时各地经济社会发展不平衡,因此公共图书馆服务社会化实践模式是一个多层次的复合体。

1.公司化模式

图书馆与企业合作,将部分或全流程服务外包,此种模式一定程度上是为了解决政府资金和人员紧张的问题。图书馆在管理运营上充分利用外部的社会资源,降低了图书馆的运作成本,提高了图书馆的工作效率,同时提升了图书馆的整体服务品质,增强了图书馆的竞争能力。例如:安徽省芜湖市镜湖区图书馆、江苏省无锡市高新区图书馆、合肥市高新区乐天社区图书馆、合肥市蜀山区图书馆运营服务外包。该类模式有很多经验值得借鉴和学习,具有很强的现实意义和社会意义,但也有一些需要注意的问题,如服务质量控制、服务购买者与提供者的和谐合作。

2.公私合作模式

该模式采用共建共管方式,能充分发挥社会资本的作用。公私合作模式可细分为PPP模式与部分外包模式两种。PPP全称Public Private Partnership,是公共基础设施建设中的项目融资模式。政府和社会资本合作模式是在基础设施及公共服务领域建立的一种长期合作关系,通常是由社会资本承担设计、建设、运营和维护基础设施的大部分工作,并通过"使用者付费"及必要的"政府付费"获得合理的投资回报;政府部门负责基础设施及公共服务价格和质量监管,以保证公共利益最大化。财政部下发的《关于推广运用政府和社会资本合作模式有关问题的通知》（财金〔2014〕76号）鼓励私营企业、民营资本与政府进行合作，参与公共基础设施建设。目前国内鲜有公共图书馆采用PPP模式，而部分外包模式则较为常见。比如：合肥市滨湖世纪社区图书馆将部分业务外包给安徽儒林书业集团运作。此外，国内常见的外包形式还包括物业、编目等业务外包。

3.竞争选择模式

该模式采用社会选择，能充分发挥社会力量的作用。竞争选择模式较为典型的是浙江省舟山市"淘文化"模式，其是全国首个公共文化服务社会化运作平台。鉴于舟山市"淘文化"模式良好的效益，浙江省文化厅在全省推广"淘文化网"。江苏省镇江市"淘文化"模式也属于该模式，由镇江市文广新局牵头实施，镇江市图书馆落实；文化团队上网当"店主"，群众网上选演员、淘节目，政府根据评价购买服务；实现了公共文化演出的在线选购、图书的在线漂流、公益文化活动的在线抢票等功能。

4."图书馆+"模式

该模式将图书馆服务与社会机构结合起来，形成灵活多变的"图书馆+"模式。2014年5月内蒙古图书馆与内蒙古新华书店总店（图书大厦）、新华书店内蒙古图书馆分店（内蒙古图书馆馆内）、内蒙古博物院书店、北京西单图书大厦四个试点单位联盟，共同推出"彩云服务"。只要在这些地方选到新书的读者在书店柜台刷读者证、输入密码，就算为图书馆采购了图书。书店工作人员对所购图书盖上图书馆印章，贴上条码和防盗磁条，通过光笔扫描转换后，系统自动将图书编目信息上传到图书馆书目数据库，完成图书馆编目业务操作，读者即可将图书带走，并通过图书馆自助还书机还书。每个月内蒙古图书馆和书店结一次账。江苏省江阴市图书馆建设"三味书咖"城市阅读联盟，采用"图书馆+咖啡屋"形式，建成"桥南小茶""匆匆那年"和"丰硕茶楼"三家门店，推动了江阴全民阅读社会化发展。江苏省常熟市图书馆探索"图书馆+风景区"模式，在尚湖风景区的四景小院设置"尚湖书屋"，图书涉及企业管理、励志教育、人文社科、世界名著等，游客点一杯饮料，读一本图书，听听音乐，或写一张明信片，非常惬意；鉴于尚湖拂水堤的"望虞台"茶室地点好、人气旺，常熟市图书馆建立图书角，配有书刊2000余册，茶室装置高雅的书架和书刊后，与优美的尚湖景致融为一体，吸引了更多的人品茶读书，沉浸在书香之中；西城楼阁是明清"虞山十八景"之一，常熟市图书馆联合虞山风景区管理处和七溪流水咖啡吧共同打造西城楼阁书屋，坐落在西城楼阁景区的"大石山房"内，大石山房是明正德年间著名藏书家顾元庆所建的古藏书楼，书屋内错落有致地摆放着精心挑选和设计的饰件，古朴儒雅，体现出书香文化和建筑细节相融的美感。

第三节 高校图书馆社会化服务

高校图书馆作为图书馆事业的组成部分，随着社会和经济的发展很多高校都开始对外开展社会化服务。

一、高校图书馆社会化服务

20世纪末期，我国部分学者开始着手进行高校图书馆服务社会化研究，但迄今为止，对于高等教育社会化服务的概念，在我国尚未形成统一的权威的解释。李宏伟认为，高校图书馆服务社会化，是指高校图书馆为本校师生教学科研服务的同时，走出馆门，走出校门，向社会开放，为社会读者和团体服务，直接参与经济建设和发展中去，使其能更好地适应社会各界包括政府、企事业单位、组织以及个人等信息的多元化需求。薛海燕则将高校图书馆社会化定义为，图书馆以主人翁的姿态，积极主动地投身于社会经济建设的大潮中，运用竞争机制、市场机制和价值规律，去充分发挥图书馆在社会经济建设和文化教育事业中的独特作用。二者从不同的角度分别对高校图书馆社会化服务进行了一定的阐释，前者强调服务对象的社会化，后者强调社会服务的运行机制以及规律。

鉴于此，本书对"高校图书馆社会化服务"进行重新定义，即高等学校的图书馆的信息资源及其服务走出学校，走向社会，在公平、高效的基础上尽可能赋予社会人士与高校成员平等的使用高校图书馆的权利及义务，在为教学和科研提供服务的同时，兼顾资源共享，主动满足社会大众对信息资源的各种需求的有偿或无偿的过程。

我国高校图书馆来开展社会化服务其实从20世纪80年代开始就有，部分大学进行了尝试，也取得了较好的社会效应。从20世纪80年代至今，我国高校图书馆社会化服务经过了几个发展历程：

第一个发展历程，即破冰阶段。这个阶段以首都的北京大学为代表的部分高校图书馆在20世纪80年代率先实施对社会公众部分开放使用，随后国内其他高校陆续跟进。从这时起，高校图书馆社会化服务如雨后春笋般在国内高校发展起来。这个时期的高校图书馆社会化服务由于受到当时客观环境的限制，基本上开展此项服务的高校图书馆都只为社会公众提供简单的基础性服务，包括书籍、报刊资料的借阅，馆藏专业文献的阅读等。而即使只提供这样简单的基础性服务，对于刚刚开展此项业务的高校图书馆也饱受校内外争议，因此往往这些高校图书馆对希望获得社会化服务的公众设置了诸多限制，以此希望消除这些影响。比如：绝大多数开展社会化服务的高校图书馆都要求来馆的校外人员必须提供所供职单位的介绍信，凭介绍信办理临时图书证，临时图书证的适用范围与校内师生员工的图书证相比受到很大限制，一般仅对其开放部分馆藏阅览，而且临时图书证的有效期少则一天，多则几天。即使如此，很多高校图书馆在向社会公众提供社会化服务时，还要收取一定的费用。虽然，这个时期部分高校图书馆提供的社会化服务项目少、限制多，但毕竟是一种有益的尝试，而且就是这样的开放服务也为当时的社会公众获取知识，提升文化素养，发挥了相当重要的作用。

第二个发展历程，即摸索阶段。20世纪90年代开始到20世纪90年代中后期，随着电子计算机和信息技术在各高校图书馆领域的逐渐普及，我国高校图书馆开始从传统的手工检索服务向计算机辅助检索发展，新技术的发展也给高校图书馆社会化服务带来新的变化，很多高校图书馆开始摸索新技术开展后的社会化服务方式。比如咨询服务和数字信息检索服务这两种在高校图书馆社会化服务中已经被广泛应用的服务，就是在这个历程阶段出现的。当然，受到客观环境和资源条件的限制，这一历程阶段中开展摸索的高校图书馆基本集中于我国经济社会发展较为发达的城市，如北京、上海等城市，而且也仅仅是少部分重点大学。另外，这一时期开展社会化服务的高校图书馆，因为已经通过一段时间的摸索和总结，对于之前开展社会化服务的措施也进行了优化，比如开展服务的条件放宽了，不再严格限定必须持有所供职单位的介绍信才能办理临时图书证，而是只要凭借本人法定有效身份证明就可办理临时图书证。除此以外，在服务范围上也有所扩大，除某些涉密的敏感资料外，其他资料基本都可以对社会公众开放使用。在有条件的高校图书馆，还开展了网络资源服务的尝试。

第三个发展历程，即深入摸索阶段。20世纪90年代中后期至今，随着电子计算机在高校图书馆的普及已基本完成，信息技术带来的新应用越来越多地进入图书馆领域。在这一阶段，高校图书馆除了一般的馆藏外，还增加了数字音频、视频资料、电子书刊资料等。基于互联网的虚拟数字图书馆也在国内大部分高校图书馆中建立。同时，中国经济社会发展经过一段时期的高速发展阶段，公众的物质生活水平也得到了显著地提高，越来越多的人渴望得到更多的科学文化知识。这些新的变化促使着高校图书馆社会化服务也发生着翻天覆地的变化。特别是在2015年底，教育部颁布《普通高等学校图书馆规程》，其中明确提出："有条件的高等学校图书馆应尽可能向社会读者和社区读者开放。"自此，国内绝大部分高校图书馆都开始研究、开展社会化服务，其中尤其是被教育部列为"985工程"和"211工程"的大学图书馆，社会化服务开展的更加深入。2005年，"中国高校图书馆馆长论坛"在武汉举办，参会的各高校图书馆与会人员在最终拟定的大会宣言中提出："高校图书馆的资源应在满足本校读者需求的前提下，努力向社会、社区开放。"这个宣言的提出，是我国高校图书馆主动要求承担更多社会公共文化服务的倡议书。随后的2008年，《图书馆服务宣言》由中国图书馆学会颁布，其中明确强调了高校图书馆应当开展社会化服务这一重要服务事项。自此之后，国内各高校图书馆的社会化服务从最基础的传统服务开始，也开始摸索，增加了不少新的服务内容。比如科技查新服务、某类行业的专业性专题服务等。

二、高校图书馆社会化服务优势

（一）图书馆丰富的馆藏量

随着高等教育地位重要性的日益提升，教育投入力度的不断加大，我国各高校图书馆无论是在其馆藏量、人才队伍，还是服务功能等方面都有着巨大的发展。较公立图书馆，我国所有高校图书馆收藏共计有 6 亿多册的图书资源，汇集着各个专业、各个学科领域的信息资源。在信息资源的专业深度和广度方面，各高校图书馆凭借其自身的独特性具备着其他高校图书馆以及公立图书馆所不具备的优势。电子文献资源的大量引进，全文数据库的完善，数字图书馆的建设使得高校图书馆信息资源存储形式日益丰富化，信息资源服务越发便捷化。目前高校图书馆的藏书流通率低于 40%，数字化信息的利用率也处于较低的范围。解决目前信息资源利用率以及流通率较低的问题，更好地实现高校图书馆文献信息资源的广泛利用，以物尽其用，物超所值，大力发展图书馆社会化服务自然是最佳策略。

（二）专业的人才队伍

作为连接读者与图书馆信息资源，提供信息服务的高校图书馆工作服务人员，普遍具有高学历和高素质的特点，其大多数毕业于管理专业、情报学专业，或者图书馆专业。绝大多数高校图书馆岗位要求馆员具备一定的计算机网络技术以开展文献检索工作，具有相应的信息资源分析整理能力，以及较好的英语水平进行外文文献的阅读与分编，部分岗位甚至配备某一学科领域的专家以为读者提供深层次的专业服务（如参考咨询部）。提供用户教育也是高校图书馆一大特色，这对图书馆员的教学能力也提出了一定的要求。随着知识经济的到来，信息资源无时无刻不在更新、生成，而作为以提供信息服务为工作重心的图书馆馆员须树立终身学习理念，不断拓展知识视野，更新知识结构，与时俱进。高校图书馆馆员以较强的综合素质，工作服务能力，信息意识和终身学习理念构建出独具特色的专业人才队伍。对于提供教学和科研信息服务，高校图书馆馆员是游刃有余的，在某种程度上亦是一种人力资源的浪费。充分发挥专业人才队伍的专业能力与潜力，将其服务范围由校内扩展至校外，实现其个人价值的同时更好地发挥社会价值，这自然不单是"人尽其才"的问题，社会效益也是值得考虑的。

(三) 良好的学术氛围

高校作为学术中心，提供丰富且尖端的学术资源，包括信息资源和师资资源。此外，良好的学术氛围也是公共图书馆所不具备的特点。在对校外读者的问卷调查中发现，较公共图书馆，更青睐高校图书馆的被调查者中占18%是因为高校良好的学术氛围。学术文化氛围是高校学科水平提高，学科队伍建设，学科人才培养的重要基础，对高校教学和科研的发展有着潜移默化的作用。学术氛围作为一种软环境对校外读者而言是有着春风化雨，润物细无声的作用，有助于社会大众更好地投入知识的海洋，更好地进行思考与创新，最终形成全民学习热潮。

三、高校图书馆社会化服务的重要意义

(一) 有助于保障公众的基本文化权利

充分享有基本文化权利是公众所应获得的重要基础性权利之一。保障公众的基本文化权利对于我国全面建成小康社会、实现中华民族伟大复兴的中国梦都具有重大的意义。当前，文化在经济社会发展中的作用日益凸显，让公众充分享受基本文化权利、参与文化知识创造，让文化的力量深深融入进社会主义现代化建设的方方面面，只有这样，才能全面提升我国的综合竞争实力。加快高校图书馆社会化服务，有助于扩大高校社会影响，有助于我国

公共文化服务体系建设,更加有助于保障公众的基本文化权利。正如17世纪德国学者 G.诺德所言:图书馆不应只为特权阶层服务,应该向一切愿意来图书馆学习的人开放。高校图书馆社会化服务,为有效弥补我国基本公共文化产品和服务供给不足的局面提供了有力的补充,而充足的供给不但是公众享受基本公共文化产品和服务的前提和基础,也是促进公众参与文化创造,提升公众文化素养水平的必由之路。因此,加快高校图书馆社会化服务将有助于更好地保障公众基本文化权利。

（二）有助于满足日益增长的文化需求

早在春秋战国时期,管仲就曾经说过:仓廪实而知礼节,衣食足而知荣辱。我国改革开放四十年来,经济社会生活发生了翻天覆地的变化,公众的生活早已不仅仅满足于温饱,精神文化上的需求已经日益增长,公众求知的愿望日趋强烈,他们期盼得到更丰富的精神文化生活和最新的科学文化知识,而我国公共文化服务体系建设的宗旨和最终目的就是提高公众文化素质。图书馆存在的最基础的职能就是将人类在漫长历史长河中创造出的文化和知识汇聚储存和传播出去,是公众满足自身文化需求的最佳地点。加快高校图书馆社会化服务力度,扩大高校图书馆的使用者范围,有助于满足公众日益增长的文化需求。

（三）有助于提升高校图书馆自身建设

近年来,随着政府加大了对高等教育的关注和投入,我国的高等教育事业取了丰硕的发展成果,高校图书馆在这个过程中也得到了长足的发展,但公共文化服务体系建设也给高校图书馆提出了更高的要求。目前,高校图书馆不但面临着很多过去尚未解决的老问题,比如:社会化服务力度不够,服务能力无法满足需求等,更面临着新时期产生的新问题,比如信息技术的更新对高校图书馆社会化服务的冲击,微博、微信等新媒体的出现让公众获取知识和信息的渠道发生了巨大的转变。在公共文化服务体系建设中,政府出台了很多新政策,其中就包括图书馆新时期建设的目标要求,这些目标要求也有助于高校图书馆去面对新形势、新要求，有力提升自身建设水平。

（四）有助于现代高校各项功能的实现

任何一所现代高校的存在都必然要具备其存在所要完成的基本任务、建校的宗旨、发展的最终目标及其作用。这些要素都不是孤立存在的，而是相互依托、相互促进的，它们叠加起来就形成了高校的功能。一般来说，现代高校皆具有四大基本功能，它们分别是人才培养、科学研究、社会服务和引领文化，而高校图书馆开展社会化服务有助于高校这四大功能的实现。首先，高校图书馆利用馆藏资源为社会公众提供信息服务，利用所在高校及自身的人才资源为社会公众和其他社会组织提供知识提高、技能提升等讲座、培训，这样不但实现了受众个体素质的提高，也让高校人才培养的育人功能得以实现。其次，高校图书馆开展社会化服务可以充分调动馆藏资源和高校内的各类人才与社会需求对接，这样不但让高校图书馆内资源和高校内部人才资源得以充分利用，相对的也让高校内教师更加了解社会需求变化，反过来促进校内科学研究的开发及图书馆资源和人员知识的更新。再次，高校所开展的一切活动从本质上来说，都是为了更好地服务社会。而高校图书馆开展社会化服务，也正是这一本质的最好体现。最后，在任何一个时代，高校的发展都有力地推动了这一时代进程中社会文化的发展，而高校图书馆由于是历史、现实文化资源的汇聚地，通过向社会公众开展社会化服务，传播先进知识、文化，也就当仁不让地成了引领社会时代文化的有力推手。

四、我国高校图书馆社会化服务的主要方式

（一）有限开放

现阶段我国高校图书馆社会化服务的形式以采用有限开放这种形式的居多。江苏大学校长袁寿其的一番话道出了选择这种开放方式的原因，他认为，高校图书馆提供社会化服务，是应该值得肯定的。但"学校图书馆的容量是

有一定限度的，我们本身的学生就很多，有时学生还会抢位置，开放后可能加剧这一情况"。因此，高校图书馆社会化服务，"可以先开放一部分，或者市民办理借书证，但不在图书馆内阅览"。所以，绝大部分高校图书馆在优先考虑校内教职员工的用馆需求基础之上，通过一定限定条件，向特定数量的社会公众发放图书证，社会公众可以凭证进馆享受服务。为了避免社会公众日常使用图书馆与校内教职员工发生资源使用上的冲突，高校图书馆通常对社会公众使用图书证的时间也有所限定，主要将服务时间安排在大学处于寒暑假期间的特定时间段。另外在服务内容上，社会公众也并不会完全享受到与校内教职员工一样的内容。一般来说，高校图书馆通常只为社会公众提供文献信息传递服务、电子数据库查询服务、信息参考咨询服务及继续教育培训服务。

（二）联合开放

我国高校图书馆社会化服务的另一种主要形式是联合开放的形式。很多高校图书馆采用这样的形式以回避在短期之内无法解决的问题，以求更快速地开展服务，实现资源共享。比如：东南大学校长易红就对这个问题，提出过自己的看法。他认为，以自己所在学校来看，目前学校图书馆的资源即使满足校内师生员工的需求也捉襟见肘，"做到完全开放，还有一定的困难"。但有困难不意味着高校图书馆要保持封闭，他认为，图书资料可以跟社会图书馆合作，实现资源共享，市民可以借阅。如：成立于 2008 年的吉林省图书馆联盟，该联盟由吉林大学图书馆、长春大学图书馆、长春理工大学图书馆等在长春的高校图书馆与吉林省图书馆共同合作构建，开创我国高校图书馆与公共图书馆联盟之先河。在联盟中，任何成员中的读者到其他馆内都享有与本馆读者相同的待遇，这实际上是联盟成员之间形成一种接近于完全开放的状态。2012 年，武汉高校图书馆、华中科技高校图书馆等五所在武汉高校的图书馆与武汉市图书馆成立武汉图书馆联盟，希望在发扬武汉图书馆联盟优势的基础上，寻求更多的社会化服务突破。除了直接联盟外，还有一些高校图书馆与公共图书馆共建分馆实施社会化服务。如：广州高校图书馆与广东省中山图书馆在广州大学桂花岗校区合作共建桂花分馆。除了以上这种公共图书馆与高校图书馆联盟合作开放的形式外,更有部分高校图书馆与校外企事业单位联合开展业务合作。

(三)共享开放

除了上述两种形式外,随着一些大学在办学体制上的创新摸索,一些高校图书馆利用这样的机会与所在行政区域政府展开合作,这不但为高校图书馆社会化服务又探索了一条新路,也提高了高校图书馆的社会影响力。这方面做得比较好的如山东省的聊城大学,聊城大学图书馆充分利用馆藏资源和大学的专业人才,为政府提供有关决策的依据,为当地农业发展提供信息技术支持和市场信息服务,为地方企事业单位提供各种科技资讯服务以及查新服务,还为社会公众开办各类继续教育培训班、技术学习班、各种讲座,甚至还开办了网络大学。除了政府的各类资源扶持外,聊城大学图书馆还在馆内为社会公众及企事业单位提供延伸服务,提供图书、文具及各类出版物的销售和打印服务,这样不但丰富了图书馆的公共文化服务功能,也通过延伸服务获得了少量经济收入,弥补社会化服务给大学图书馆造成的资源占用。聊城大学建馆的方式,不但实现了校地资源共享,还为大学扩大了社会影响,更为社会公众提供了高质量、充足的公共文化服务,这样的社会化服务方式,可以在总结经验的基础上,在有条件的地方实现推广,拓展大学图书馆社会化服务的路径。

五、高校图书馆社会化服务应遵循的原则

(一)校内优先原则

客观说,对社会用户提供文献信息服务的主阵地还是各级公共图书馆。高校图书馆之所以提倡向社会开放,实行社会化服务,主要是因为它的馆藏资源比较丰富、服务手段比较先进等因素。但高校图书馆是以高校师生作为

其主要服务对象，保障正常的教学与科研工作是其主要任务，也就是说，本校师生对于高校图书馆的资源与服务的利用是拥有优先权的，但是作为收集、整理、保存、提供文献信息资源的文化教育机构，高校图书馆和公共图书馆都是为政治、经济及文化服务的，二者从本质上来讲是没有太大区别的，这也成了高校图书馆对社会开放的一个基础。因此，高校图书馆对社会开放，是有前提的，即高校图书馆必须是在充分满足本校师生的需求、不影响本校正常的教学科研工作的基础上，向社会开放。一旦这一前提被打破，高校图书馆将会失去其本身的立足点，也就无法提供对社会开放这样的拓展性服务。

（二）经济效益和社会效益相统一的原则

高校图书馆依靠学校品牌效应、人才优势、科技优势、信息优势，应该说比一般社区性图书馆在向社会开放过程中更有条件取得较大的经济和社会效益。因此，高校图书馆应该成为满足各个方面、各个层次的社会需求，成为一定社区内或者一定行业的信息服务中心。这样，学校的人才优势和科技优势才可以得到充分发挥，以满足社会各界诸方面的要求，又可以使高校图书馆拓展信息产品开发的深度和广度，形成需求信息与服务信息的及时交换与信息输入和信息输出的良性循环。另外，现阶段，高校图书馆的运行主要还是依靠学校拨款，资金有限，经济效益也是不可忽略的因素。在社会化服务过程中要考虑成本问题，在成本和效益之间寻找新的平衡点，实现社会效益与经济效益的和谐统一，相互促进，保持图书馆充满活力，形成良性循环发展。

坚持这一原则必须注意以下几点：一是要遵循市场运行规律，运用信息经济学的原理衡量评价社会化服务的经济效益，努力提高服务的"投入产出比"，提高社会化服务创造的净收益，争取经济利益。二是坚持把社会效益放在首位。图书馆的本质属性决定图书馆服务必须以社会效益为主，不能以任何借口向读者收取不正当的费用或多收费用，同时要形成有利于把社会效益放在首位的环境和条件。三是尽可能实现社会效益与经济效的统一。社会效益和经济效益是相辅相成的，高校图书馆社会化服务要在坚持社会效益第一的前提下实现社会效益和经济效益的统一。

(三)量力而行原则

高校图书馆开展社会化服务后,随着社会用户的不断介入,将会对主体用户(本校师生)在利用图书馆的馆舍资源、文献资源和网络资源等方面产生一定的影响;另外,随着高等教育大众化的推进,如今全国高校在校学生人数急剧增加,教学资源严重匮乏,高校图书馆自习室、阅览室一座难求现象普遍存在。如若面向社会全面开放,原本紧张的教学资源将被社会读者占用,影响校内读者使用,加剧教学资源匮乏的矛盾。同时,由于高校图书馆的情况千差万别,所面对的社会信息环境也各不相同,每个馆在实行对外开放进程中绝不能照搬其他馆的方式、方法,应仔细分析自身经济实力、技术实力、馆藏实力及馆藏特点量力而行,在满足本校师生正常借阅情况下合理确定外放范围和开放程度,做到因地制宜,有所为有所不为,才能取得良好的社会化服务效果。在具体开放的措施选择上,可结合自身的馆舍、资源、设备和人力状况而定。如果是馆舍面积大,数字化资源不足,可以先选择开辟校外用户自习阅览室,提供报刊和部分图书阅览服务。如果是馆舍紧张,但数字化资源比较丰富,现代化设备比较先进,可选择向社会用户提供自助复印、网上数字资源浏览、远程文献传递等服务。如果本馆的人力资源比较强,可以选择定期举办专题知识培训和讲座。

(四)循序渐进原则

高校图书馆社会化服务是历史必然,在实践中取得了一定成绩,但由于诸多因素的影响,大规模、系统化的服务格局尚未形成。不论思想观念、法律法规、运行经费,还是馆员素质、技术手段、知识产权等方面,均在一定程度上阻碍了高校图书馆社会化服务的发展,社会化服务还有很长的路要走,不可盲目推荐,需要依据自身实际情况,有计划、有条件地逐步开展,坚持循序渐进原则,充分发挥高校图书馆对社会开放的积极作用,不断提升高校图书馆的服务能力和社会影响力。

根据教育部 2015 年颁布的《普通高等学校图书馆规程》第 37 条规定:

"图书馆应在保证校内服务和正常工作秩序的前提下，发挥资源和专业服务的优势，开展面向社会用户的服务。"高校图书馆既要转变观念，主动为社会用户提供服务，又不能盲目行动，全面铺开。要在正确理解本馆所处的地理位置、本馆的馆舍状况、资源构成、硬件设备以及社会用户文献信息需求状况的基础上，有计划、分阶段、有步骤地开展社会化服务。具备条件的服务项目先行开放，其他的等条件成熟后再行开放。

坚持循序渐进的原则，要求高校图书馆在实施社会化服务时要根据自身的条件和能力大小，适度地、循序渐进地向社会读者开放。要处理好校内服务与校外服务的关系，避免社会化服务给校园基本服务带来的负面影响。

（五）以用户为中心原则

高校图书馆服务的目标就是用户，满足用户知识信息需求是高校图书馆服务的最大愿望，社会化服务更是如此。高校图书馆在基础条件不是太健全、信息资源不是太完善的条件下，主动向社会提供服务，本身就有一定的难度。在这种情况下，开展社会化服务就必须充分了解社会用户的知识信息需求，坚持以用户为中心，针对用户的知识信息需求提供服务。只有坚持以用户为中心的原则，才能保证高校图书馆服务更加切合各类读者实际，并在一定程度上减少图书馆的人力和财力。

高校图书馆社会化服务坚持以用户为中心，必须首先对社会用户进行分类，每类用户对知识信息的需求不同，科研用户需要综述性、专题性和最新的研究资料，政府用户需要宏观政策方面的资料，企业用户需要技术性、实用性的信息资料，中小学生需要基础性、科普性的文献资料，普通居民喜欢保健类、休闲类的读物。另外，社会用户还有不同国度、不同民族、不同职业、不同学历的区别。高校图书馆在提供社会化服务时，要面向多层次、多样化的信息需求，为用户提供多元化的知识信息服务。

坚持以用户为中心原则，要求高校图书馆既要营造温馨舒适典雅的学习环境，建立良好的图书馆用户界面，又要根据用户文献信息需求和本馆的资源体系、服务设施提供有针对性的服务。对科研读者和校友可发放一定权限的借阅证,对政府用户和企业用户可采用专题服务的方式为他们解决相关问题,对于普通社会用户可提供阅览休闲及网上浏览服务,而对于中小学生可利用节假日和寒暑假为其提供专项服务。

第十三章 县级图书馆公共文化服务供给研究

第一节 图书馆与公共文化服务供给概述

一、相关概念界定

（一）图书馆

刘国钧在他的《图书馆学要旨》一书中，对图书馆的定义是，用科学而又经济的方法保存人类一切活动和思想，以方便社会上的一切人使用的场所。由此可见，早期对图书馆的定义较多类似于藏书楼的功能。发展至目前，图书馆已经具有社会教育职能以及开发社会大众智力资源的功能。图书馆的社会职能发展到今天，已经远远超出了藏书楼的范畴，它作为一个文化教育机构在人民生活水平日益提高的今天，还为人民群众提供了第五种职能——提供文化娱乐，即图书馆的第三空间价值。

（二）公共产品

美国经济学家保罗·A·萨缪尔森在其1954年出版的《公共支出的纯理论》一书中第一次提到了"公共产品"这个名词，并阐述了其特征为：任何人消费这种物品都不会减少他人对该物品消费。公共产品具有非排他性和非竞争性两个基本属性。而公共产品中的公共文化产品还具有精神性，区别于物质属性，对提升公民的精神境界，构建文明社会具有一定的义务。

（三）公共文化服务

在公共管理学中，公共文化服务的提供者是公共或者准公共部门，提供的目的是为了满足群众的基本文化需求，提供的内容包括公共产品和公共服务。

根据本文的需要，笔者将公共文化服务进一步定义为：由政府为主导力量和主要责任主体，文化事业单位和其他群团组织为执行主体，提供用以满足群众的公共文化需求的一系列与文化相关的服务、活动、载体以及产品的总称。

二、图书馆与公共文化服务供给的关系

（一）图书馆是公共文化服务供给的主要载体

公共文化是有助于提升国家软实力的公益性文化，由政府主导提供。其本质在于实现国家和政府管理上的公平和正义，从而推动和谐社会的建设。在我国，主要通过搭建公共文化服务体系的方式来提供公共文化服务。该体系的建设主体可以分为三个部分，分别为主导者、执行者和参与者。由于公共文化服务的"公共性"，公共文化服务体系的主导者必须是政府，政府在构建过程中发挥着主导作用，并承担着主要责任。根据我国国情，构建体系的执行者包括各类文化事业单位，包括共青团、省妇联在内的群团组织。此外，作为公共文化提供者的社会组织和个人是构建公共文化服务体系的主要参与者。

公共服务具有消费的非排他性和受益的非竞争性。非排他性，指的是该公共物品效用的使用权不会因为任何人的使用而影响他人使用，使用权具有共同性，不具有互相排斥性。非竞争性，是指不管该公共产品的消费者数量有多少，其成本都不会跟着变动。这种情况下，会导致市场"失灵"。针对这一问题，作为文化系统一部分的公共图书馆要对文化资源进行宏观上的把控，对我国在信息资源和服务方面存在地区、阶层所存在的不平等现象具有重要的作用。公共图书馆免费开放和公平、公益的服务理念使其更有可能把服务带到社会上的各个层面，真正做到让社会大众享受到公平平等的公益服务，以保证社会大众文化权益的真正实现。

（二）公共文化服务供给是图书馆的基本职能

国际图联（IFLA）把现代图书馆的功能概括为：保存文化方面的遗产、对社会大众开展社会教育、传递科学情报和开发智力资源。此外，图书馆作为一个文化教育机构在人民生活水平日益提高的今天，还为人民群众提供了第五种职能——提供文化娱乐，即图书馆的第三空间价值。

由教科文组织颁布的《公共图书馆宣言》中，对图书馆的作用有了极高的评价，并提出了令人对图书馆心生景仰的定义，即公共图书馆是"人们寻求知识的渠道，是个人和社会群体终生教育、自由决策和文化发展的基本条件，是传播教育、文化和信息的一支有生力量"。这份宣言揭示了公共图书馆的社会作用、机构属性和服务的方式。由此可见，公共图书馆面向全社会所有群众提供免费服务并不是一个空口号，而是图书馆存在的天然使命，只有对这一使命的认真贯彻执行，才能保证每一个人在信息获取和利用上面的自由与平等，这才是一个社会发展的必然要求。

综上所述，公共图书馆具有如下几个特点：第一，公益性。公共图书馆存在的目的在于为公民提供公共文化产品，服务于基层群众，公共图书馆是政府保障基层群众享受公共权益的重要服务机构。公共图书馆服务属于公共服务。第二，公平性。公平是图书馆服务的核心价值体现。公平性是指公平接受图书馆的服务机会。意指服务面前人人平等，即公民接受图书馆服务的权利是平等的。

三、图书馆提供公共文化服务的历史回顾

公共图书馆是由国家或地方政府管理、资助和支持的、免费为社会公众服务的图书馆，它作为历史文献资料的收藏者和文化知识的传播者，在社会职能上面，既要承担文献的收藏工作，又要满足群众的精神文化需求。同时，公共图书馆的发展很大程度上取决于政府的重视程度，国家政策是否支持、地方政府是否重视直接影响了公共图书馆发展的速度。

根据相关的文献研究，纵观我国图书馆的发展历史，其提供公共文化服务的状况大致可分为以下几个阶段：

（一）"求生存"阶段

在 2005 年 8 月份的乌鲁木齐市召开的中国科协 2005 年学术年会上，中国图书馆学会学术研究委员会会长、北京大学信息传播研究所所长李国新教授发布了一篇调研报告。一方面是图书馆没有购书经费，根据当时文化部的最新统计数据，占全国 24% 的 700 多个县级图书馆缺少购书经费。在之后的 11 月于河南林州召开的第一届全国百县馆长论坛上，李国新教授将中西部县级图书馆的普遍现状总结为：馆舍老化、设施设备落后、经费严重短缺。一言以蔽之，在这个阶段，对于大多数的县级图书馆而言，处于"求生存"的阶段。

（二）开始寻求发展阶段

在"十一五"的五年时间内，对图书馆界来说，是解决了生存问题并开始谋求发展的五年。在这期间，政府对公共文化供给的重视从陆陆续续出台的文件中可见一斑。在相关文件颁布的背景下，文化信息共享工程和农家书屋、乡镇文化站等项目先后启动。随着这些项目在社会上完成全覆盖的目标之后，作为主要执行者和参与者的县级图书馆借着这个机遇，在基础硬件设施上和服务能力上得到了极大的发展。在这阶段，"国家图书馆西部援助计划"启动，该计划是一项长期工程，不仅每年为西部地区的县级图书馆捐赠 10 万图书，还组织由专家学者组成的讲师团对基层图书馆员进行公益性业务培训，从而提高基层图书馆的基础业务水平和服务能力，同时也接受西部地区图书馆到国家图书馆参观、考察和业务学习。此次活动，缓解了西部地区县级图书馆的建设问题，为减少地区之间的差异做出了努力，更引起了全社会对基层图书馆的关注，推动了基层图书馆事业的发展。

在此阶段，县级图书馆取得发展的具体表现有：馆舍条件明显改善；计算机普及、普遍具有提供数字资源服务的能力；图书馆经费保障有所改善；

服务范围扩展，服务能力有所提升，效益也有所改善。总之，这一阶段，县级图书馆从整体上而言解决了生存问题，开始有精力寻求发展。县级图书馆在公共文化服务体系中处于中间位置，上面承接着省市级图书馆，下面又与乡镇图书室紧密联系，决定其在今后的发展过程中，要在提升自强、自励精神，搞好自身建设的前提下，形成其作为区域性服务体系的中心馆的综合能力，真正搭建好普遍均等的图书馆服务网络。根据相关文献对县级图书馆该阶段的发展状况的研究，"十一五"期间，大部分县级图书馆都处在前期阶段。

（三）发展加速阶段

"十二五"时期是公共图书馆事业的发展机遇，也为以县级图书馆为代表的基层图书馆提供了一个发展契机。2011年年初，财政部、文化部出台了《关于推进全国美术馆公共图书馆文化馆（站）免费开放工作的意见》，文件中要求所有公共图书馆要全面实现免费开放，并提供基本公共文化服务的公益项目。在《意见》中，要求各级部门要高度重视，以确保这一惠民措施真正落到实处。该《意见》为县级图书馆的发展营造了良好的政策环境。依托文化共享工程、公共电子阅览室、数字资源图书馆三大惠民工程的发展契机，落后地区的县级图书馆在资源建设、服务模式、技术保障、管理方式、人员培训等方面得到了改进和完善，也为发达地区的县级图书馆提供了广阔的用武之地。在这阶段，县级图书馆普遍在原有的基础上，加快了发展的步伐。

第二节　县级图书馆在公共文化服务供给中存在的问题

一、馆藏不足，人均藏书量低

馆藏是图书馆赖以存在的物质基础，是图书馆为读者提供文献服务、满足其文化需求的根本保证。晋江市图书馆目前收藏的文献资料包括图书、期刊、政府出版物、音像制品等。其每年图书的数量稳中有升，这符合晋江市图书馆近几年投入大量的精力和财力以谋求发展的举动，但伴随着这两年总分馆体制的建设和不断完善，图书馆的采购量以及馆与馆之间的周转量理应有大的增长，但是随着数个分馆的不断落成以及总馆图书的周转，新书在这两年并没有大幅的增长。

二、设备利用率低，投入产出比待提高

基层图书馆作为非营利性社会公益性文化机构，其发展的先决条件——经费，是靠政府全额拨款，相比其他县级图书馆在政府重视程度低、财政经费不足方面的问题，晋江市图书馆可以说在这方面是比较有优势的。经济的发展无疑带动了文化事业的发展，两者相互影响相互促进。伴随着城市经济的不断发展，晋江市委、市政府不断提高对政府文化职能的重视，努力促进公共文化服务的社会氛围，以迎合社会民众日益增长的文化需求，从而在财政上支持各类公共文化建设，确保经费的到位，以推进公共文化服务工作的顺利开展，为基层公共文化服务的质量提供经济保障。

图书馆的发展除了领导重视、财政支持外，也离不开图书馆自身的自强不息。对于一个图书馆的发展来说，馆长起着无可替代的作用。毫不严重地说，县级图书馆的馆长可谓是图书馆的生命线，图书馆要发展必须要有一个

好的称职的馆长，馆长的管理、业务能力，决定着图书馆的生存、发展、前途和命运。图书馆虽然是公共文化服务的主要载体，但不同图书馆在各自的具体实践过程中，其深度和广度因馆而异。图书馆正是在馆长的带领下，全馆员工的共同努力下，通过举办各种读者活动，承办专业会议，甚至是全国的馆长论坛的对外实践中，一次次地进行自我证明，让群众看到图书馆的为民众提供公共文化服务能力和决心，从而在一次次的肯定中得到政府的重视，先后把图书馆的各列项目列为"为民办实事"工程，并给予财政上的支持。

三、读者群体单一，读者量仍显不足

图书馆作为一个有效保护人类文化遗产、普及公共教育、传递信息和资源来满足读者文化需求的机构，如果缺少了服务对象，再多的图书馆资源、再完善的图书馆设施、再先进的图书馆设备、再优秀的图书馆工作人员也会形同虚设，读者是图书馆存在的根本，没有读者，图书馆将失去其存在的意义。

随着移动互联网的迅猛发展，智能手机终端在中国已经得到了极大的普及，根据中国工信部公布的《2015年10月份通信业经济运行情况》报告的显示，截至2015年10月底，我国移动互联网用户达到9.5亿户。可见，人们的阅读习惯相比传统纸质方式已经产生了很大的改变。目前，通过网络进行在线阅读、通过手机随时阅读、通过 kindle 等电子阅读器阅读等新兴的阅读方式的出现，对图书馆传统服务的发展产生了一定的冲击。在数字化浪潮下，想要获取自己所需的信息，只要拿起手机，在百度、微博中搜索一下，答案便铺天盖地的展现在面前。想要阅读畅销图书或者报刊杂志，只要通过移动阅读设备，在任何时间任何地点均可以在线阅读或者下载浏览。各大或传统或新兴或集体或个人媒体为了抢占一块信息高地，纷纷建立自己的网站、开通自己的微信公众号服务于特定的群体，为了吸引粉丝提高订阅量而获取经济利益也好，为了给自己一个发声的场所满足自我价值感也罢，所有的媒体共同为现代科技发展下的每个个体营造出了信息大爆炸的快餐式的文化环境，个体并不缺乏信息，缺乏的是分辨信息的能力；并不缺乏阅读的需求，缺乏的是阅读一部好的作品的耐心。图书馆早已不是读者唯一的信息来源地。这是图书馆所面临的社会大环境，也是图书馆所面临的外部环境的考验。

四、弱势群体办证量低，利用意识薄弱

伴随着经济的高速增长和城市化进程的加速，以及沿海地区和内陆地区经济发展的不平衡，促使内陆的剩余劳动力纷纷投奔沿海地区，成为外来务工人员。外来务工人员在我国是一个特殊群体，引起了全社会的高度关注。如何保障农民工群体的文化权益是一项关乎我国长治久安、持续发展的战略举措，同时也是对图书馆公共文化服务均等化的一项重要考验。可以看出，我国目前无论是发达地区还是欠发达地区的基层图书馆，其在公共文化服务供给过程中都存在着类似的问题：馆藏资源不足，无法满足部分群众的需求；读者数量也不足，即公共文化的服务客体数量不足，等等。同时，也可以看出，在经济较发达地区基层图书馆中，其服务的方式和手段相对先进，也能主动地有意识地为群众提供公共文化服务，每年的馆藏量保持持续增长、主动为读者开展各项与阅读相关的文化活动、提供不受时间空间限制的自助设备，其具有欠发达地区所没有的财政支撑，但是也存在投入产出比不尽人意、读者结构不合理，弱势群体图书馆利用率低等问题。这些问题的存在降低了公共文化服务的质量。

第三节 县级图书馆提升公共文化服务供给质量的对策

一、从供给主体角度

（一）建立馆员培训机制，提高馆员综合素质

"以人为本"的现代图书馆管理，不仅体现在读者方面，亦体现在馆员方面。馆员队伍是提供公共文化服务的人才保障。馆员的综合素质高低直接决定了公共文化服务的质量优劣。因此，在深化人事制度改革的基础上，还应开展学习型团队的建设，促进馆员自身的不断成长，把"终身学习"理念贯彻到馆员的实际行动中，具体对策包括：

1. "以老带新"，是图书馆工作持续发展的重要保证

随着图书馆事业的不断发展、图书馆工作量的不断增加，一批又一批的新馆员先后走上工作岗位，这些新人学历高、知识面广、思想活跃、思维敏捷，是图书馆事业发展的生力军，但由于大部分人都刚出校门，缺乏社会工作经验，需要有丰富工作经验的优秀馆员进行引导和教育，推动新馆员的在工作岗位上以更高的速度朝着更好的方向成长。

2. 馆员培训，是提升馆员综合素质的有力保障

图书馆工作作为保障民众获取知识、获取信息的权益的职业，要求图书馆员要做到终身学习，才能在信息资源日新月异的时代背景下，保持高质量的读者服务。具体的培训包括。

（1）基础业务的培训。对图书馆日常工作的熟练掌握是开展读者服务工作的基础，因此，基础业务的培训是基础培训，可以由馆内的业务骨干在馆内对员工进行培训，也可以参加中国图书馆协会主办的各类业务培训班。

（2）技能培训。包括摄影艺术、主持技巧、微博等宣传平台的管理、读者沟通艺术等。技能培训增强馆员的工作能力，直接促进公共文化服务质量的提升。

（3）身心培训。在图书馆馆员服务读者的过程中，要提升服务的整体品

质,单靠业务知识和技能知识不是够的,工作人员其实是用他所承载的所有人生经历所洗涤出来的当下的那个他在为读者提供服务。因此,馆员自身内在的成长程度决定了服务质量所能达到的高度。基层图书馆的日常读者服务工作是细碎且烦琐的,日复一日的重复劳动,如果工作人员没有学会身心的自我调整,及时疏导自己的负面情绪,持久保有一颗积极阳光的心,就很难在工作上找到兴趣,并确保读者服务的质量。这类培训包括萨提亚工作坊、爱的语言工作坊等。

(4)其他根据工作需要的针对性的培训。比如针对提供少儿读者服务的少儿馆工作人员的父母效能训练的培训,该培训虽然针对父母,但也同样适用于每天与未成年读者打交道的少儿馆馆员。图书馆具有社会教育职能,少儿馆的工作人员也具有社会教育者的角色。因此,在日常工作中要学会用正确的方式与少儿读者接触,引导其使用馆藏资源,让其爱上阅读。

(5)馆员之间的读书会。馆员内部可以定期组织不同形式的读书会,可以规定主题,也可以是在一段时间内共读同一本书。相比组织培训,读书会更简便易用,也有助于在馆员之间形成成长互助小组。作为图书馆工作人员,伸手可得的馆藏是馆员最珍贵的宝藏,而只有当工作人员把阅读当作像喝水、吃饭一样自然而然的一个习惯时,这批宝藏才能内化成我们自己的财富。

随着我国经济的不断发展,物质的不断丰富,精神文明的需求越来越大,各级政府对公共文化服务的供给不断重视,对大多数县级图书馆来说,经费将不再是图书馆事业发展的最大障碍,甚至已经有一大部分县级市图书馆具有一流的馆舍、一流的设备、一流的机器,在硬件设施不断完善的过程中,基层图书馆工作人员也要不断提升自身的综合素质,从思想上转变为"读者至上",重设心理角色。从能力上提升,由一名"藏书楼"的工作人员向着"文化信息流通中心"的工作人员方向发展。

(二)深化内部管理改革,提升全馆工作效率

提高图书馆的工作效率,要求图书馆在完善人事制度的同时,做好岗位

设置和人员安排工作,深化绩效考核改革,提升团队工作效率。

在长期的工作过程中,县级图书馆作为基层事业单位,由于管理体制的原因影响了图书馆员的工作积极性和创新能力。因此,县级图书馆应改革旧的用人制度,实行全员竞聘上岗。在人员招聘形式上采取统一招考,公平竞争,择优录用的方式。在岗位设置上,应该改变原有的从闭架服务模式中遗留下来的以物理空间设置岗位的方式,实行更高效的以工作内容来划分岗位的改革,将不同性质的工作根据其所需人员的特性进行岗位改革。由岗位设置工作人员在遵守实际需要和可能、最少岗位数量、最低职务岗位、协调配合、人事结合,逐步过渡的四个设岗原则基础上,进行岗位调查、分析评价、拟定设岗方案和岗位说明书等基础工作,在最终设岗之后,根据岗位职责需要和馆员的实际情况施行竞聘上岗,充分发挥馆员的工作积极性,不断激发馆员的职业潜能。

以流通部门为例,打破各个书库之间的空间界限,摒弃现有的从空间上以科室为岗位设置依据,工作分配到科室层面的方式,将整个流通部的工作内容进行分类,根据工作性质重新设置岗位,制定岗位具体工作内容,明确岗位具体职责。在此基础上,根据馆员的能力水平竞聘上岗,年底对工作完成效果进行考核,给予相应的奖罚措施,从而促进工作效率的有效提升。

二、从供给方式角度

(一)拓展服务方式,推进服务多维度发展

传统图书馆的服务方式类似于群众的书房作用,停留在为群众提供图书的借还服务层面。这一服务方式随着经济的不断发展,群众文化需求的日益多样化已稍显不足。公共文化服务供给的目的在于为群众提供一个文化平台,使其能够在享受文化权益的同时实现自我教育和自我完善。图书馆的服务亦是如此,在作为读者自我成长之路上的终身伴侣的角色上,图书馆应该拓展

自身的服务方式，推荐服务多维度发展以满足不同读者的需求，才算发挥了图书馆的社会职能。

在馆藏服务的基础上，图书馆还可以提供 3D 电影观赏、不同主题展览、不同类型讲座、不同需求的培训等各种服务项目，通过在创新度、细致度、信息深度、服务广度等多个维度拓展服务方式，充分发挥图书馆在家庭、工作单位之外的第三空间的作用，成为读者在业余时间的好去处。

（二）做好需求调查分析，促进需求供给无缝对接

读者是公共文化服务的客体，让读者满意是图书馆公共文化服务供给的最终目标和归宿。人与书必须有一个媒介，才能开始相互吸引。这个媒介可以是父母、亲戚、邻居、老师，也可以是图书馆馆员。图书馆在公共文化服务过程中，如何最大程度的服务好现有的读者，并吸引潜在读者，扩大图书馆公共文化服务的范围，是图书馆一直以来的工作重点，通过对普遍性和特殊性规律的了解，在做好一般性普遍的阅读推广活动以提升全市阅读氛围的同时，对服务进行细分，即根据基层社会民众的年龄阶段、专业背景、知识层次、受教育程度、工作性质、个人偏好、长期需要和短期目标等方面存在的差异性进行分析归类，对服务目标进行信息需求的细分，从而促进服务方式的转变，主动、有针对性地为读者提供公共文化服务。从读者年龄层角度，为读者提供 0~1.5 岁幼儿看护家长阅读服务，1.5~3 岁的学步儿童故事会活动，2~5 岁的家庭故事会活动，3~5 岁的学前儿童故事会，5~14 岁的暑期读书主题活动，6~12 岁的读书活动或专项活动，各年级的家庭作业辅导服务等。从读者身体状态角度，可以为身边行动不便的读者提供送书上门服务，为视力有障碍的读者提供有声图书服务或者朗读服务等。只有充分了解了读者的有效需求，图书馆在提供公共文化服务过程中才做到有效供给。

三、从供给对象角度

（一）加强宣传推广工作，提高图书馆知名度

图书馆可以通过增加在本市各类媒体的曝光度来吸引更多的潜在读者，可以宣传图书馆目前所举办的各类文化活动，让潜在读者了解图书馆的服务项目及其公益性。除此之外，图书馆也可以通过设置街区自助图书馆设备、移动书车等从设备方面和"文化下乡"、分馆建设等与其他单位之间的合作来提高图书馆的知名度。同时，利用新兴的微信平台和微博平台在拓展图书馆服务的同时，也让更多潜在读者有更多的机会了解到图书馆。在宣传推广过程中，除了促进宣传方式的多样化，还要注重宣传过程中对图书馆形象的塑造，给群众传递美好的感觉。

（二）建立需求反馈机制，满足读者多样化需求

长期以来，公共文化服务供给大部分停留在"自上而下"的供给模式上，由政府决定所供给文化服务的类型，没有从群众的实际需求出发，造成了供给过程中存在无效供给的情况。图书馆要挖掘读者的用户需求，做到有效供给就要建立需求反馈机制。搭建读者需求反馈通道，在馆内设置读者建议本、意见箱；针对读者需求设计问卷调查，并对数据进行分析；定期走访基层群众，了解群众文化需求，等等，通过各种方式及时收集掌握读者的文化需求，结合图书馆的实际能力开展有针对性的订单式的服务，从而确保从读者的角度出发，开展图书馆的读者服务工作，满足读者多样化的需求。

第十四章 我国儿童图书馆读者服务研究

第一节 儿童图书馆与有关服务

一、儿童图书馆概述

(一)儿童图书馆的概念

儿童图书馆是为儿童群体提供文献信息服务的机构,具有社会文化教育功能。它收集、整理和保管儿童相关的图书,以及提供安全的阅读环境。儿童图书馆的主要任务是培养儿童的阅读习惯,并作为社会文化服务教育机构。

(二)儿童图书馆的类型

开展儿童读者服务业务的图书馆较多,有国家独立建设的儿童图书馆、公共图书馆单位成立的儿童服务部门以及社区组建图书馆与私立图书馆等。

1.独立儿童图书馆

独立儿童图书馆是公共图书馆中专门为儿童读者提供服务的机构。根据《图书馆服务汇报提纲》的规定,我国应在大中型城市设立专门的儿童图书馆。这一规定促进了我国儿童图书馆的快速发展,有效引导和推进了优化儿童读者管理服务工作的进程。

2.儿童服务部门

图书馆行业的常见服务模式是在公共图书馆中设立儿童服务部门。根据国际公共图书馆工作宣言的要求，现代公共图书馆应该提供公平、人性化的服务，不分年龄、国家、地区、民族、性别、本土语言和社会地位，面向广大群众。在我国的公共图书馆中，已逐步设立了儿童阅览室和专门的儿童服务部门。

3.社区图书馆

随着图书馆工作理念的更新发展，新时期促进了乡镇和社区图书馆的良好发展，提供更便利、优质的服务给广大读者。社区和乡镇图书馆也专门为儿童提供服务，并建立了专用空间，吸引更多儿童来图书馆阅读。

4.私立图书馆

私立图书馆是由个人或民间学术组织管理的图书馆。其主要目标是为从事学术工作，特别是历史研究的研究人员提供良好的文献服务。私立图书馆的馆藏资源通常是个人收藏或公益捐赠，包括珍稀藏书、人文、社会科学和自然科学技术资料等。在新的环境下，私立图书馆得到了快速发展，填补了我国公共图书馆管理服务的不足之处。私立图书馆也逐步关注儿童阅读，并积极进行探索。公共图书馆可以充分借鉴和学习私立图书馆在这方面取得的经验。

（三）我国儿童图书馆的发展现状

1.历史沿革

儿童图书馆在我国的发展较晚，在上世纪九十年代，北京首次在京师童书图书馆中设置了儿童阅览室。随后，天津成立了最早的儿童图书馆。上海和延安也相继建立了儿童图书馆。到上世纪五十年代，东北地区和一些市级图书馆也设立了儿童分馆，全国范围内大约有 60%的公共图书馆设有儿童阅览室或阅读园地。后来，沈阳、兰州、重庆和武汉等地成立了独立的儿童图书馆，山东和云南省市也建立了儿童分馆和阅览室。在 1958 年，一些地区的儿童图书馆积极参与了上海地区的行业工作交流会，分享实践经验。这次会议标志着我国儿童图书馆服务管理事业的重要发展。到 70 年代末，我国共有七所独立儿童图书馆，提供 1600 个阅览座位。

在 80 年代初期，根据图书馆工作汇报提纲的标准，我国大中型城市开始设立专门的儿童图书馆，各县市地区的图书馆也建立了儿童阅览室。在此期间，北京组织了儿童图书馆服务管理工作座谈会，并汇报了相关情况。到 1989 年，我国共有 75 所独立的儿童图书馆，各地区拥有 1000 多个儿童阅览室，大城市如北京、上海的街道儿童图书馆总数增至 200 多所。目前，我国共有 86 个独立儿童图书馆，并在公共图书馆中设立了超过 2000 个儿童阅览室。

2.现状研究

儿童图书馆在我国的发展始于 20 世纪初期。然而，国际图联在 70 年代就颁布了公共图书馆工作标准，明确规定每 5 万人应该建立一个公共图书馆，人均藏书总量至少为 3 册。图书馆的辐射半径标准应为 4 公里。按照这一要求，我国应该建设约 6000 家公共图书馆来服务 3.6 亿儿童。然而，在 70 年代，我国仅在上海、北京和沈阳等地建立了 7 所儿童图书馆，读者服务成为实践中的薄弱点，通常只在省市的公共图书馆中设立了儿童阅览室。

目前，我国儿童图书馆建设存在一定的不均衡情况，南方地区较为强势，而北方地区相对较弱，东部沿海经济发达地区的建设状况较好，而西部偏远经济落后地区的建设相对滞后。根据 2009 年的统计数据，我国共建设了 91 家独立儿童图书馆，其中东部地区建设了 56 家，中部地区建设了 19 家，西部地区建设了 16 家。东部地区的馆藏资源是中部地区的 3.7 倍，财政支出是中部地区的 6.9 倍，同时也是西部地区的 5.7 倍和 10.3 倍。大多数儿童图书馆的服务主要针对城市地区的儿童，导致农村和偏远地区的儿童缺乏课外阅读资源，显示出明显的阅读不均衡现象。对于农村偏远地区的儿童来说，拥有自己的图书馆只是一个梦想。本节内容基于我国各省市的儿童图书馆建设情况，选取了十个儿童图书馆进行分析和调研，包括国家图书馆少年儿童图书馆、武汉市儿童图书馆、上海市儿童图书馆、深圳市儿童图书馆、沈阳市儿童图书馆、大连市儿童图书馆、厦门市儿童图书馆、杭州市儿童图书馆、湖南省儿童图书馆和重庆市儿童图书馆。

二、儿童图书馆服务

(一)儿童图书馆服务的类型

1.借阅服务

儿童图书馆提供借阅管理服务,特别是在经济发达地区,还提供现代化、高效的多媒体和网络服务。图书馆内设有多媒体和电子资料阅览室,方便儿童读者观看和浏览。

2.预约服务

随着图书馆服务管理水平的提升,图书馆的服务工作越来越人性化。读者借阅服务备受欢迎,读者可以通过网络系统在家中预约自己感兴趣的图书资料,这样既节省了时间,又提高了资料的使用效率。读者可以通过网络系统登录并直接预约,也可以通过电话和电子邮件进行预约。

3.参考咨询服务

图书馆提供咨询服务,解答读者疑问,提供优质信息服务。这是图书馆现代化发展的核心职能之一。通过该服务,可以提高读者服务水平,满足读者的信息检索需求。这也是评估图书馆管理服务水平的主要标准之一。

4.交流合作服务

儿童图书馆应为儿童提供优质的阅览服务,以儿童的核心利益为重。通过馆藏资源和现代化网络设施,提供全面的人性化服务。为儿童的课余文化生活提供丰富多样的活动,逐步形成地区特色和文化内涵丰富的优质品牌。

5.教育培训服务

我国许多省市图书馆选择在世界读书日和服务宣传周等时期,为广大儿童举办多样化的阅读教育培训活动。这些活动旨在引导儿童养成良好的阅读习惯,丰富他们的课余文化生活,提升核心素质和实践技能,激发求知欲望,培养均衡的听、说、读、写能力,促进全面发展。

(二)儿童图书馆服务的对象

《国际图联儿童图书馆服务指南》定义了儿童图书馆服务的目标群体,包括以下人群:婴儿和学步儿童、学前儿童、13岁以下的上学儿童、有特殊需求的群体、父母和其他家庭成员、看护人以及从事儿童工作和儿童书籍媒介工作的成人。以下是对儿童图书馆读者服务对象的进一步介绍:

1.儿童读者:包括0~5岁,6~12岁,13~18岁等不同年龄段的人。

2.特殊读者群体:除了一般儿童读者外,还包括特殊儿童读者群体。针对这些儿童,儿童图书馆应提供专门的、个性化的服务。

3.其他对象:包括儿童的家长、监护人、学校教师、从事儿童图书馆专业工作的研究人员以及负责儿童工作的相关人员等。

(三)儿童图书馆服务的影响因素

1.法律政策

良好的图书馆服务管理法律系统对服务水平的提升起到了保障作用,优化儿童图书馆管理服务立法并加快进程,确保儿童图书馆建设受到法律保障,以保障读者的合法权益。

2.资金来源

资金来源应多样化,确保图书馆服务运营不受经费困扰,提升图书馆发展水平,塑造良好形象,拓展发展前景和夯实基础。

3.馆舍、馆藏建设

儿童图书馆建设中应围绕儿童核心,体现儿童化,注重人性化。在选择藏书标准阶段,将儿童作为特定服务对象,选择对儿童健康发展有利的资料读物。

4.服务形式

儿童图书馆应多样化特色服务,提高儿童阅读兴趣,实现教育目标。

5.馆员队伍

图书馆员需要职业素质和精神,掌握图书馆工作业务,熟练使用资源和设备，为弱势群体提供特殊服务。

（四）做好儿童图书馆服务的意义

本文概述了我国公共儿童图书馆服务现状，并指出存在的不足。提出了适合我国儿童图书馆服务的策略和建议，对儿童图书馆事业的发展和下一代的健康成长有重要的理论和现实意义。

理论意义：对我国儿童图书馆读者服务的理论研究具有指导意义。

现实意义：一是发展我国图书馆事业的需要，儿童应享有同等服务权利。儿童图书馆应利用设施和技术条件，提供多样化、个性化服务，提高服务能力，促进图书馆开展面向儿童的服务活动，推动儿童图书馆事业发展。二是长远措施，儿童素质关系国民素质，儿童图书馆是儿童教育的重要组成部分，应为儿童的成长与教育创造新的机会，提高全民素养，促进文化事业繁荣。

第二节　我国儿童图书馆服务现状分析

智利圣地亚哥公共图书馆馆长认为儿童图书馆是供广大少年儿童娱乐的场所。孩子们可以自由选择和探索，在那里父母和孩子之间可以进行交流和沟通。儿童图书馆是少年儿童在相互尊重的基础上进行交流的私密空间，也是教师和学生远离学校压力、共同阅读的场所。

现阶段，普通成人图书馆和儿童图书馆存在本质区别，主要体现在读者群体的差异。儿童图书馆的主要读者群体是儿童，其他人员则是辅助读者群体。儿童在这种多功能的系统环境中成长，可以自由学习知识、参加相关活动，并在专业的服务管理和基础设施设计的支持下，培养强烈的求知欲望，实现全面持续的发展。

一、服务环境

儿童图书馆的管理服务环境包括物理环境和人文环境。物理环境可分为馆舍内部环境和馆舍外部环境。本节主要关注馆舍内部环境。

馆舍内部环境包括建筑、空间条件、馆藏资源和各类活动设施等，为提供优质的读者服务提供了良好的支持。儿童是儿童图书馆的特定服务对象，因此在实践工作中应注重人文关怀，树立以儿童为中心的服务管理宗旨。

"孟母三迁"故事反映了儿童在成长发展阶段中客观环境的重要性。建设儿童图书馆可以为更多儿童提供积极主动学习、互动交流、丰富阅读和增长见识的良好环境。图书馆的布置设计应以儿童为核心，场所环境应简洁舒适，体现童趣，营造适合儿童内心需求的优质空间氛围。在环境设计中需要针对不同年龄段的儿童进行策划安排。对于年龄较大的儿童，可以重视与文字相关的文献内容存储；而对于年龄较小的儿童，则喜好色彩明艳、画面丰富生动、富有趣味性的资料。在阅览室规划设计阶段，应遵循促进儿童自主动手的原则，或在工作人员的辅助下一同完成查阅学习，提升儿童的综合创造力和实践能力。图书馆内部环境可以选择明艳的色彩，并设置各种造型各异的吊灯，书架布置应方便人性化。同时，还应考虑安全桌椅设施的设置。一般来说，儿童图书馆的建筑设计应具有新颖独特的特点，空间环境应合理舒适。这样一来，广大儿童将会产生强烈的热情，积极主动地参与查询资料和自主学习的实践活动。在幼儿阅读区域中，应充分考虑儿童的心理和生理特征，选择丰富多彩的颜色，配备独特造型的设施和可爱活泼的玩具等，以让幼儿自由阅读、畅快交流和愉快游戏。

例如，湖南儿童图书馆通过在大厅设计不同颜色的蘑菇立柱，以及顶层平台上设计不同造型的蘑菇亭，下方布置了不同类型的坐墩和台阶，为儿童提供了自由阅读、畅快交流和娱乐的空间环境。这种蘑菇造型的设计符合儿童的心理需求，明亮的色彩和独特的建筑形式有效吸引了儿童的注意力。深圳图书馆在幼儿阅览区面向六岁以下的儿童和家长提供了人性化的服务。该区域设计了不超过四层的书架，并以山洞的形式呈现，墙壁上布满藤蔓，座椅采用沙发，并摆放了一些色彩鲜艳的座墩。这种独特而丰富的环境设计使儿童在学习和成长过程中充满了梦幻的色彩。因此，广大儿童会更喜欢在这样的环境中积极主动地阅读和学习。

因此，在设计规划儿童图书馆时，应注重突出个性特征，发挥丰富的想象力，使儿童在进入图书馆后喜欢上独特个性化的空间设计、多样化的馆内系统设施、各种类型的文献资源以及周到贴心的管理服务。这样，他们将成为儿童图书馆忠实的支持者。

二、馆藏文献

儿童图书馆的馆藏资源应包括传统图书和多媒体资料，如视频、音频和有声读物，以满足未成年读者的需求。在网络时代，公共图书馆应充分利用网络平台，提供更人性化、多样化的信息服务，这是评判公共图书馆服务水平的重要标准之一。根据儿童图书馆服务工作指南，儿童图书馆应提供各种形式、丰富而合适的资料，包括印刷型资料、多媒体、玩具、学习性游戏器具、计算机、软件和网络连接等。儿童图书馆作为公共图书馆的一部分，管理的文献资料更加丰富且庞大，不仅需收藏和管理丰富的儿童读物，还需管理一定数量的成人文献读物，以提供优质的针对性服务给儿童、学生、教师和研究人员等读者群体。

儿童图书馆的馆藏文献资料是其良好发展的核心基础，需要全面丰富以满足各个读者的个性化需求。在信息时代，儿童图书馆的资源管理建设应注重增加数字化资料的收藏比例，以促进馆藏资源向丰富、多元化的方向不断发展。根据中图法，儿童图书馆的馆藏资料可包含五个部类。其中，重要部类的资料热点和馆藏范畴包括哲学、社会科学、自然科学以及综合书籍资料。

例如，我国的儿童数字图书馆建设借助网络系统，为广大儿童提供了完善的阅读平台。通过多媒体系统、视频动画、音频等形式，提供不同语言的图书资料、双语学习工具软件、生动的动漫图书、诗文赏析学习资料和音乐赏析等。同时，还提供了丰富的文化精品、连环画、在线视频讲座等学习资料。在上海地区的儿童图书馆中，保存着我国早期的儿童连环画、期刊杂志、名家作品、传统文学资料以及现代化的数字图书资料。深圳地区的儿童图书馆设立了文学馆、国学馆、绘本馆；大连市的儿童图书馆设有视听资料借阅室、科普活动室、明德英文图书馆和有声书屋；杭州市的儿童图书馆设有动漫图书借阅区、低幼借阅区、影视区；厦门市的儿童图书馆设有港台图书阅览室、动漫书库、视障阅览室、明德英文馆、数字化的阅览区域、成人阅读空间、低幼儿童阅览场所和闽南文化阅览场所。而重庆的图书馆则设有连环画阅览区域、明德英文图书馆和电子阅览室等。

三、存在的不足

我国的儿童图书馆在馆舍建设中以儿童为核心，注重环境建设和系统设施的儿童化和人性化特征。与此同时，发达国家在儿童图书馆的服务对象范围上做了进一步延展，从婴幼儿服务管理入手，在管理服务系统设施层面提供了细致全面的特征，如为读者提供婴幼儿换尿布、喂奶的空间和儿童专用卫生间等。

在馆藏建设方面，我国的儿童图书馆将儿童视为服务目标，并根据儿童的发育智力特征选择优质信息资料。然而，在馆藏建设方面还有一些欠缺，无法吸引更多少年儿童积极参与浏览读物，扩展他们的知识面。

第三节　对我国儿童图书馆读者服务工作的建议

一、完善相关政策法律并加大投资力度

我国尚未形成完善的图书馆工作法律规范，虽然在细节方面有相关规章和条例，但并非立法部门的制度政策。针对面向未成年读者的图书馆服务，我国缺乏相关法规政策，限制了儿童服务的规模和深度。目前，图书馆工作的主要任务之一是根据国内实际情况，借鉴国外图书馆领域的法规制度，创造体现我国特色的行业法规，作为图书馆日常管理和服务的核心依据。

政府应积极引导社会机构、企业和个人筹集资金支持图书馆事业发展，使经费来源更加多样化，确保图书馆的管理和运营工作不会长期受到资金不足的困扰，从而实现科学全面的图书馆管理和服务发展。

在实践工作中，应充分筹措经费，提供经费保障和物质基础。加强宣传管理，提高知名度。积极与相关机构沟通合作，获得更多经费支持，确保儿童图书馆正常运行。

二、拓展儿童图书馆个性化服务

（一）开展形式多样的讲座与主题活动

为了满足儿童读者的需求，可以组织多样化的主题阅读活动，促使他们对阅读产生浓厚兴趣，并展示图书馆的教育职能。例如，可以进行读书评选活动，并根据不同年龄层次设置奖励。还可以邀请学者进行心理和健康教育，帮助儿童应对成长中的问题，提高心理承受能力，激励他们克服困难和减轻压力。同时，鼓励儿童参与读书心得探讨，邀请知名作家来进行交流，引导

他们正确阅读，并培养自主创作的习惯。为了提供心理健康教育，可以设立专栏宣传，通过人性化的解答，帮助幼儿处理学习和成长中的心理问题，使图书馆成为儿童健康发展的重要场所。

（二）积极推广儿童阅读活动

《公共图书馆宣言》明确指出，公共图书馆的任务是培养儿童的阅读习惯，激发他们的创造力和想象力。这一宣言成为儿童图书馆实践的科学标准。儿童时期是培养兴趣和养成习惯的关键阶段。从零到三岁是培养积极阅读习惯的阶段，而三岁到六岁是提升阅读能力的时期。据有些学者的观点，如果儿童在三岁时能轻松阅读书籍，他们将终身对阅读保持浓厚的兴趣。因此，在推进儿童阅读工作时，关键是在利用兴趣激发的阶段，让儿童培养对阅读的热爱，并从中受益终身。相反，如果错过了这个时机，儿童可能无法在日后的成长中形成对阅读学习的热情。

1.组织分级阅读

通过组织分级阅读活动，可以根据儿童不同年龄阶段的智力和心理发展状况，制订科学有效的阅读计划，并提供适合不同年龄儿童的图书资料。分级阅读指的是为不同年龄儿童提供相应的图书阅读材料。目前，分级阅读在国际上逐渐成为一种趋势，是提高儿童阅读能力和技巧的良好途径。《中国儿童发展纲要（2011—2020年）》明确提出："推广面向全国儿童的图书分级制度，为不同年龄阶段的儿童提供适合其年龄阅读的图书，为家长选择图书提供建议和指导。"我国于2009年发布了组织分级阅读的倡议，并公开了阅读参考书目，以吸引社会大众更加重视儿童分级阅读并给予必要的支持。

2.组织亲子阅读

《纲要》中明确提出加强政府财政对家庭教育服务体系的建设与投入，并鼓励支持社会力量参与家庭教育工作。亲子阅读被认为是一种有效的儿童教育模式，对于儿童与父母一同阅读和成长非常重要，有助于拉近家长与孩子之间的距离，建立和谐关系。由于儿童图书馆具有社会教育属性，应制订有效的亲子阅读推广活动计划，提升儿童的综合阅读能力，为创建优质的家庭教育环境和模式做出贡献。例如，广州在儿童图书馆中设立亲子阅览室，配备专业工作人员，开展亲子剧场和讲故事等实践活动。这种模式受到广大儿童和家长的热烈支持。

3.组织学校以及社区阅读

儿童图书馆应加强与社区和学校的合作，定期组织联合展览，并举办教育讲座，向学生传授有效利用图书馆文献资料的方法。同时，可以提供面向学校的集体图书借阅管理服务，让学生们真正熟悉和了解图书馆，学会科学选择图书资源。社区应进一步优化儿童教育设施的建设，包括儿童文化机构和图书馆等。通过利用图书资料、绘本和丰富的漫画读物组织亲子阅读实践活动，营造亲子共同学习的氛围，让他们体验合作学习和愉快阅读的场景。这有利于形成和谐的家庭成长环境。

（三）注重合作与交流服务

1.强化各图书馆之间的合作

近年来，文献资料的多样性和读者需求的个性化特点越来越明显。单凭几家图书馆的馆藏资源难以满足大众的实际需求。因此，图书馆之间应积极合作，制订共同发展计划，避免重复采购文献资源，节约投入经费，并真正实现文献资源的全面共享，以满足广大读者的多样化需求，并提高图书馆的综合应用效率水平。

2.同其他社会机构有效合作

（1）与幼儿园积极合作：加强与幼儿园的合作，可以由教师引领幼儿参观图书馆进行学习。通过介绍窗口设置、资源排列特点、图书借阅方式和网络阅读技巧等，组织讲故事、手工制作等活动，使幼儿在最初阶段就能熟悉图书馆，培养对图书馆的喜爱，并成为未来阶段的忠实支持者。

（2）与医疗机构全面合作：儿童图书馆应重视与医疗单位的交流，并深入与幼儿保健单位交流，为孕妇读者提供与孕期保健、护理相关的图书资料和专业知识。同时，为长期患病就医的特殊儿童群体提供人性化的集体借阅服务，派遣工作人员到医院组织讲故事活动，并积极开展与儿童健康相关的知识讲座活动。图书馆还可以设立咨询室,解决儿童成长阶段中遇到的问题。

(3)与慈善部门合作:儿童图书馆应与慈善部门,如福利院等,进行积极的交流合作。了解患病儿童真正的阅读需求,并为这些部门提供高质量的借阅服务,推动儿童图书馆在为弱势群体提供服务方面的可持续发展。

(四)重视低幼儿童服务

我国儿童发展纲要明确了儿童发展目标,并强调了对三岁以下儿童早期健康发展的推进。我国应更加注重低幼儿童读者的服务管理。研究分析表明,婴幼儿时期是接触信息、发展智力、了解新事物的关键阶段。图书馆应充分认识到儿童读者服务的重要性,设计适合他们的空间,并提供多样化且有用的资源。积极开展阅读活动,吸引家长带孩子来图书馆参与阅读。这样,儿童会对图书馆产生浓厚兴趣,并要求家长带他们积极学习和娱乐,将图书馆视为学习和发展的乐园,从小养成使用图书馆的良好习惯。

(五)加强弱势儿童群体服务

《中国儿童发展纲要(2011—2020 年)》提出了建立和完善留守儿童、流动儿童、残疾儿童和孤儿的服务机制的目标。对于公共图书馆的服务管理来说,我们需要特别关注儿童弱视群体,并提供人性化的关怀。儿童是国家未来的希望,因此,社会应该全面关注他们。儿童图书馆应提供适合他们阅读和学习的资料,配置人性化的设备系统,并组织相关讲座和培训。

儿童图书馆是孩子们学习和发展不可或缺的公共场所,留守儿童、流动儿童等特殊儿童群体需要特殊的图书资源,并且需要更专业的服务。因此,图书馆应提供便利的设施系统,为特殊儿童群体提供更优质的服务。

三、加强服务对象及馆员队伍建设

图书馆员是图书馆事业发展的关键和保障。《国际图联儿童图书馆服务发展指南》指出,儿童图书馆要实现高效和专业的运作,需要一批具备专业技能和责任心的儿童图书馆员。

（一）坚持"以人为本"的服务理念

教育家蔡元培认为，儿童图书馆是培养儿童能力和开发智力的重要地方，通过这种活动形式培养学龄前儿童的阅读习惯和学习能力的发展十分必要。因此，树立以人为本的工作理念对优化儿童图书馆管理发展非常有利。这体现在儿童图书馆应提升全身心服务儿童文化建设的工作思想，实现社会价值，促进更多儿童健康成长并充分利用图书馆资源。儿童图书馆应尊重知识获取的开放自由性，树立平等服务管理的理念。在读者服务方面，应制定契合读者需求的操作规范与具体措施。儿童图书馆在进行读者服务时，应将读者置于首要位置，以服务至上的宗旨开展工作。全面理解和尊重读者，从他们的角度考虑问题，积极换位思考，保护读者核心利益，明确服务读者工作的光荣性和内在价值。通过人性化的管理服务，将其视为儿童图书馆人员的规范行为和工作准则。

（二）培养职业精神

公共图书馆需要优质的工作团队来扩展和发展，员工应树立职业精神以更好地履行职责。儿童图书馆工作人员应具备勇于进取的精神，并形成正确的事业观。学者认为，儿童图书馆的核心工作应围绕"服务儿童、推进阅读"展开，展现出儿童图书馆服务管理的特点。

儿童图书馆在我国的建设发展相对较晚，在21世纪才进入快速发展阶段。图书馆建设需要优秀的工作团队。除了对工作人员进行专业技能培训外，还应重视职业道德和工作精神的培养激励。此外，应定期与其他图书馆组织研讨交流会和培训讲座，使图书馆工作人员在为儿童读者提供服务时展现耐心和关爱，秉持童心靠近读者。图书馆工作人员应全面关注图书馆服务事业的健康发展，树立优质服务意识，推动儿童图书馆管理建设的稳定、健康和可持续发展。

（三）树立终身学习观念

我国缺乏针对图书馆工作人员的资格管理考试制度，导致儿童图书馆员工多为非专业毕业生或从事与儿童学科无关的研究，缺乏扎实的基础知识。在处理问题时，他们通常需要自学或参加培训来完成任务。

目前，儿童图书馆的工作人员虽然具备较高的学历和丰富的文化知识，但从事图书馆专业和信息管理研究的人员较少，导致缺乏系统性的知识架构和全面的管理服务能力。因此，儿童图书馆应进一步丰富服务管理内容，更新实践手段。工作人员应掌握图书馆专业基础知识，提升外文应用和计算机综合处理技术水平，以向广大读者提供更专业的咨询和管理服务。工作人员应坚持终身学习的理念，不断完善自我，积极更新专业知识体系，提升专业素养。

（四）强化专业技能培训

加强儿童图书馆工作人员的培训教育，不仅可以提升他们的业务能力水平，还能让广大儿童在高质量的服务中实现更快的成长。

随着图书馆服务管理的提升，馆员学历水平全面提高，但很多工作人员缺乏专业知识理论的培训。新进员工中，虽然有图书情报专业毕业的人，却缺乏儿童图书馆工作的实践经验。因此，针对老员工和新进员工的专业知识有限的情况，可以组织图书馆专业知识培训，鼓励员工主动参加进修班学习。对于新员工，可以组织业务讲座，帮助他们积累实践经验。此外，根据业务需求，图书馆可以引荐工作人员到学校和科研单位进行人才教育培养。比如开展儿童教育、心理学、文学等专业训练和沟通技巧培训，提升员工的业务素质和实践能力，为公众提供更便捷、周到、细致的优质服务。

图书馆开展读者培训管理是一项长期重要的任务，可以帮助读者快速应用所需的信息资源。儿童图书馆在教育培训方面通常举办讲座和展览，设立特定的阅读日，为满足不同读者的需求进行技能训练，但仍需要进一步丰富教育活动，特别是针对成年人的教育活动。

参考文献

[1]巴三霞.图书馆服务的伦理内涵及调控[J].图书馆,2016(4)：P75-77.

[2]吴海媛.互联网思维下图书馆服务创新体系的构建[J].图书馆学研究,2017(1): 65-68.

[3]李俊国,汪茜.图书馆儿童阅读推广[M].北京：朝华出版社,2015.

[4]吴晞,肖容梅.公共图书馆读者服务案例[M].北京：北京师范大学出版社,2013.

[5]薛天.公共文化服务视野下图书馆儿童阅读活动产品化趋向研究[J].图书馆工作与研究,2016 (2).

[6]范并思.公共图书馆阅读推广的发展趋势[J].图书馆杂志,2015 (4).

[7]范并思.培养儿童的阅读饥饿感是图书馆儿童服务的使命[J].新华书日报,2015-9-4.

[8]王丹,范并思.图书馆阅读推广基础理论流派及其分析[M].大学图书馆学报,2016

[9]范并思.阅读推广的理论自觉[J].国家图书馆学刊,2014 (6).

[10]聂卫红.少年儿童图书馆在未来少年儿童服务中技术引领初探——以丹麦少年儿童图书馆服务设计为例[J].图书馆工作与研究,2016 (5).

[11]刘欣.英国伯明翰市社区图书馆读者活动探究[J].图书馆论坛,2016(8).

[12]于瑛.现代图书馆管理体系研究[M].哈尔滨：东北林业大学出版社,2016.

[13]吴海媛.互联网思维下图书馆服务创新体系的构建[J].图书馆学研究,2017(1).

[14]薛天.试论公共图书馆儿童活动组织原则[J].图书馆,2017 (1).

[15]洪伟达,马海群.图书馆阅读推广规范研究[J].图书情报知识,2018(1):36-42.

[16]范并思.阅读推广的服务自觉[J].图书与情报,2016(6)：72-76.

[17]毕九江新世纪图书馆服务论[J].图书馆,2000(6)：47-48.

[18]王波.阅读推广、图书馆阅读推广的定义[J].图书馆论坛，2015 (10)：1-7.

[19]杨勇.图书馆管理与服务[M].北京：国家图书馆出版社，2015.

[20]杨晓梅.图书馆管理与服务研究[M].长春：吉林大学出版社,2014.

[21]王宁，吕新红，哈森著.图书馆管理与阅读服务[M].北京：光明日报出版社,2017.

[22]夏春红.现代图书馆资源管理与推广服务[M].北京：北京理工大学出版社,2017.

[23]魏群义.移动图书馆云服务研究[M]. 北京：科学出版社，2017.

[24]江涛，穆颖丽.现代图书馆服务理论与实践[M].郑州:河南人民出版社,2014.

[25]张世怡.对国内移动图书馆服务模式构建的分析与建议[J].图书馆工作与研究,2016.

[26]孙琪.现代图书馆参考咨询服务[M].合肥：安徽大学出版社，2015.

[27]苏福，柯平.公共图书馆服务社会化的探索与实践研究[J].图书馆论坛，2017(9).